阅读日本
书系

广告的社会史

〔日〕山本武利/著
赵新利/陆丽君/编译
黄升民/审译

北京大学出版社
PEKING UNIVERSITY PRESS

著作权合同登记号　图字:01-2012-7709号
图书在版编目(CIP)数据

广告的社会史/(日)山本武利著;赵新利等编译;黄升民审译.—北京:北京大学出版社,2013.9
(阅读日本书系)
ISBN 978-7-301-22990-3

Ⅰ.①广…　Ⅱ.①山…②赵…③黄…　Ⅲ.①广告-历史-世界　Ⅳ.①F713.8-091

中国版本图书馆CIP数据核字(2013)第182593号

Koukoku no Shakaishi
Copyright ⓒ 1984 Taketoshi Yamamoto
Simplified Chinese translation copyright ⓒ 2013 Peking University Press
All rights reserved

Original Japanese language edition published by HOSEI UNIVERSITY PRESS
Simplified Chinese translation rights arranged with HOSEI UNIVERSITY PRESS

书　　　名：	广告的社会史
著作责任者：	〔日〕山本武利　著　赵新利　陆丽君　编译　黄升民　审译
组稿编辑：	诸葛蔚东
责任编辑：	魏冬峰
标准书号：	ISBN 978-7-301-22990-3/G·3683
出版发行：	北京大学出版社
地　　　址：	北京市海淀区成府路205号　100871
网　　　址：	http://www.pup.cn
新浪微博：	@北京大学出版社
电子信箱：	weidf02@sina.com
电　　　话：	邮购部 62752015　发行部 62750672　编辑部 62752824 出版部 62754962
印　刷　者：	北京大学印刷厂
经　销　者：	新华书店
	965毫米×1300毫米　16开本　19.75印张　274千字 2013年9月第1版　2013年9月第1次印刷
定　　　价：	39.00元

未经许可,不得以任何方式复制或抄袭本书之部分或全部内容。
版权所有,侵权必究
举报电话:010-62752024　电子信箱:fd@pup.pku.edu.cn

附：本书出现的主要历史事件和年代

甲午战争：1894—1895 年
日俄战争：1904—1905 年
第一次世界大战：1914—1918 年
第二次世界大战：1939—1945 年

江户时代：1603—1868 年
明治时代：1868—1912 年（文明开化时期）
大正时代：1912—1926 年
昭和时代：1926—1989 年

中文版序

1868年开始的明治维新在日本历史上占有重要位置。随着明治维新的展开，欧美的生活习惯进入日本。天皇等皇族人员率先示范"维新"，他们剪短头发、穿着洋服、普及肉食。但是，明治前期欧美生活方式在日本的普及范围很有限，仅仅局限于皇族、贵族和政府高官等特权阶级。中等以下阶层的日本人，还是保持着世代不变的传统生活方式。民众购买的商品主要有药品、煤油、灯罩、灯芯、砂糖、食盐、火柴等生活必需品。这些商品多数没有知名品牌，民众主要从流动商贩或附近店铺购得。其他的衣、食、住等各类商品依然保持自给自足的传统状态。很多农家自己种植棉花，用以织布制衣。农户现金收入很少，消费水平很低。知识分子家庭主要购买的有报纸、杂志等信息类商品。在这个时期，通过广告购买商品的最主要阶层为都市的富裕商人，这一点与封建时期几无变化。明治维新时期士农工商"四民平等"政策的推行，让人们的阶层身份逐渐淡化，经济实力和购买力成为衡量社会地位和权威的重要指标。

明治后期，资本主义制度在日本逐渐得到确立，商品生产日益活跃，广告商品空前丰富。药品销售领域的新药，化妆品领域的香粉、牙膏、肥皂，出版领域的杂志成为诞生广告主最多的三大行业，诸多著名的品牌在这个时期纷纷诞生。酱油、啤酒、调味料等食品类广告也获得快速发展。烟草行业也开展了丰富多彩的广告活动，成功开拓了日本全国的烟草市场。尤其是随着铁路、公路和海运的发展，明治后期的日本全国性市场逐渐形成。随着经营规模的扩大，各主要广告主纷纷开拓全国市场。大阪报纸影响力逐渐扩大，占领全国市场，恰好满足了各广告主开拓全国市场的需求。同时，东京部分影响力较大报纸的读者层也由中间阶层向下层社会扩展，这也满足了广告主开拓消费阶层的意愿，受到广告主的欢迎。

1910年代，日本从明治进入大正时期，通过广告购买品牌商品的行为扩展到中产阶级，日本的消费社会宣告诞生。百货店的陈列柜台提高了人们的消费欲望，开始引导社会流行方向。广告逐渐渗透进入人们生活，成为人们消费生活不可或缺的一部分。广告活动提高了人们的审美水平，出现了"今日帝剧，明日三越"①等脍炙人口的流行广告语。也就是说，广告信息开始成为文化符号，成为较为独立的文化现象。1920年代后期，电风扇、电熨斗等家电开始在日本普及，这类产品的广告商也推出了大量广告。日本电报通信社（电通）、博报堂、万年社等代表性广告代理机构纷纷在东京和大阪成立，成为连接媒体和企业的中介机构，直接推动了广告主的广告活动和民众的消费增长。

不过，消费社会与广告发展遇到了很多障碍。"节约是美德"等伦理教育深入人心，通过广告刺激民众的消费欲望总会遇到看不见的屏障。消费社会发展的另一个负面要素，就是劳动者和小农阶层依然低下的消费欲望。他们人口众多，却处于社会最底层，低收入造成他们消费能力和消费欲望低下。同时，他们与报纸等媒体几乎处于隔绝状态，对报纸广告几乎没有任何接触，很少受到广告的影响。在1930年代和1940年代，亚洲、太平洋战争和经济不景气背景下，日本底层民众对消费社会的参与变得更加消极、困难。

战后，日本经济获得快速恢复和发展。日本政府1956年度颁布的《经济白皮书》在回顾战后10年的经济生活后正式宣布："现在已不再是'战后'，我们现在面临着一个完全不同于过去的局面，在恢复中求发展的时代已经过去。"战后日本经济从1950年代后期走向复兴，到1960年代完全超过战前水平。人们在衣、食、住等各方面的生活都恢复到战前水平。电熨斗等小型家电在战前没有普及到

---

① "帝剧"是帝国剧场的简称。"今日帝剧，明日三越"是当时极具代表性的广告语。详见本书第三章第四节。

中间阶层，这时已经逐渐走入一般民众的生活。在 1960 年代，洗衣机、黑白电视机、电冰箱被称为"家电三大件"，在日本快速普及。1970 年代前期，这"三大件"在日本家庭的普及率都超过 90%。

经济快速发展带来社会各阶层的收入增加，大众媒体通过广告不断唤起民众的消费欲望。事实上，这个时期民众消费欲望的上升已经超过其收入上升水平，很多民众开始了带有攀比意味的竞争性消费行为。1960 年代前期，两居室的公寓成为中产阶级身份和社会地位的象征。在这类小区，如有哪家安装了电视天线，临近住户也会很快购买电视机并安装天线，这是当时典型的示范性消费行为。

1960 年代，大众消费社会在日本首次形成。在耐用消费品方面，不同阶层的差距缩小，上层和下层的人们购买并使用几乎相同的商品。这些商品都是批量生产的，大众终于能够与上层社会和美国消费者使用同样的商品，他们为此感到欢喜和陶醉。人们孜孜不倦地工作，用收入所得购买商品，并为此感到狂喜。随着大众消费社会的发展，日本民众的中流意识得到快速提升，越来越多的日本人认为自己是中产阶级。

明治维新后日本皇族开始尝试欧美式生活，并带动了上流社会的消费生活。明治末期的 1910 年代，消费意识逐渐向中产阶层渗透，在 1920 年代渗透到白领阶层。到 1960 年代，消费意识开始深刻影响蓝领和农民阶层。从 1868 年明治维新到 1960 年代日本大众消费社会的形成，历时百年的日本消费革命告一段落。百年消费革命到底长还是不长，难以评判，但有一点可以肯定：如果没有第二次世界大战的发生，这个革命不至于花费如此长的时间。

本书在日本出版于 1984 年，正值日本经济发展进入顶峰。人们忙于购买小汽车、彩电和空调（Car、Color TV、Cooler，被称为"3C"），以为消费乐园已经降临人间。日本当时的 GDP 居世界第二，人们认为日本超过美国只是时间问题。东京的地价超过加利福尼亚，日本企业从银行贷来巨额资金，抢购洛杉矶和旧金山的高楼大厦和休闲场所。上述"3C"加上 California（加利福尼亚），让人们错误地认为"4C"时代已经到来。哈佛大学著名教授的著作《日本第一》成为畅销书，激起日本人的优越感。与此同时，美国开始公开和非公开地"敲打日本"（*Japan bashing*）。

本书的审译黄升民于1987年来一桥大学学习广告学。那时，本书的日文版刚刚出版不久。包括日本学生在内，黄升民是我指导的第一位研究生，是我的"开门弟子"。1989年，我与黄升民一起赴中国开展了"中国的消费生活调查"，并在日本出版《中国的消费革命》一书。在那之后不久，日本经济泡沫破灭，进入"失去的20年"。黄升民学成回国后，中国进入经济高速成长期。2001年，我离开一桥大学，进入早稻田大学担任教授，到2011年退休。本书的译者赵新利是我教授生涯中指导的最后一位研究生，是我的"关门弟子"。赵新利正在撰写博士论文的2010年，中国的GDP超过日本，位居世界第二。与当年对日政策相似，美国现在开始"敲打中国"。

是为序。

山本武利

2012年6月16日

于东京

目 录

第一章　文明开化时期的广告 ·································· 001
第一节　报纸与广告的出现 ···································· 001
第二节　明治初期的报纸和广告 ································ 009
第三节　药品广告及所受批判 ·································· 015
第四节　明治初期的商品销售和报纸广告 ························ 026

第二章　资本主义确立时期的广告 ·································· 034
第一节　西南战争后报纸的发展和广告 ·························· 034
第二节　大阪各报的发展和广告收入的增加 ······················ 040
第三节　三大广告主的出现 ···································· 045
第四节　广告主的广告观与广告战略 ···························· 053

第三章　资本主义的确立与广告多样化 ······························ 056
第一节　三大广告主的快速发展 ································ 056
第二节　新广告主轮番登场 ···································· 063
第三节　资本主义的发展与广告费用的增加 ······················ 069
第四节　广告主广告意识的改善 ································ 071

第四章　资本主义确立时期《大阪朝日新闻》的广告内容 ·············· 076
第一节　日俄战争前广告主的兴衰 ······························ 076
第二节　日俄战争后广告主的多样化 ···························· 091
第三节　第一次世界大战时期广告概况 ·························· 107

第五章　日俄战争后的股票广告 ···································· 117
第一节　股票广告的内容 ······································ 117
第二节　股票广告与报社收入 ·································· 138
第三节　股票广告的意图分析 ·································· 143
第四节　股票广告的效果考察 ·································· 152

第五节　股票广告和伦理问题 ·················· *156*

第六章　出版、百货商店广告 ···················· *161*
第一节　出版广告与读者开拓 ·················· *161*
第二节　百货商店广告的兴起 ·················· *168*

第七章　资本主义确立时期广告代理业的发展 ········ *177*
第一节　广告代理业的发展与电通的诞生 ············ *177*
第二节　广告交易概况 ······················ *185*
第三节　广告团体的组织化 ···················· *189*

第八章　高木贞卫与万年社 ······················ *195*
第一节　万年社创业期广告代理业的社会形象 ········· *195*
第二节　万年社对利润的追求 ·················· *203*
第三节　高木的教会活动与广告代理业 ············· *213*
本章参考文献 ······························· *221*

第九章　濑木博尚与博报堂 ······················ *222*
第一节　创办博报堂之前的濑木博尚 ··············· *222*
第二节　从杂志广告代理出发 ·················· *224*
第三节　出版广告第一人 ····················· *225*
第四节　独特的出版广告交易 ·················· *226*
第五节　"一元书"的竞争与胜出 ················ *227*
第六节　提供资金设立东大明治报纸杂志文库 ········· *228*
本章参考文献 ······························· *230*

第十章　光永星郎与电通 ························ *231*
第一节　光永常务董事的诞生 ·················· *231*
第二节　以设立通信社为目标 ·················· *232*
第三节　从创业之始附设通信社 ················· *233*

第四节	广告和通讯双管齐下	235
第五节	历经重重考验,开始专营广告	237
本章参考文献		240

第十一章 "一元书"热潮中的广告代理商 ……… 241
第一节	出版广告的核心:博报堂	241
第二节	电通的改革	243
第三节	电通的廉价攻势	245
第四节	博报堂迎战	247
第五节	因"一元书"沸腾的代理业界	249
第六节	"一元书"热潮消退对业界的打击	251
第七节	知名代理商的影响力扩大	253

第十二章 文明开化期民众的生活意识与广告 ……… 256
| 第一节 | 免费的寻物·招领广告 | 256 |
| 第二节 | 广告语言与民众生活 | 258 |

第十三章 明治后期民众的社会意识与广告 ……… 262
第一节	民众生活意识与广告	262
第二节	伦理意识与广告	269
第三节	美感与广告	271
第四节	天皇观和广告	275
第五节	社会主义广告观	279
第六节	明治后期在日本历史中的历史地位	283

第十四章 读者的广告接触与广告观 ……… 289
| 第一节 | 《大阪朝日新闻》读者的广告接触 | 289 |
| 第二节 | 大阪与东京的读者、记者的广告观之差异 | 293 |

后记 ……… 302

第一章　文明开化时期的广告

第一节　报纸与广告的出现

1．政府报纸的出现

在日本，报纸的最初形态是瓦版报纸。所谓"瓦版"，就是在黏土做成的瓦坯上刻以图文，烧制定形而成的，以用于印刷。瓦版报纸首次出现在1615年（元和一年）。其后，在江户时代，以灾害和事件为题材的瓦版报纸在江户（现东京）和京坂等城市发行。这个时期的瓦版报纸经常出现政治批判的内容，所以幕府多次对瓦版报纸进行查禁。即便如此，很多瓦版报纸逃避追查，以非法的形式发行。

首次以"新闻"（日语意为报纸）为标题的报纸，是幕府的洋书调所于1862年2月创办发行的《官版巴达维亚新闻》。洋书调所，其前身是江户幕府于1855年设立的"洋学所"，1856年改为"蕃书调所"，主要针对幕府官臣弟子开展兰学等英语教育，并从事翻译和外交工作，是幕府的外国事务调查研究机构。"官板"，就是幕府政府发行之意。巴达维亚，就是现在的雅加达，在荷兰殖民时期建成，当时荷兰人将这座城市命名为巴达维亚，而日本对荷兰的研究曾兴盛一时，影响深远。洋书调所中研究荷兰的学者将某一特定时期的荷属东印度总督府机关报《爪哇时报》（*Javasche Courant*）进行编译印刷，并通过出版商万屋兵四郎发行，《官板巴达维亚新闻》大小是24×16 cm，被装订成杂志的外观。除《官板巴达维亚新闻》外，当时还有数种政府报纸出版发行。这些所谓报纸，都不是目前我们看到的报纸的形态，其形状近似书籍，但其标题中出现"新闻"（报纸）二字，给日本人植入了关于报纸的最初知识，从这一点说，它们具有重要的历史意义。

2. 面向欧美人的外国人聚居区报纸

日本最初的定期发行报纸出现在长崎、横滨的外国人聚居区，这些地方因为治外法权而免受幕府的严格出版控制。到1868年为止，在这些外国人聚居区出现的外语报纸和外国人创办的日语报纸列举如下（括号内为创刊地点、创刊时间和创刊人国籍）：

1861 年

The Nagasaki Shipping List and Advertiser（长崎，6月22日，英国人）

The Japan Herald（横滨，11月23日，英国人）

1862 年

The Japan Express（横滨，当年春季前后，美国人）

1863 年

The Japan Commercial News（横滨，5月，葡萄牙人）

The Daily Japan Herald（横滨，10月26日，英国人）

1865 年

《海外新闻》（横滨，阴历3月，此前从1864年开始，以《报纸杂志》发行手写报纸，美籍日本人约瑟夫·德高）

The Japan Times（横滨，9月，英国人）

1867 年

《万国新闻纸》（横滨，阴历1月，英国人）

《伦敦新闻纸》（横滨，阴历10月，英国人）

The Japan Gazette（横滨，10月12日，英国人）

1868 年

《各国新闻纸》（大阪，阴历闰4月，英国人）

正如标题中"Advertiser"、"Commercial"等词语所示，外国人聚居区的外语报纸中最先出现了广告。这些报纸都是以欧美发达国家的报纸为原型创刊的，都率先给予广告高度重视。例如，*The Nagasaki Shipping List and Advertiser* 把头版定位为广告栏（图 1-1），*The Japan Herald* 则将第一至三版的上半版定位为广告栏。另外，*The Daily Japan Herald* 是首家外语日报，报纸共两个版面，几乎全部都是广告。每天作为附赠品向 *The Japan Herald* 读者赠阅。这些外语报纸的目标读者是外国人聚居区的欧美人，所以其广告内容也主要面向欧美人，广告主也都是欧美人士或外国商会。众多广告中，商船广告居多，也反映了外国人聚居区的特殊性。

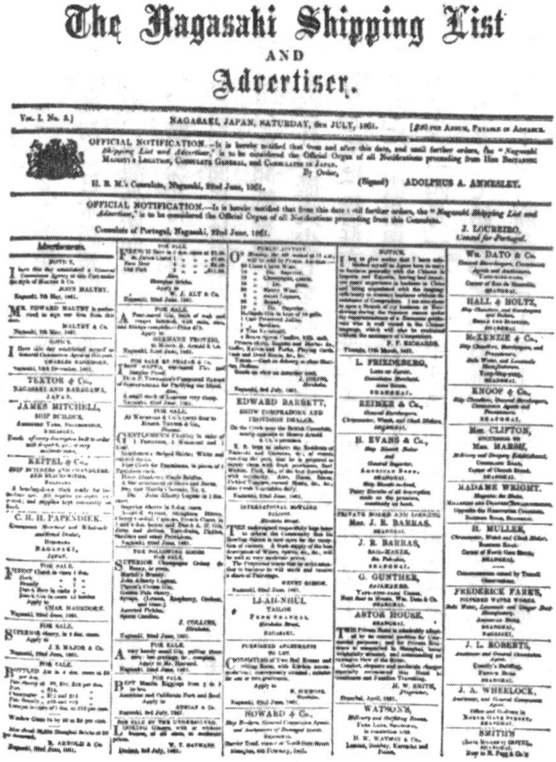
The Nagasaki Shipping List
AND
Advertiser.

NAGASAKI, JAPAN, SATURDAY, 6th JULY, 1861.

OFFICIAL NOTIFICATION.

By Order,

(Signed) ADOLPHUS A. ANNESLEY.

OFFICIAL NOTIFICATION.

J. LOUREIRO,
Consul for Portugal.

Advertisements.

图 1-1　日本首家的外语报纸 *The Nagasaki Shipping List and Advertiser*。图为 1861 年 7 月 6 日该报的头版。

其中，The Japan Commercial News、The Daily Japan Herald、The Japan Times 等外文报纸，都被翻译成日语出版，包括《横滨新闻》、《日本贸易新闻》、《日本每日新闻纸》、《日本新闻》等。这些报纸均是洋书调所教授柳河春天三等人负责翻译的，主要目的是给幕府要人提供参考。后来，他们又组织"会译社"，向部分申请阅读者发放手写报纸。在这个过程中向日本人普及了关于报纸的相关知识。在点燃日本人创办报纸激情方面，这些报纸比前述"官板报纸"发挥了更大的作用。

3. 外语报纸广告的译入

关于上述从外语翻译成日语的手写报纸，有一点非常值得关注，那就是翻译范围不局限在新闻报道，大量广告也被翻译并得到介绍。其中首次翻译的广告是 1863 年 10 月 27 日从 The Japan Commercial News 翻译到《日本贸易新闻》（第 25 期）的魔术演出广告。其后，第 29 期《日本贸易新闻》中出现了商船广告（3 条）、英法意语言培训·翻译广告、海上引航广告等，此外还有酒店、杂货商、马具商、风景照片、仓库业、银行、金融业、航海保险、火灾保险等 16 条广告。

1864 年 2 月 10 日出版的第 40 期、1864 年 8 月 24 日出版的第 68 期《日本贸易新闻》中也出现了类似广告。这些广告，是洋书调所的翻译者们根据广告内容选取了一部分感兴趣的广告翻译而成。虽然只不过是单纯的翻译，但《日本贸易新闻》刊载的广告是日语报纸上首次出现的广告，很有广告史价值。1865 年创刊的 The Japan Times 对应的日语翻译报纸是《日本新闻》，这份报纸的第 8 期（1865 年 10 月 27 日）和第 30 期（1866 年 4 月 13 日）中，也分别出现了洗衣店和木材加工方面的广告。

综上可见，外国人聚居区发行的外语报纸，在日本的报纸广告史上居于重要地位。这些报纸的主要受众为聚居区的外国人，受众范围较为狭窄，经营基础较为薄弱，报纸发行的持续性较差。即便如此，这些报纸首次将报纸广告引入日本，在日本人认识报纸广告

第一章 文明开化时期的广告

方面发挥了重要作用。

4.《海外新闻》：史上首次出现的报纸广告

此外，《海外新闻》、《万国新闻纸》、《横滨新报藻盐草》等外国人创办的日语报纸也扮演了报纸启蒙的重要角色。其中，创办《海外新闻》的约瑟夫·德高原本是日本人，在远州滩遭遇海难被美国海船救出，后来加入美国国籍，又作为横滨美国领事馆翻译回到日本。这份报纸形式上是外国人创办的日语报纸，实际上是日本人创办的首份日语报纸。

图 1-2 《海外新闻》的约瑟夫·德高（日语名：滨田彦藏，1837—1897）

《海外新闻》虽是日语，但实际上是一家外国报纸，很多新闻是运送邮件的贸易船只从外国带来的，其多数报道是从横滨各外语报纸上翻译过来的。这份报纸上没有明确标识期数，所以无法准确确定创刊号。被认为是创刊号的《海外新闻》上刊登了创刊目的，指出"本报将各国报纸内容翻译刊载，辅之将横滨各外语报纸的新闻报道和广告、有趣味性的海外历史也进行翻译刊登"。据信是第 3 期的《海外新闻》末尾还刊登了广告的预告："今后将翻译刊登英人的广告等。"到了 1866 年，据信是第 18 期的《海外新闻》开头指出：

"4月17日英国信使船进入本港，本报获知如下新闻。"该期《海外新闻》的最后，出现了药品商、医师和商品经纪人三位常驻横滨的外国广告主刊登的广告（图1-3）。接着，在据信第19期的《海外新闻》中，首次出现了标题为"广告之部"的广告专页，刊登了5条广告。其后的第21期和第24期也都刊登了5条广告。这些广告，到底是外国广告主直接在《海外新闻》投放的，还是像上述《日本贸易新闻》那样直接从外语报纸上的广告翻译而来的呢？目前还不得而知。不过，根据当时在日外国人的广告意识以及约瑟夫·德高对报纸和广告的知识来判断，这些广告极有可能是外国广告主直接在《海外新闻》投放的。果真如此的话，据信是第18期的《海外新闻》所刊登的广告，便是日语报纸历史上首次出现的报纸广告。

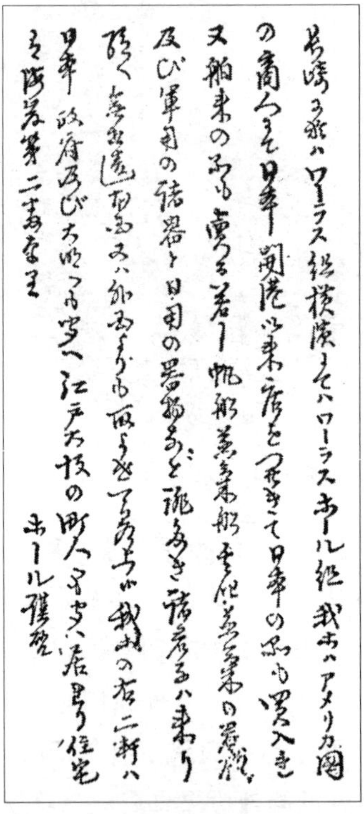

图1-3　日本首次出现的日语报纸广告
（《海外新闻》第18期）

第一章　文明开化时期的广告

5. 史上首位日本广告主

继《海外新闻》之后，第二份由外国人创办的日语报纸《万国新闻纸》中，每期都会出现相当数量的外国广告主投放的广告。首位日本广告主的出现，是在1867年阴历3月的《万国新闻纸》中。位于横滨元町一丁目的商社"中川屋嘉兵卫"投放了面向外国顾客的面包和饼干的销售广告（图1-4）。同年6月出版的该报的第5集刊登了仙药热病丸和牛肉的广告。值得注意的是这条牛肉广告（图1-5）还专门配图，标明牛肉的牛体部位。船只广告的配图早在第3集的《万国新闻纸》中就已出现，但在一般商品的广告中配有解说图的，还是历史上第一次。

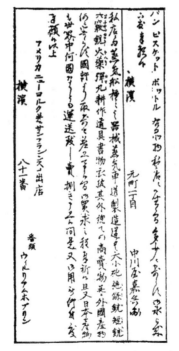

图1-4　史上首位日本广告主推出的报纸广告
（《万国新闻纸》1867年3月）

值得强调的是，首次使用"广告"这个词汇的，是1867年2月出版的第 2 集《万国新闻纸》。另外，同年 5 月出版的第 4 集《万国新闻纸》还刊登了神奈川和横滨政府机构的"布告"。

在这个历史时期，日本幕府对私人出版进行严格的管制，所以初期的报纸要么是外国人聚居区的外语报纸，要么是外国人发行的日语报纸，要么就是幕府发行的官板报纸，抑或是幕府翻译的系列报纸。不过，1867 年发生的"大政奉还"结束了日本幕府的统治，1868 年又爆发"戊辰战争"，在这个混乱的历史过程中，日本江户（现为东京）首次出现了本国人自主创办的报纸。

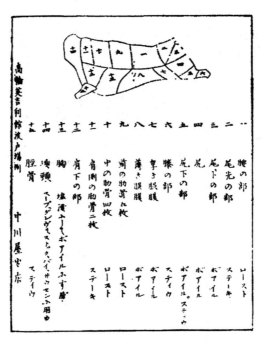

图 1-5　日本首次出现的报纸插图广告

（牛肉销售广告，标明了牛肉的部位。《万国新闻纸》1867 年 6 月）

1868 年阴历 2 月《中外新闻》创刊，同年阴历 4 月《内外新报》创刊，同年阴历闰 4 月《江湖新闻》创刊……仅 2 月到 5 月，就有十多种报纸相继诞生。在日本关西地区的大阪，1868 年阴历闰 4 月出现了《内外新闻》；在京都，同年阴历 5 月创办了《都鄙新闻》等。可是，江户的报纸都有支持幕府的色彩，到了同年 6 月，新政府颁布《无许可出版物取缔公布》，对出版物实施严格管制，江户的报纸随之销声匿迹。这些报纸的出版虽然持续时间不长，但依然刊登了广告。其中，1868 年阴历 2 月 24 日的《中外新闻》创刊号刊登了"西洋新式缝纫机用法传授及缝纫之事"的广告，这是江户发行的报纸上首次出现的广告，在广告史上具有里程碑意义。

第二节 明治初期的报纸和广告

1. 明治新政府的新闻政策

"大政奉还"和"戊辰战争"后，日本于 1868 年进入明治时代，明治新政府在各方面推行改革。1869 年 3 月 20 日，新政府颁布《报纸印行条例》，推出新的新闻政策。条例规定，在政府许可的前提下，在一定的报道限制范围内，可以发行普通报纸。由此，日本的报纸发行得以重启，报纸业进入急速发展阶段。1871 年 1 月 28 日，日本首家日报《横滨每日新闻》创刊。这份报纸是在神奈川县令（地方政府长官）井关盛良的推动下，横滨富商岛田丰宽等人出资创办的。横滨海关翻译官、后来创办《读卖新闻》的子安峻，"日本铅版印刷术之父"本木昌造的弟子阳其二等人也参与了该报的编辑和发行工作。此前，日本的报纸都是对折装订的小册子，多为木版印刷甚至手写，《横滨每日新闻》首次引进西洋小报版式，采取铅版印刷。在这一点上，《横滨每日新闻》在日本近代新闻史上有划时代的意义。

明治新政府之所以采用上述新闻政策，是希望通过新闻发展和报纸发行让国民知晓政府的方针和法令，政府希望培育报纸、利用报纸。这段日本新闻史上政府与媒体之间的"蜜月时代"持续到自由民权运动萌芽的 1874 年至 1875 年前后。这个过程中，不仅大城市，在很多中小城市也出现了大量的小型报纸。

2. "大报"与"小报"并存发展

明治初期的报纸多为不定期或隔日发行，随着新政府新闻政策的影响扩大，每日发行的日报种类逐渐增多。1872 年，仅在东京发行的就有《东京日日新闻》、《日新真事志》、《公文通志》（1874 年改名为《朝野新闻》）等报纸创刊。1872 年创刊的《邮政报知新闻》于 1873 年改为日报，1875 年《东京黎明新闻》（前身为 1871 年创刊的《新闻杂志》）也改为日报。1874 年 1 月 17 日，板垣退助、后藤象二郎等人向政府提交了关于设立民选议院的白皮书，拉开了日本自由民权运动的序幕，关于国家体制建设方针等方面的政治对立日益显现。以此为契机，这些报纸纷纷成为以政治言论为中心的媒体。

然而，1874 年 11 月创刊的《读卖新闻》却首次尝试了另一种报纸风格，并以此取得很大发展。这种风格的报纸不报道政治问题，专门报道市井话题，如犯罪、艳闻等，以社会新闻为中心，并且在汉字上标注假名，使用简单易懂的口语进行报道。这类报纸的版面尺寸往往较小，被称为"小报"。1875 年创刊的《假名插图新闻》（后改名为《东京插图新闻》）、1875 年创刊的《假名读新闻》（后改名为《假名读》）、1875 年于大阪创刊的《浪花新闻》等均属这类"小报"。

与此不同，上述政论型报纸都是用难懂的汉文书面语报道，汉字素养较差的普通民众难以接近。同时，这类报纸的版面尺寸也往往较大，被称为"大报"。截止 1890 年，"大报"和"小报"两种类型的报纸并存，并且都得到较快发展。

3. "广告报价表"的出现

那么，明治初期的报纸广告的形态又是怎样的呢？1871 年，日本首家现代日报《横滨每日新闻》的头版，出现了"广告报价表"，详细列举了广告费用："十日以下，一字一分；十日以上，一字八厘；一个月以上，一字五厘……"（图 1-6），这份报纸几乎每期都刊登大量的广告。横滨的报纸之所以能够在广告方面走在前面，主要

第一章 文明开化时期的广告

是由于横滨是外国人聚居区,西洋报纸的发行和西洋广告让报纸发行方和广告主拥有了对报纸广告的知识和意识。不止在横滨,东京的报纸也在比较早的阶段出现了比较稳定的报纸广告。1871年5月创刊的《报纸杂志》,也几乎在每一期都刊登广告。每期《报纸杂志》的最后都会专门辟出"报告"或"广告"的专栏来刊登广告,突出的一个特征就是书籍类广告很多,这可能是由于这份报纸的读者以知识分子居多。机械和药物广告也偶尔出现,1871年7月第7期《报纸杂志》刊登了守田治兵卫的药物广告,是日本广告史上一个比较重要的案例。

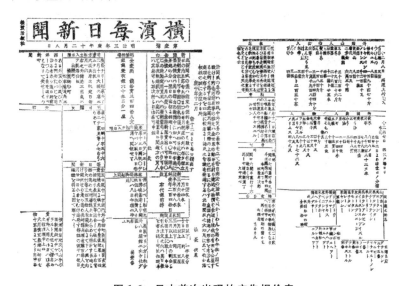

图1-6 日本首次出现的广告报价表

(图中头版右下角"引札直段附"部分为广告报价表。《横滨每日新闻》1871年1月28日,左侧图为头版,右侧图为二版。)

东京首家日报是《东京日日新闻》,这份报纸的创刊号中就出现了招募广告的内容:"新店开张、新品上市的广告,抑或是各种商品的销售布告等任何出版公告事宜均可,出版一次为5元,连续十日仅需25元。"即便有此种招募信息和优惠规定,募集广告也不是容易的事。日报新闻史专家宫武外骨指出,当时的状况是,10天都不一定能有一条广告。《邮政报知新闻》等报纸没有把广告收入放在眼里，没有推出任何这方面的规定，甚至送上门的广告也不刊登，完全没有把广告收入当做收入来源。① 另外，1874 年以主笔身份进入《东京日日新闻》、1876 年以后又升任社长的福地源一郎对此也留下类似记录："当初新闻事业的困难不在报道内容。本来，报纸的财政维持应主要依靠广告收入。然而当时广告收入的确太少，主要只是药品广告和书籍广告这两类。"②

小报的广告收入比大报要好一些。1877 年日本爆发了西南战争，这期间在小报业界颇有影响的野崎左文的回忆录中有如下记录："当时报纸的价格为每份 1 钱，其中纸张的成本为 6 厘。报纸每月定价为 20 钱，一个月发行 25 期。这样算下来，每份报纸仅卖 8 厘，其中纸张成本为 6 厘，利润仅为 2 厘。这么低的利润是很难维持报社运营的。但是，一定不要忘了还有广告部的收入。当时广告费用为一行③ 10 钱以内，即便如此一个月收入也达数百元，足以补充员工的奖金和补贴。发行量越大，收益就越大。据说，当时日报的发行量超过一万份，月刊杂志的发行量也超过一千份。"④

大报对广告增收普遍持消极态度，与此相反，小报则以低身段向广告主敞开怀抱。报社对广告的态度差异，直接影响了其广告收入的多少。不过，1871 年 10 月创刊的《大阪府日报》在其第 1 号报社通告中就发布了募集广告的内容，各方货物开卖的公告等，可每行支付若干版面费迅速发布。这份报纸是大阪府知事支持的民营报纸，在很早的时候就对广告表现出非常积极的态度，这可能也是大阪这个商业城市的大环境熏陶所致。这直接推动了后来的《朝日新闻》对广告经营的重视。这个时期各报的发行量如表 1-1 所示，身

---

① 宫武外骨：《文明开化》广告篇，半狂堂，1925 年，附录第 6 页。
② 福地源一郎：《报纸实历》，《明治文化全集》第 17 卷，日本评论社，1928 年，第 10 页。
③ "行"为日本媒体衡量广告长度的单位。此外，还有"厘米"、"段"等度量单位。不同报纸的字体和排版略有不同，一段通常相当于 140 行左右。含有插图的广告很难用行数衡量，一般使用厘米（cm）。
④ 野崎左文：《我所见的明治文坛》，春阳堂，1927 年，第 58 页。

第一章 文明开化时期的广告

为"小报"的《读卖新闻》的发行量高于大报。

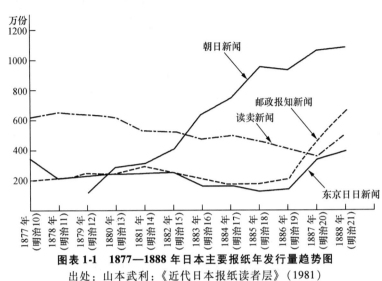

图表1-1 1877—1888年日本主要报纸年发行量趋势图
出处：山本武利：《近代日本报纸读者层》（1981）

4. 书籍广告的兴盛

当时即便是小报，广告主也很少，并且广告主的规模也很小。那么，这个时期的广告主要分布在哪些行业呢？大报的代表《邮政报知新闻》1874年主要的广告如表1-1所示。[①] 同为大报的《朝野新闻》1875年5月—1876年5月的广告如表1-2所示。

表1-1 1874年《邮政报知新闻》所刊广告条数统计
（按行业分类）

行业类别	上半年（1—6月）	下半年（7—12月）
书籍	110	306
土地租售	38	80
学校	11	26
书画	10	10
第一国立银行	11	8

[①] 《日本新闻广告史》，日本电报通信社，1940年，第181—183页。

广告的社会史

（续表）

行业类别	上半年（1—6月）	下半年（7—12月）
通知	0	18
地址变更	0	16
第二国立银行	0	15
雇用	0	15
募集	0	15
药品销售	5	9
西洋报纸销售	0	12
开张广告	0	10
寻人	4	6
其他	62	94
总计	251	640

表1-2 《朝野新闻》所刊广告条数统计

（按行业分类）

行业类别	1875年5月	1876年5月
学校、私塾	45	45
不动产	40	56
书籍	29	46
饮料、食品	25	21
杂志	13	4
公司、银行	8	11
法律事务所	8	
杂货	7	15
近况、死亡通知	7	4
商船		31
药品销售	2	3
医院		2
演讲、联欢通知	2	2
政府公告	1	3
寻人、寻物		3
其他	15	17
总计	202	263

第一章 文明开化时期的广告

从这两个表格的统计可以看出,大报广告的一个突出特点就是出版广告居多,这正是由于大报的读者多为知识分子阶层。在这些出版广告中,书籍广告最多,超过了杂志广告(图1-7)。除出版广告多这个特征之外,大报广告的另一个特征就是,学校、私塾的招生广告很多。银行的开业和营业广告、公司的开业广告合计起来数量也较多,当时正是资本主义萌芽时期,受日本明治政府推出的"殖产兴业"政策影响较大。这些企业广告的出现,增加了一般商人对广告的信赖。不动产、招聘求职、通知、地址变更、寻人等告知广告在报纸上拥挤排列。此外,邮政局、文部省等政府部门的告知广告也很多。这种有一定新闻性的广告反映了明治维新时期混乱的文明开化景象。药品销售广告的条数并不多,但按广告所占行数(衡量广告篇幅的标准)计算的话,大致仅次于书籍广告和学校广告,且增长速度较快。另外,明治时期前15年间的广告主中,除了第一国立银行外,没有规模较大的机构出现。出版广告的广告主数量很多,多为规模较小的书商。其中较为典型的有山中市兵卫、北畠茂兵卫、丸屋善七等书商。

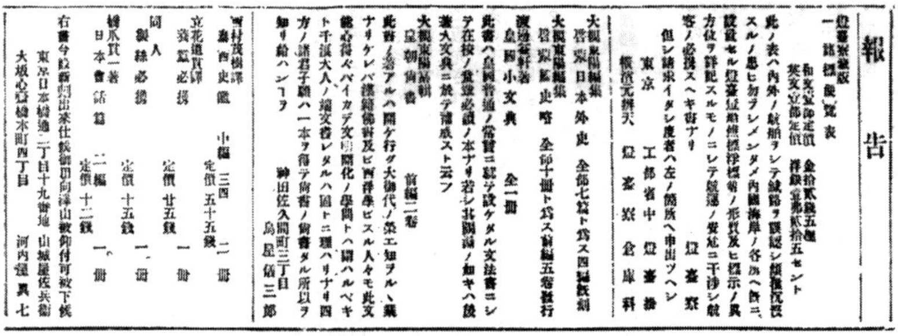

图1-7 明治初期的出版广告(《东京日日新闻》1874年6月13日)

第三节 药品广告及所受批判

在明治初期报纸广告的发展过程中,最引人注目的是药品销售广告的崛起。1875年前后,报纸上刊登的药品销售广告开始显著增加，1876 年的《东京日日新闻》所刊药品广告的行数已达 3450 行，接近书籍广告行数（14283 行）的四分之一，仅次于书籍广告，位列第二。到了 1877 年之后，药品销售广告逐步接近书籍广告，并在明治后期超过书籍广告。当时针对药品销售广告的崛起，有如下描述："报纸的广告中也出现了眼药（1878）"，"药店几乎买断了报纸的广告版面（1888）"①。

在药品销售的广告主中，最引人关注的是有促消化、解毒功效的肠胃药"宝丹"的广告主守田治兵卫，以及眼药水"精锜水"的广告主岸田吟香，这两者表现超群。1877 年，《东京新志》杂志曾推出"当世双雄"栏目，列举了不同行业的引领者，其中药业双雄就是眼药水商岸田吟香和宝丹制造者守田治兵卫。

1. "宝丹"制造者守田治兵卫

在报纸出现之前，守田治兵卫（1841—1912，图 1-8）就十分重视广告的效果，为了推销他的"宝丹"，灵活使用各种"奇招"，巧妙运用了广告媒体，取得很好效果。

图 1-8　"宝丹"制造者守田治兵卫

---

① 《明治文化研究》第 1 辑，书物展望社，1934 年，第 210 页。

第一章 文明开化时期的广告

"宝丹翁"最初的做法是通过春季和秋季两次的"引札"（日本早期的单页传单广告形式）开始的。他所用的文体极为通俗易懂，浅显并贴近大众。此外，他还在品川、千住、板桥、四谷的江户入口处张贴广告。这种广告当世被称为"禀告"，也就是海报。此外，他还去市区的澡堂，与搓澡女搞好关系，通过她们的人际传播，向更多顾客描述宝丹的功效，促进销售。他又在市内的岗哨前、或者去医院向医生亲口宣传推销产品。[①]

可见，守田治兵卫不仅通过传单、牌匾、海报等媒体发布广告，还积极通过澡堂女工和医生等进行口头传播、个人传播。1878年的《邮政报知新闻》刊登的读者来信有如下记载："销售的药品非常流行，澡堂、梳头处工作人员都说，尤其是宝丹的效果最好。"[②] 报纸出现后，守田治兵卫积极利用报纸广告推销产品，但他推出的报纸广告绝非泛泛之流。首先，他创造新词"起死回生"，并将其定为宝丹的广告语，给读者很深印象。其次，紧贴读者关注的重大时事新闻，创作出与这些新闻有关的广告，且他们从未在广告中使用相同的插图或拷贝，每次都有变化和创新。

报纸、杂志的广告对守田治兵卫来说还不够。1878年7月，他创办《芳谭杂志》（图1-9），这是一本企业公共关系杂志，创刊号的序言指出："希望此杂志得到守田先生宝丹用户、客户等有关人士的欣赏。"这本杂志不但进入全日本的宝丹销售店，甚至在市区的普通书店开展了每月6次的销售，每本售价为2钱。这本杂志刊登大量的剧作、奇谈，且质量很高，广受欢迎。当然，守田治兵卫不会忘记在每期都刊登宝丹使用心得，宣传药品的效果。后来，《芳谭杂志》发展成为日本近代文学代表性流派——高自蓝泉等柳亭派的代表性文学杂志。

[①] 奥山仪八郎：《守田治兵卫小传》，《日本电报》（日本电报通信社）1941年5月号，第31—33页。

[②] 《邮政报知新闻》1878年10月3日，来自高知县的读者来信。

图 1-9　日本首本企业公共关系杂志《芳谭杂志》第 1 期（1878 年 7 月 1 日）

2. 岸田吟香与"精䤸水"广告

　　岸田吟香（1833—1905，图 1-10）是日本非常著名的企业家，且与中国有很深的渊源，在上海生活过多年。他在早年推动眼药水"精䤸水"销售时，也非常重视广告的作用。不过与守田治兵卫稍显不同的是，他重视报纸广告胜过传单和牌匾广告。1868 年，他协助夏威夷领事 E. M. Van Reed 创办《横滨新报藻盐草》。1873 年，他又进入《东京日日新闻》社，成为首位随军记者来到台湾，发回大量新闻报道。岸田吟香患有眼病，1864 年在横滨接受了美国眼科医生、语言学者兼宣教师 J. C. Hepburn 博士的治疗。后来，岸田吟香参与英日词典编辑、远赴上海等，在多方面协助 J. C. Hepburn 博士，并学会眼药水的秘制方法。

第一章 文明开化时期的广告

图1-10 "精锜水"的制造者岸田吟香

不久,岸田吟香将该眼药水命名为"精锜水",一边从事新闻记者行业,一边在银座开店,专门生产和销售眼药水。岸田吟香早年在横滨从事新闻行业,常年接触报纸广告,耳濡目染,对报纸广告效果较为认可。同时,他有丰富的新闻从业经验,对报纸的社会影响力和报社经营之道非常熟悉。由此,他进入《东京日日新闻》之后,将报纸广告定位为眼药水销售的核心推广方式,在《东京日日新闻》推出大量报道体的广告,非常吸引眼球(图1-11)。

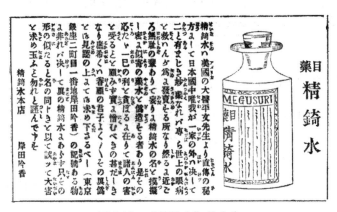

图1-11 "精锜水"的广告

(《东京日日新闻》1867年10月9日)

在日本江户时代，就有剧作家把自家商品巧妙插入剧本加以宣传。岸田吟香如法炮制，且十分善用此种广告手法，不断在自己写的报道中巧妙插入"精锜水"三个字。甚至，在读者来信中，也刊登各地读者对"精锜水"的好评。到1876年，也许是报社对这种状况有所警惕，抑或是读者对此有不满，1876年8月26日的《东京日日新闻》专门刊登如下声明："有不少读者从全国各地寄来精锜水的相关评价。由于其制造商为本社岸田吟香，恐被看做是本报的广告。故此，今后不再刊登。"

不过，岸田吟香还是发挥他作为广告主的能力，与守田治兵卫一道，在各报发表吹捧商品的报道。1878年6月8日的《读卖新闻》刊登了一篇读者来信，对岸田吟香和守田治兵卫进行了批判："如果因为要推出某产品，希望在报纸刊登广告的话，报社往往会说，'现在要登广告的人非常多，需要排队，等本月下旬或下个月可以刊登。'如果继续请求尽快刊登，则可通过事先支付一定费用来解决。而名人则完全不同，守田治兵卫放了个屁，或者岸田吟香打了个喷嚏，都会急忙登报公之于世，且不需支付费用。希望记者朋友能够尽量减少药物销售等方面的推广软文，尽量采访并刊登美事。"① 宫武外骨在1925年出版的《明治奇闻》第5期指出，《东京日日新闻》刊登大量眼药水广告，岸田吟香巧妙利用报纸版面，宣传精锜水的功效。从上述对"两大广告主"的批判可见，他们在报纸上刊登的商品吹捧报道的确做得有些过头。

3. 福泽谕吉的《论售药》

药品销售广告大行其道之时，出现了一些知识分子，他们对药品广告主对药效的夸大宣传和吹捧进行了批判。推动并持续性展开批判的，是日本明治时期杰出人士福泽谕吉（图1-12）。他发表了大量批判药品广告的论文，在此介绍他于1876年在《家庭丛谈》上连

---

① 《读卖新闻》1878年6月8日的读者来信。

第一章　文明开化时期的广告

载的文章《论售药（一）》。① 这不仅是福泽谕吉的首次广告批判，也是他后来很多主张和观点的原型，尤其是在形成广告批判的舆论模式方面有非常重要的意义。此外，福泽谕吉是首位指出媒体对民众有强大的影响力和统治力的学者，在新闻学史上有重要意义。

图1-12　对药品销售广告展开批判的福泽谕吉

下面引用一部分福泽谕吉当年的论断：

> 把日本报纸与西洋各国报纸进行比较的话，可以发现旨趣稍有不相同之处。西洋报纸出现已久，报纸的报道事杂类驳，无非是一些近乎暴露丑态之信息，读者不以为意，对人的影响有限。日本的报纸则不然，其发行仅三五年，人们对此还感到无比新奇，人们认为报纸与学者先生的著作相同，以为报纸所刊内容均是有理有据的观点，是人们普遍认可的心得体会。尤其是下层社会的民众，分不清哪些是报纸的社论，哪些是投稿或读者来信，他们无法区分短讯、公告、广告和通知，认为只要是报纸上黑字印刷的，就是正确的。这种状况不难理解。

---

① 《福泽谕吉全集》第4卷，岩波书店，1957年，第405—407页。

纵观当今日本报纸公告部分，可见药品销售的广告最多。且这些广告不仅通过文字，还通过插图或绘图来吸引人们的眼球。若从报社内部考虑，应是药商提出申请，报社收取一定费用刊登广告，似也无妨。不过如上所述，日本的报纸对下层民众影响太过巨大，下层民众不管药品实际效果如何，唯听信报纸所言，认为既然是报纸上刊登的药品，定不会错，遂满心欢喜买来服用。这时，报社无疑成为药商的吹捧师。

报社推出广告，不能完全仅仅是基于经济利益的考虑。倘若品川的妓院希望在报纸做广告，介绍其娼妓人数、价格和妓女容貌，告之普罗大众，报社会刊登如此广告否？定当不会。从法律角度来讲，娼妓是官方许可的娼妓，药品亦是官方许可的药品。同为官方许可之物，却为何厚此薄彼？报社考虑的，自然不只是经济收益，另有自己的忌讳所在。有的报纸在短讯或读者投稿中说，使用了某某丹药很有效，抑或用了某某药水很管用，动辄吹嘘药效，暗中推动销售。这是何等不堪之事。这些记者是亲自使用这些药后感到有效的么？不会有如此愚蠢者。总归这方面需要注意，昨日不注意者，今日开始注意便可。余辈为记者感到羞耻。仅因售药之蠢事、药之无效在此继续论述的话，此文太长。他日继续赘述便是。

此文可谓是日本"广告净化运动"的发端。《读卖新闻》一位来自东京青山的读者在1876年9月28日投稿指出："福泽先生在《家庭丛谈》发表的《论售药》一文，读来让人实感佩服。我作为外行，感到报社受托不得以才发布表扬商品之辞。"读者对福泽的论述感到佩服的同时，又对刊登广告的报社表示理解和同情。

4. 关于药品广告的争论

其后，福泽谕吉以他自己的《民间杂志》为平台，对报纸展开了严厉的批判。起初，各报对这些批判均视而不见。但1878年3月

第一章 文明开化时期的广告

24日《民间杂志》发表《论售药》[①]一文后,"小报"《假名读新闻》终于忍不住于1878年4月2日发表了《关于〈民间杂志〉"论售药"的辩护》一文,开始对福泽谕吉展开反驳。

然而,对福泽谕吉的反驳渐入佳境时,药品销售公司同盟向报社发出"请求书"。请求指出,与《民间杂志》继续争论下去的话,人们对在售药品的信任度会逐渐下降,药品销售公司投入的广告费将打水漂,各药店难逃关门的命运。既然如此,不如索性不与对方争论,保持沉默。受药品销售公司同盟的这个请求影响,次日起,对福泽谕吉的反驳声音突然安静下来。《假名读新闻》于1878年4月5日全文刊登了药品销售公司同盟向报社发出的"请求书"。刊登此文的记者在文章最后指出:"对不住各位看客,实属无奈,与诸君再会,此番争论到此为止。"

就这样,报纸突然改变态度的同时,也在同时寻求读者的理解。不止是《假名读新闻》,很多其他小报也以非常不痛快的心情接受现实。同时,除了福泽谕吉的《民间杂志》外,这时的大报和杂志对药品广告的批判非常普遍。如1877年11月1日的《邮政报知新闻》指出:"看看他们的药品销售广告吧,其最上方有卫生局的许可证。广告指出,此药非其他诸药所能比,不管多么重大的急症,用此药后立即有效。似乎有此一剂,再无他需一般。假如药效真像广告所言,那么全天下的医生早该赤脚而逃了,医院也早该荒草满地、人迹罕至了吧。"

此外,当时的讽刺杂志《团团奇闻》也对此给予讽刺性批判。1879年3月1日出版的《团团奇闻》说:"守田这个老东西靠宝丹赚足了钱。'丹'字上加一撇,就成'宝舟'了"。日本古代传说中,宝船一般满载珊瑚和金银财宝,象征财富,这篇文章批判广告主贪婪地牟取暴利。同一时期,《新闻记者列传》作者佐佐木秀二在叙述岸田吟香时指出,精锜水其实是硫酸亚铅勾兑500倍的清水调制而成。一斤硫酸亚铅的价格为10钱的话,以此10钱成本可制作

[①] 《福泽谕吉全集》第4卷,岩波书店,1957年,第503—505页。

500斤精锜水。然而岸田吟香靠众人不知其法之侥幸，数滴精锜水装一小瓶，即以6钱以上的高价出售。正如日语俗语"药九层倍"（药价九成为利润）那样，他获取了极大的暴利。①

最初开始批判售药广告的，除福泽谕吉之外，还有当时的综合杂志《近事评论》。1877年12月8日出版的《近事评论》以"售药之流行"为题，开始了对售药广告的批判，主要观点和思想与福泽谕吉相一致。不过，福泽谕吉的文章和观点的影响深远，对售药广告的批判之声开始星火燎原。广告主方面苦寻救火之策。从上述《假名读新闻》的例子可见，他们找到一个省事的办法，就是对这种批判之声当马耳东风，不闻不问。此外，如图1-13所示，售药业界对遭遇大饥荒的中国灾区募集救灾款，试图通过慈善事业改变业界形象。

1878年3月20日出版的《假名读新闻》发布《售药公司同盟公告》指出："近日读报得知，支那（在此时的日本，'支那'并无贬义。——译者注）遭遇大饥荒，人们生灵涂炭，陷入苦境。食死人之肉，靠树皮果腹，甚至父子、夫妻因争食物而摈弃旧情，实乃古今稀有之大灾难。我日本国与支那交流已久，且是邻国。应有远见卓识，不能旁观。有名的涩泽荣一以及益田、岩崎、笠野三位发起，呼吁寻求救助之法。上至天皇皇后，下至平民百姓，应为灾区捐献金钱、粮食。吾辈售药公司以仁术救人为己任。在他们危急存亡之时，绝不能坐视不管。无论多少，诸位捐献的金元连同涩泽等人的美意，可救该国之人民，尽邻国之信义，加深两国之情谊。"后面附有联名发起的31位售药公司及负责人姓名，岸田吟香和守田治兵卫的姓名赫然在列。

除通过募捐等慈善活动改善企业形象之外，守田治兵卫还出版了专门的公关杂志——《芳谭杂志》。岸田吟香则公布精锜水的成本构成，以挽回社会的信任。总之，售药广告的迅速崛起和对售药广告的批判，成为明治初期报纸广告生态和广告观念的缩影。

---

① 佐佐木秀二：《新闻记者列传》初编，共同社，1880年，第32页。

第一章 文明开化时期的广告

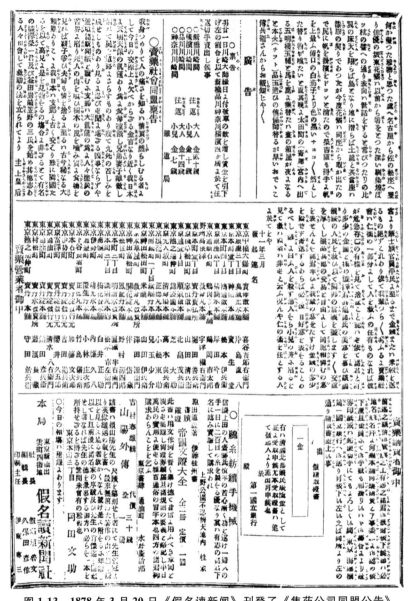

图1-13　1878年3月20日《假名读新闻》刊登了《售药公司同盟公告》
（左上侧《卖药社会同盟禀告》，号召售药业界对遭遇大饥荒的中国灾区募集救灾款，试图通过慈善事业改变业界形象。）

第四节 明治初期的商品销售和报纸广告

1. 传统的销售方法与广告

在明治初期的商品销售体系中，商人和企业赋予广告或广告媒体怎样的地位，对广告持有怎样的一种战略价值观呢？让我们通过岸田吟香和守田治兵卫等药品销售者的例子进行考察。

岸田吟香和守田治兵卫最初就通过行商、招牌、传单等传统方式积极推动商品销售，同时，他们又通过新时代的新手法开展营销。岸田吟香在1878年11月27日的《东京日日新闻》上发布消息，招募精锜水连锁店的加盟商（如图1-14）。其中详细规定了促销细则，并承诺可免费赠送店面招牌（如图1-15），并希望在各加盟店开张时悬挂所送招牌。1878年11月27日《东京日日新闻》的广告指出：达成协议的加盟店经营者请提供地址、大名，我们将之放在传单上。最初印刷的100张传单由我们赠送，超过的部分按照每千张1元的价格提供。① 可见，岸田吟香不仅向加盟店提供招牌，还把传单作为重要的广告促销手段，并详细规定了传单费用分担方式。从中可见岸田吟香细致的战略思维。不过，我们不知道当时精锜水的加盟店达到了多少家。另一位重要人物守田治兵卫的加盟店在1876年达到700家，第二年达到1800家。②

当时，岸田吟香和守田治兵卫的招牌在各地随处可见。1877年4月7日的《新潟新闻》刊登了从东京到新潟的游记。据该游记记载，让人吃惊的是路边经常见到小学的校舍、岸田吟香的精锜水和守田治兵卫的宝丹的招牌。不管在哪儿，只要是有人聚居的村落，就一定会见到此三物。

1876年8月3日《东京日日新闻》刊登的千叶县读者来信指出，

---

① 1878年11月27日《东京日日新闻》的广告。
② 《日本新闻广告史》，日本电报通信社，1940年，第239页。

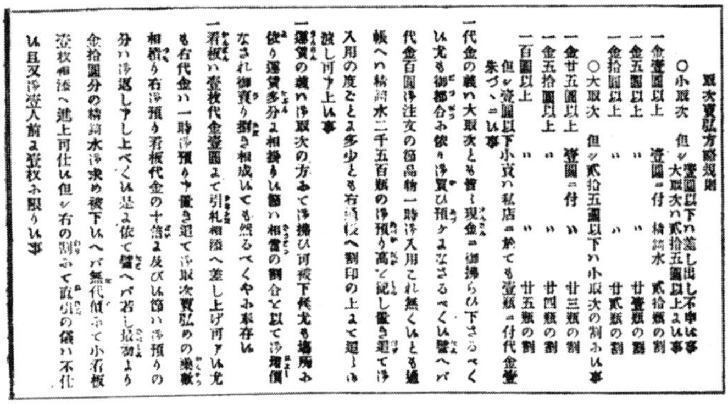

取次賣弘方略規則
〇小取次　但シ壹圓以下ハ差し出し不申候事
大取次ハ貳拾五圓以上ニ候事
一金壹圓以上　壹圓ニ付　精錡水　貳拾瓶の割
一金五圓以上　〃　〃　廿壹瓶の割
一金拾圓以上　〃　〃　廿貳瓶の割
〇大取次　但シ貳拾五圓以下ハ小取次の割ニ候事
一金廿五圓以上　壹圓ニ付　〃　廿三瓶の割
一金五拾圓以上　〃　〃　廿四瓶の割
一百圓以上　〃　〃　廿五瓶の割
但シ壹圓以下小賣ハ私店ニ於ても壹瓶ニ付代金壹朱づゝニ候事
一代金の儀ハ大取次とも皆々現金ニ御拂ひ下さるべく候尤も御都合ニ依り御買ひ預ケになさるべく候節ハ代金百圓御注文の品物一時御入用これ無く候とも通帳へハ精錡水二千五百瓶の御預り高と記し置き追て御入用の度ごとに多少とも右通帳へ割印の上にて追々御渡し可申上候事
一運賃の儀ハ御取次の方ニて御拂ひ可被下候尤も場所ニ依り運賃多分ニ相掛り候節ハ相當の割合を以て御增價なされ御賣り捌き相成候ても然るべくやに奉存候
一看板ハ壹枚代金壹圓にて引札相添へ差し上げ可申候尤も右代金ハ一時御預りに置き追て御取次賣弘めの樂數相積り右御預り看板代金の十倍に及び候節ハ御預りの分ハ御返し申し上べく候是に依て譬へバ若し最初より金拾圓分の精錡水御求め被下候へバ無代價にて小看板壹枚相添へ進上可仕候但シ右の割にて直引の儀ハ不仕候且又御望入前に壹枚に限り候事

图 1-14　精锜水在《东京日日新闻》刊登的加盟店募集广告

（《东京日日新闻》1878 年 11 月 27 日）

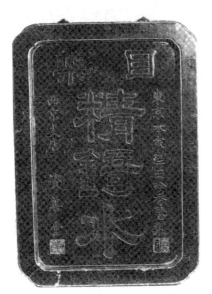

图 1-15　精锜水的店面招牌

在小学旁边的卖报处有《朝野新闻》、《东京日日新闻》和《读卖新闻》三种报纸，并没有太多人光临。能看到不少小店销售岸田吟香的精锜水和守田治兵卫的宝丹。该报 8 月 26 日刊登的青森县读者来信说，精锜水的大幅招牌在米町闪闪发光，宝丹的招牌在其不远处。

1877 年西南战争爆发前后，精锜水和宝丹的招牌在日本东部地区非常普遍。千叶县的读者来信所示，当时报纸的读者还非常有限，尤其是全国性报纸在地方的读者还很少，所以报纸广告的效果也非常有限。故而，在大量行人通过的街道放置招牌和传单（图1-16）更有效，也更受到重视。所以，在明治初期，比较普遍的营销手段是在各地开设大量分店，同时悬挂招牌，配发传单，这种手法比较普遍，也比较有效。从这个角度讲，在这个阶段，报纸广告只是从侧面推动销售，还不是营销的主流手段。

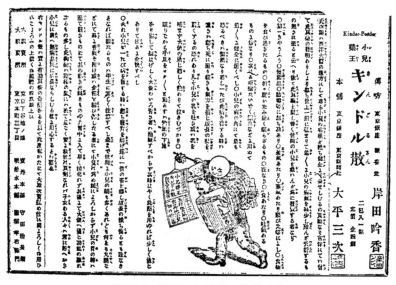

图1-16　明治初期的药品传单广告

2. 资生堂和富山药品配送公司

当时，较为典型而传统的销售方法之一是行商。在行商中，最典型的是资生堂（图1-17）广泛使用的富山药品配送公司的药品销售组织和网络。资生堂是仅次于岸田吟香和守田治兵卫的广告主，一边试图通过广告促进商品销售，一边充分利用药品销售网络把商品普及到了全国的各个角落。同时，广告和销售网络二者有密切联系。毫无疑问，通过报纸广告让人们熟悉了资生堂的商品名称，这对药品销售者来说，是非常重要的铺垫。

第一章 文明开化时期的广告

图 1-17　资生堂的店铺

岸田吟香和守田治兵卫有没有利用药品销售组织和网络呢？目前的历史资料还不能回答这个问题。不过可以明确的是，此二人一方面积极利用报纸广告扩大品牌影响力，同时积极利用报纸的销售组织来推动商品销售。据史料记载，1875年、1876年前后的卖报人都十分常见。报纸放在背上的报匣中，前面挂着钱包和铃铛，沿街叫卖。不过，很多卖报人背上报匣中还放有守田治兵卫的宝丹和岸田吟香的精锜水等，与报纸一起销售。在京都，最初在报纸上刊登广告的，正是药店。药店不止通过报纸广告宣传产品，还为卖报者提供不错的好处，让其在卖报时同时销售药品。①

这种销售方法，在京都以外的地区有没有出现，目前不得而知。报纸广告已经让这些商品为读者所熟知，通过卖报人销售，一般会有不俗的销售业绩。

1879年，岸田吟香开始积极把精锜水打入中国市场。他在1904年的一篇文章中回忆说，"当时上海发行的报纸只有《申报》，发行量停留在三四千份的水平，报纸广告的影响力很弱。所以，我到中国后只能采用中国惯用的广告法来开展宣传。在中国，一般是在大

---

① 东枝吉兵卫：《三十年前的报纸推销》，《广告总账》1904年2月号，第34—36页。

小不等的白纸或彩纸上写上华丽的文句,在街角墙壁引人注意的地方张贴。由于广告工作不充分以及委托销售的不普及,我经常巡游各地,给各个地方的各种人赠送药品样本,竭尽全力推动销售。"①

从岸田吟香的叙述可见,当时他同时通过报纸广告和传统方法推动销售,不过在中国,由于报纸行业没有日本发达,所以他也不得不通过配送样品等方法打开销路。在日本积累的经验,没能够直接应用到中国的业务中去。

3. 招牌·门帘广告依然占尽优势

如上所述,在明治初期,传统的商品销售方法和意识还十分普遍。广告主要还是通过招牌、店面门帘或传单等方式来进行。

1872年4月,东京贴出布告:"由于阻碍车马的正常通行,市内各商店门前的立式招牌原则上都应撤掉。"② 从中可见,当时很多商店都在门前路上竖起了立式招牌,甚至到了阻碍交通的程度。所谓招牌,有木雕招牌,也有在木板上用墨汁、颜料描绘上文字图画而成的。现代意义上的招牌,是在镀锡铁皮或白铁皮上用颜料或油漆描绘而成。据1875年10月2日的《东京曙新闻》记载,1875年的物价行情上出现了"镀锡铁皮",1878年7月5日的《横滨日日新闻》上也出现了在白铁皮上绘图的记载,这种材料是从国外进口的。据水田健之辅的《本国广告招牌小史》记载,东京川名浪吉理发店的招牌,是日本历史上首个油漆招牌。③

4. 传单与《广告日报》

最初的传单都是木版印刷的,不过,随着报刊业的发展和铅版印刷的普及,传单印刷引入了铅印技术,印刷量也大幅增加。文明

---

① 岸田吟香:《在华售药销路的打开》,《广告总账》1904年6月号,第50—55页。
② 石井研堂:《明治事物起源》下卷,春阳堂,1944年,第877页。
③ 水田健之辅:《本国广告招牌小史》,《广告界》(诚文堂商店界社)1928年8月号,第63页。

第一章　文明开化时期的广告

开化期的报纸读者主要集中在素养和收入较高的阶层,即便是这为数不多的读者,还分布在全国各地,比较分散,广告主往往希望在很小的地理范围内高密度推销产品,在这个意义上说,报纸广告其实并不利于商品推销。

但是传单不同,它可以在很狭窄的地理范围内,与民众密切接触,尤其是在大城市,从江户时代开始就是对消费者很有影响的广告媒介。在文明开化期,传单也受到广告主的重视,尤其是布匹、杂货、书店、药店等行业的广告主非常重视传单的作用。此外,在这个时期,广告主积极利用化妆广告人①和送货人配发传单。这一点与江户时代也基本一致。

不过在这个时期,出现了传统的传单媒体和新兴的报纸媒体相结合的传单型报纸。开发出这个新型广告媒体的,正是广告界鬼才岸田吟香。1878年6月12日的《东京日日新闻》发布了《广告日表》的发刊广告:"下月16日,敝公司将发行专门刊登广告的媒体,每日在东京免费发放五千份。请希望发布广告的诸位与敝公司联系。18个字为一行,每日每行收费三钱,可加假名,可印大字,也可插图。我们将竭力满足您的需要。请多关照。银座二丁目一番地岸田精锜水隔壁,广告社,传单店。"

这个广告社是什么时候创办的?目前并没有史料记载。不过可以知道其地址在精锜水总店乐善堂的隔壁。可以想象,作为精锜水的广告主,岸田吟香应该感受到了报纸广告和传单效果的有限性。报纸广告难以实现的地域覆盖的密集性、传单广告难以实现的定期性,《广告日表》很好地解决了这些问题。《广告日表》的原型,是上述外国人聚居区曾经出现的 The Japan Herald,岸田吟香应该是从中得到启示而创办了《广告日表》。进入文明开化期以来,东京在各方面取得很大进步,岸田吟香判断,东京基本形成了传单型报纸存活的土壤,于是在银座一丁目精锜水总店隔壁创立了该报社,开始了广告募集、报纸印刷和发行。

---

① 沿街拉琴、拉弦、吹号的化妆广告人。

在《广告日表》上，岸田吟香不但发布精锜水的广告，还广泛募集各类广告，《广告日表》取得长足发展，并于1881年5月1日改名为《广告日报》。1881年5月2日，岸田吟香在《东京日日新闻》的广告中说："餐馆或吴服店的开业、土地租售、寻物寻人，不管是什么内容，只要希望尽快向公众告之的，都可及时刊登，第二日就可在日报上刊登，并会将日报赠送给广告主。"该广告还详细介绍了各种广告所需的费用情况。

各年度的《东京府统计表》中，并没有《广告日表》发行量的相关记录。不过，1881年的《东京府统计表》记载，《广告日报》的发行量为90万份。由于是5月改名为《广告日报》的，如果是5月到12月之间发行量为90万份的话，年发行量则达135万份，也就是说《广告日报》的发行量仅次于《东京曙新闻》。① 这个统计还显

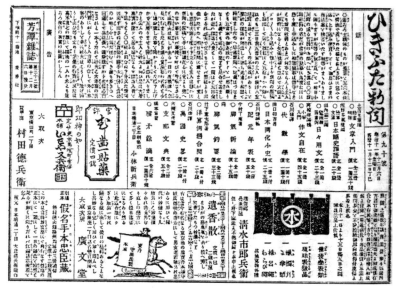

图1-18 与《广告日报》在同一时期出版的《传单新闻》
（1878年12月6日）

---

① 山本武利：《近代日本报纸读者层》，法政大学出版局，1981年，附表《发行量一览》。

第一章 文明开化时期的广告

示,90万份的发行量中,仅有3万份发行到了东京府以外的地区。这说明,《广告日报》是专门针对东京消费者的广告媒体。该报一年的销售额仅为1350元,几乎所有报纸都是免费发放的,也就是说,《广告日报》基本上是一份免费报纸。当时,出现了很多与此相似的传单报,如《传单新闻》(图1-18)、1886年创刊的《广告单》、1888年创刊的《广告大新闻》等,这些传单报主要集中在大城市发行。

第二章　资本主义确立时期的广告

第一节　西南战争后报纸的发展和广告

1.《时事》的"广告推荐"

1877年爆发的西南战争是日本明治维新后最大的一次军事内乱。日本各阶层民众对战局发展极为关注。在报道战况过程中，报纸的作用和价值被民众普遍认知，各报的发行量也随着西南战争战况的发展而快速增长。

西南战争后，反政府力量从最初的军事对抗逐渐开始重视对今后国家体制的讨论，一些政论报纸如鱼得水，推动了政论报道。1881年，日本天皇下诏设立国会，政府允诺设置议会。1890年，因议员选举竞争而兴起了政党运动。此时，各个"大报"分别成为自由民权派的自由党、立宪改进党以及政府派立宪帝政党的党报。另一方面，西南战争后，"小报"的发展速度远远超过政论报纸，发行量迅速增加，经营状况日益优化。

在这种背景下，最与众不同的是《时事新报》。《时事新报》是福泽谕吉于1882年3月创办的，以"独立不羁"为办报理念。这份报纸既有大报所没有的非政党色彩，又有小报所没有的社论和政治经济新闻。《时事新报》的另一个特点是对报纸广告的重视。它抓住所有机会向商人宣传《时事新报》的力量和价值，展开了"广告推荐"运动。这是福泽谕吉现代广告观的体现。例如，他在1883年10月16日的《时事新报》上刊登的《告商人书》中强调了报纸广告影响广、费用低的特点："商人惯用招牌、商标等方式唤起注意，或在十字街头张贴广告、发放传单以宣传产品"，"在当今时代，影响更

第二章　资本主义确立时期的广告

广、费用更低的,非报纸广告莫属。上至天子宫殿,下至陋巷茅屋,报纸无处不在"。同时,他还强调了报纸广告较传单的巨大优势:"报纸一般都是掏钱购买,无论社论、短讯还是广告,大家觉得花钱购得,不读太亏,所以再忙也会过目;而不掏钱就送上门的传单则相反,会感到逆反,即便有时间也基本不会看。如果通过同等发行量的报纸和传单做广告,其效果必有天壤之别。"①

除了在报纸上撰文宣传报纸广告外,福泽谕吉还在《时事新报》报社内设立了广告业务员的职位。据日本史料记载:"《时事新报》设立广告业务员,向各商店公司好言推销广告业务。《时事新报》被世人称为'广告报纸',就是因为其把广告尊为报社生命,为获得广告收入而发行报纸所致。在优胜劣汰的生存环境中,其他报社也开始重视广告,一般大众也开始理解广告的必要性,并认可广告带来的良好效果,广告遂走向兴盛。"②

东京的报纸一直秉承政论至上主义,对经营则重视不足。福泽谕吉的广告观影响了东京各报社的广告理念,各报纷纷改变经营理念,着力通过报纸广告促进报社增收。

上文曾提到福泽谕吉对售药广告的批判态度。此时,他对药品销售广告的泛滥和夸大渲染依然持批判态度。不但如此,他还在1882年10月30日的《时事新报》上撰写社论,再次开始强烈批判药品销售业。在这篇以"太政官第五十一号布告"为题的社论中,福泽谕吉赞成政府提出的对药品征收药价10%印花税的决定,并在文章中继续强调"售药无效论":"销售的药品对病痛无效。有的药不但对病无效,误用后甚至会造成伤害,政府当然不能允许此类事情发生。既无效且无害的药,可服,亦可不服,等同于喝水饮茶,获得政府许可后,美其名曰药品,实则是与病症无关的商品而已。对此种商品课税,可左右其行情变化,对人身病理则无一毫伤害。"

---

① 《时事新报》1883年10月16日。庆应义塾编:《福泽谕吉全集》第9卷,岩波书店,1960年,第217—218页。
② 宫武外骨:《文明开化》广告篇,半狂堂,1925年,附录第8页。

此前福泽谕吉对药品销售的批判还只是在一定范围内进行的，广告主并未理睬。但福泽谕吉在《时事新报》一而再、再而三地反复批判药品销售业，广告主终于坐不住了。《时事新报》被以损毁商业信誉为由告上了法庭。在一审和二审中，药品销售企业胜诉。《时事新报》继续上诉到大法院，1885 年 12 月 25 日，以《时事新报》胜诉告终。这个时期，福泽谕吉对药品销售广告展开了强力批判，在一定范围带动了舆论方向，导致 1880 年代售药广告整体上减少。

2. 从政论型报纸到报道型报纸

西南战争结束后，政论报纸一度迅速发展。不过，随着上述政党运动展开，一些政论报纸转变为政党机关报。1877—1886 年前后，这些报纸出现了明显的衰败迹象。由于 1883 年报业改革条例的出台，政府实施了非常严格的言论管制，同时，不少政党内部出现严重的党内纷争，不少自由民权派政党的"大报"纷纷停刊。

不久，随着政策的改变、宪法的颁布、国会的建立等重要问题吸引民众关注，1887 年到 1896 年间，一些大报开始摸索新型发展模式，试图摆脱对政党的依赖，转型为中立型报纸。1889 年创刊的《日本》、1890 年的《国民新闻》就是这类报纸的代表。

这两份报纸，在范畴上属于所谓"大报"，不过它们不代表任何政党的立场，其言论活动有自己独特的视角和立场，也被称为"独立报纸"。随着资本主义的发展和日本国内市场的成熟，民族主义成为这类报纸社论的主基调。作为新型大报，这两份报纸在传媒史上有非常重要的意义。《日本》标榜国粹主义，《国民新闻》则主张平民主义，并以此作为报纸的编辑理念，在当时日本青年知识分子阶层有较大影响。《国民新闻》是当时的人气杂志《国民之友》的姊妹报，发行量达到七千份左右。在当时，报纸的发行量最高为一万左右，七千份的发行量是不小的数字。

此后，日本出现比较普遍的反欧化浪潮，《日本》的发行量大幅提升。甲午中日战争前夕，《日本》发行量超过《国民新闻》。《日本》与《国民新闻》的发行量比例大致为 6∶4 或 5.5∶4.5。

第二章 资本主义确立时期的广告

此外，1880年代初期，小报发展进入低迷期，《读卖新闻》和《东京插图新闻》等小报的发行量出现不同程度的下降。1887年以后，在新的环境中，这些小报告别通俗小说的套路，开始重视社论，并刊登严肃新闻，大量吸收大报的元素。

在以往的小报中，比较有特色的是《朝日新闻》。《朝日新闻》于1879年1月在大阪创办，创始人为村山龙平。创始之初的《朝日新闻》是一份小报，但在早期就开始刊登社论和严肃新闻，旨在成为介于大报和小报之间的"中报"。这时的《朝日新闻》尤其重视新闻报道的快捷迅速。1888年，《朝日新闻》进军东京，创办《东京朝日新闻》，为东京的报界带来一股新风，成为改变日本报界的带动力量。

1892年，黑岩泪香创办《万朝报》。1893年，秋山定辅创办《二六新报》。这两份报纸都对社会现状进行了非常尖锐的批判。从社会新闻的角度看，这两份报纸的批判型报道在传统的小报中比较罕见，可谓报纸的新类型。

1885年以后，大报的政党立场逐渐弱化，开始重视报社的经营，对广告增收加大了力度。其中，比较具有代表意义的是《邮政报知新闻》和《每日新闻》①。《邮政报知新闻》的社长矢野龙溪于1886年从国外游览归国后对报纸的版面和经营进行了大刀阔斧的改革。1894年，报纸又改名为《报知新闻》，淡化了与改进党的联系，开始大量刊登面向家庭的新闻报道。

1886年10月30日的《每日新闻》刊登了一篇题为"关于开设特别广告栏的广告"的公告，公告指出，西洋诸国报纸设有特别广告栏，在显眼位置刊登广告，以此为参考，该报在第一版上半部分设置广告栏。报纸版面下方的普通广告价格为每行6钱左右，而一版上部的特别广告报价较高，为每行10钱。

当年11月5日，《每日新闻》首次刊登一版上部的特别广告，横滨一家商会的广告出现在报头旁边最上方的位置。这是日本报界

---

① 前身为《东京横滨每日新闻》。

特别广告的开始,《每日新闻》借此实现了广告的增收。

此外,《报知新闻》和《每日新闻》都进军广告代理行业,对广告增收表现出强烈的欲望。1887年5月28日,《实事新报》决定第一版原则上全为广告版面,并推出了大量的广告版面促销策略。作为小报的代表,《读卖新闻》重视文艺报道的同时,开始重视新闻报道,对广告募集也越来越积极。

可见,1890年左右,无论大报还是小报,其报道内容和广告观都逐渐接近,逐步转型为介于大报和小报之间的"中报"。也就是说,这段时期报纸的共同特点是,政党立场逐渐减弱,严肃新闻报道得到重视。为了弱化政党色彩,报社必然面对改善经营基础的问题。为此,报社必须提高报纸发行量,实现广告增收。广告收入是报纸在财政方面独立于政府和政党的前提条件。此外,成功的新闻报道需要新闻制作过程机械化和报道体制的改革,以做出迅速反应。这方面所需的资金也依赖广告收入。就这样,各报社在这个时期对广告增收表现得非常积极踊跃。

3. 广告收入的递增

这个时期,关于报纸类广告的广告收入的史料记载非常少,除《朝日新闻》外,其他媒体的广告收入几乎没有任何准确数据的记载。关于这个时期大报广告收入的唯一史料是1882年发行的《自由新闻》的相关资料。1882年6月25日至10月31日该报的收支清单如下:

报纸销售收入:6199.692日元
广告收入:594.379日元
收入合计:6794.071日元[①]

[①] 西田长寿编:《明治前期政党类报纸经营史料集》,明治史料研究联络会,1957年,第7页。

第二章 资本主义确立时期的广告

从这个数据可以看出，该报的广告收入占总收入比例仅为8.7%，被认为基本反映了当时大报广告收入的普遍状况。据推测，由于福泽的积极运营，《时事新报》的广告收入随报纸发行量增加已经出现大幅增长，大约在1880年以后，东京的大报和小报广告收入均出现明显增长。表2-1反映了《东京日日新闻》1891年的广告收入概况，与10年前的《自由新闻》相比，广告收入的绝对数和在总收入中的比重均呈现明显增长。一般认为，小报广告收入的绝对数和在总收入中所占比重都要高于《东京日日新闻》这样的大报。

表2-1 1891年《东京日日新闻》的广告收入、销售收入（单位：日元）

收入类别 \ 月份	7月	8月	9月	10月
广告收入	753	553	583	665
销售收入	1521	1430	1337	1593

据《东日七十年史》，东京日日新闻社，1941年

4. 广告费用的折扣

一部分商人和企业的广告观念得到很大提升，但大部分人对广告还普遍存在警戒心态，大量广告都集中在少数影响力较大的报纸上。因此，普通报纸的广告产品成为买方市场，各报纷纷推出广告费用的折扣价，推销广告产品。表2-2是当时的大广告主长濑商会（现花王公司）、主管皇宫杂务的宫内省与各主要报社的广告交易价格一览。从该表可见，除《时事新报》和大阪各报外，东京的主要报纸都以相当低的折扣价进行广告交易。这是甲午中日海战前后的数据，不难想象，1880年代，这些媒体很可能进行过更大幅度的广告促销。《时事新报》的广告费之所以折扣较低，主要是因为其主要读者层集中在购买力较强的工商阶层，深得读者信赖。正如前文所述，《时事新报》一度开展广泛的"售药批判"，甚至引来官司。但对该报提起诉讼的售药公司仍在该报投放广告，足见这些售药公司对该报影响力的信心。尽管如此，这场诉讼和部分售药广告主停止广告，对整个广告业的影响无疑是负面的。

表 2-2　各报广告交易单价和折扣情况（1894 年）

报纸	广告费原价	长濑商会广告单价	宫内省广告价格(5 次)
时事新报	13 钱	11 钱	6.325 钱
东京朝日新闻	15	10	9.1
东京日日新闻	15	8.7	6.05
日本	15	8.7	1.5（1 次）
都新闻	15	8	7.8
读卖新闻	13	7.5	5.775
万朝报	15	7.5	
改进新闻	12	5.5	6
国民新闻	13	5	5.75
二六新报	12	4.5	6.75
大和新闻	12	4	6
中央新闻	15	4	5.625
报知新闻	10	4	4.988
每日新闻	10		4.705
大阪朝日新闻	24	25.27	19.8
大阪每日新闻	15	13.66	
日出新闻（京都）	13	1	7.2
奥羽日日新闻（仙台）	3.5	0.7	

（长濑商会广告单价据服部之总：《初代长濑富郎传》，1940 年；宫内省广告价格据京都大学经济学部图书馆馆藏资料）

第二节　大阪各报的发展和广告收入的增加

1.《朝日新闻》和《每日新闻》称霸大阪

在这个时期，最值得关注的是后来称霸日本报界的《大阪朝日新闻》和《大阪每日新闻》，这两家报纸都是从大阪起家，后占领日本全国报业市场的。其中，大阪《朝日新闻》的发行量在 1879 年创刊时仅为 2585 份，到 1898 年时迅速超过 10 万份。

1879 年，村山龙平于大阪创办《朝日新闻》。起初，该报走所

第二章 资本主义确立时期的广告

谓"小报"路线,吸引不少读者,后来逐渐壮大报道力量,1889年2月11日,日本帝国宪法颁布时,该报把宪法全文通过电报从东京发回大阪,发布了号外,迅速确立了其在时事报道领域的地位。该报在日本关西地区确立了健全的销售网络,形成了工商阶层、知识分子阶层为中心的读者群体,确立了在报界的经营基础。

同时,《朝日新闻》还于1888年收购《觉醒新闻》,进军东京报业市场,创办了《东京朝日新闻》,为其进军日本全国报业市场打下基础。1889年,大阪的《朝日新闻》改名为《大阪朝日新闻》。在1894年甲午中日海战发生后,《大阪朝日新闻》发行量和广告收入均出现大幅增长,广告收入从1883年的2778日元增至1898年的88930日元,发行量则登上日本全国首位的宝座。

1880年前后,大阪的大报势力虽然强盛,但与东京大报相同,受政府严格舆论控制的影响,很多报纸出现衰退势头,有的甚至倒闭停刊。《大阪每日新闻》的前身是创刊于1876年的《大阪日报》。1882年2月1日,受政府严格舆论控制的影响,《大阪日报》休刊,并开始出版替代报纸《日本立宪政党新闻》。1885年,《日本立宪政党新闻》改回《大阪日报》,1888年11月20日,被兼松房治郎收购,并改名为《大阪每日新闻》。该报与《时事新报》一样,标榜独立于政党的新闻报道,不少经营者和记者都受福泽《时事新报》的影响。该报以《大阪朝日新闻》为目标,展开了迅速报道和发行的竞争,发展迅速。1891年前后,《大阪每日新闻》的发行量仅为1.4万至1.5万份左右,而此时《朝日新闻》已经拥有超过6万读者,要想追上《朝日新闻》,绝非易事。① 不过,《大阪每日新闻》发展迅速,在甲午中日战争前后,两报的垄断地位已经逐渐确立。《大阪朝日新闻》和《大阪每日新闻》在稳定关西地区占有率的同时,逐步在日本其他地区扩大市场,成为这个时期最具代表性和影响力的大报。

1882年《大阪朝日新闻》1—6月份的报纸销售收入是16656日元,而广告收入是2778日元,销售收入和广告收入的比重为86∶14。

---

① 《松阴木山彦一翁》,大阪每日新闻社,1937年,第208页。

广告的社会史

1884年全年的广告收入超过了1万日元。此后广告收入的增加率远远超过销售收入，1890年4—9月份的广告收入达14969日元，销售收入和广告收入形成78∶22的格局。时任《大阪每日新闻》咨询委员兼监察委员的本山彦一（1903年起任社长）在1890年的股东大会上向股东汇报了预算计划，该报发行量为14000份，月销售收入为2670日元，月广告收入预计为1188日元。① 销售收入和广告收入的比例大致达到70∶30的水平。

在股东大会上，本山彦一指出，本报广告费定价为每行10钱，按8折计算的话，广告版面将会继续扩大。当时，日本全国广告费用最高的是《大阪朝日新闻》，为每行20钱，对特别广告主的最高打折幅度为8折，一般广告主则不享受打折优惠，一个月的广告收入应可超过2500日元。广告费仅次于《大阪朝日新闻》的是《时事新报》，仅做一日的广告报价为每行13钱，连续2日到6日的广告报价为11钱，连续做7日以上广告报价为10.5钱，其发行量为1万

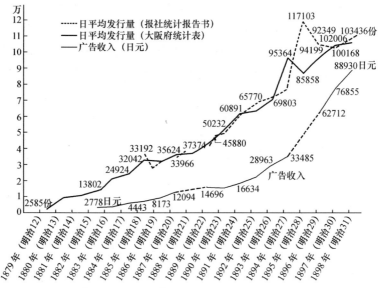

图表2-1 《大阪朝日新闻》的发行量和广告收入（1879—1898）

---

① 《每日新闻70年》，每日新闻社，1952年，第40页。

第二章 资本主义确立时期的广告

左右,是东京地区广告收入最多的媒体,每月可达 3000 日元以上。《大阪每日新闻》月广告收入预计可达 1188 日元。①

2.《大阪朝日新闻》的广告卖方市场

从上述记载可见,《大阪朝日新闻》的广告收入为日本全国第一,相当于《大阪每日新闻》的 2 倍以上。更值得关注的是,该报的广告费用几乎没有折扣。《大阪每日新闻》的广告费用为 8 折,实际上为每行 8 钱。而《大阪朝日新闻》只给少数的大广告主以折扣价格,对大多数广告主没有任何折扣。凭借其巨大的影响力和良好的口碑,《大阪朝日新闻》不需要广告业务员去拉广告也会有广告主找上门来,与《时事新报》一同形成了广告的卖方市场,其市场占有率甚至超过《时事新报》。

日本出现广告代理业以后,《大阪朝日新闻》坚持绕开广告代理公司与广告主直接交易。1890 年 6 月的《大阪朝日新闻》公告指出,本社一向希望为诸位提供方便的广告服务,并通过本社员工听取诸位对广告的要求。近来,出现了专门从事广告交易者(东京此类人士更多,其弊害亦不少)。眼下,不少自称报社广告交易所的机构,其成员为一人或数人者有之。本社将不会通过这些广告交易机构开展广告业务,对通过广告交易机构的广告申请断然谢绝。②《大阪朝日新闻》不通过广告代理店而是直接与广告主进行交易,这一点在其他文献中也得到印证。当时《大阪朝日新闻》的广告业务负责人曾留下证言:"广告代理店业务一概不承接,全部是报社直接与广告主交易。"③

上述《大阪朝日新闻》公告在该报出现过很多次。有意思的是,在 6 月 8 日上述公告的旁边,刊登了著名广告代理店万年社的开张公告。该公告指出,绕开广告代理店的广告交易给广告商家带来不

---

① 《松阴本山彦一翁》,大阪每日新闻社,1937 年,第 267 页。
② 《大阪朝日新闻》1890 年 6 月 8 日。
③ 《日本新闻广告史》,日本电报通信社,1940 年,第 319 页。

便，故设立专门的广告交易所，并与《大阪每日新闻》、《东云新闻》等结成广告交易特别合约关系（如图2-1）。①

图 2-1　万年社的开业广告（右）
（《大阪朝日新闻》1890年6月8日）

如图2-1所示，万年社是《大阪每日新闻》特约广告代理店，却出现在了《大阪朝日新闻》中。《大阪每日新闻》通过万年社等广告代理店积极开拓广告市场，而《大阪朝日新闻》则排除广告代理业者，试图坚持直接与广告主进行交易。可见，《大阪朝日新闻》的村山龙平等经营者极力希望避免出现弱小广告代理业者无秩序竞争的局面。《大阪朝日新闻》之所以能够绕开广告代理业者，也正是由于其在广告业界的卖方市场地位。不过，《大阪朝日新闻》还是于1894年3月21日正式与万年社缔结了代理关系。②

《大阪每日新闻》在广告主中的认可度尚不太高，所以不但推出很大折扣的广告价格，还积极通过广告业务员直接与广告主接触，除此以外，还与万年社等广告代理机构签订合作协议，通过广告代理业积极募集广告。

3．首次广告净化措施

随着广告业的发展，在1880年代，广告和刊登广告的媒体之间的关系逐渐复杂化，大家普遍认为有必要制定处理这种关系的准则。例如《朝日新闻》于1885年前后制定了《广告人员业务概略》，其

---

① 《大阪朝日新闻》1890年6月8日。
② 《万年社四十年史要》，万年社，1930年，第30页。

第二章　资本主义确立时期的广告

中规定了刊登广告的一些基本要求："广告文虽需得到广告主的认可，但不能违反新闻条例，谢绝事关他人名誉和含有猥亵内容的广告。广告负责人不能定夺时，应与编辑人员协商，决定可否刊登。新闻报道的编排不应受任何人的影响。"

这是日本广告史上首次出现的成文的广告刊登准则，极大地促进了广告净化领域媒体方面的措施制定。

1886年，发生了日本广告史上重要的广告名誉损毁官司。这一年，《朝日新闻》等三家报纸刊登了《真宗本派本愿寺近世谈》这本书的预订广告，西本愿寺认为该广告损毁了其声誉，故提起诉讼，状告广告主和刊登广告的三家媒体。最终，法院以证据不足为由对三家媒体免诉。1886年6月30日的《朝日新闻》指出："这种事件是我国报纸出现以来的首次。"

第三节　三大广告主的出现

1. 出众的书籍广告和"兔屋"

在这部分我们关注一下这个时期报纸广告的主要倾向。1880年代初期《东京日日新闻》的书籍广告和药品销售广告的行数如表2-3所示。1880年前后《朝野新闻》的广告条数统计如表2-4所示。从这两个表可见，与明治初期相同，书籍广告依然占据首位，且有逐渐增加的趋势，而药品销售广告则出现减少的倾向。

表2-3　《东京日日新闻》的广告行数统计

	1881年		1882年		1883年	
	书籍	售药	书籍	售药	书籍	售药
1月	3430	712	2028	887	2189	745
2月	1538	160	2570	1010	1990	90
3月	3377	788	2792	612	4147	221
4月	2536	969	5470	991	4580	62
5月	2248	1178	3581	904	4130	417
6月	2180	1110	3085	584	3472	466

(续表)

	1881 年		1882 年		1883 年	
	书籍	售药	书籍	售药	书籍	售药
7 月	2265	1490	2424	658	3678	636
8 月	1610	1226	2705	740	3251	661
9 月	2646	793	3609	657	2878	981
10 月	3212	877	3730	577	4764	736
11 月	3712	923	3797	217	3684	1030
12 月	3096	682	2893	406	2969	1426
总计	31850	10908	38684	8243	41732	7471

据《日本新闻广告史》，日本电报通信社，1940 年

表 2-4　1880 年前后《朝野新闻》的广告条数

	1878 年 5 月	1880 年 5 月	1884 年 5 月
书籍	83	183	138
学校、私塾	32	84	41
官厅告示	28	29	40
杂志	26	57	13
售药	23	59	24
不动产	20	18	9
近况通知、死亡通知	17	31	24
公司、银行	19	45	38
饮料、食品	10	28	5
股权募集	8	14	12
寻人寻物	5	23	12
杂货	4	13	22
医院	4	11	12
演说、联欢告示	1	42	34
化妆品		3	2
商船			58
法律事务所		14	3
其他	6	11	20
总计	286	665	507

第二章　资本主义确立时期的广告

出版广告依然非常突出。在出版广告领域,曾一度吸引关注的是书籍类的大广告主"兔屋诚"(或称"天狗书林",本名"望月诚")。这家书店出版通俗小说、励志传说等通俗书籍,经常在报纸上推出半版甚至整版的大幅广告,吸引眼球。借助这种由兔屋创造的大型广告,其销售量急速攀升。"停业大甩卖"广告推出后,促销效果很好;不过,过一段时间后,又推出"销路特别好"的广告,并未停业,给人虚假广告之感,招世人嫌弃。[①] 终因产品粗制滥造,备受质疑,兔屋在1890年前后宣布倒闭。[②]

兔屋的广告不但给书籍广告带来负面影响,也影响到整个广告界。不过,由于很多出版机构通过踏实的广告和销售活动取得长足发展,书籍类广告依然高居各类广告首位。这些通过广告发展起来的代表性出版机构包括:丸善(1869年由其前身丸屋商社改制而来)、金港堂(1875年创立)、春阳堂(1879年创立)、博文馆(1887年创立)等等。

此外,大量杂志的诞生,也给出版广告带来活力,有1876年创刊的《近事评论》、1879年创刊的《嘤鸣杂志》、田口卯吉于1879年创办的《东京经济杂志》、小崎弘道于1890年创办的《六合杂志》、野村文夫于1878年创办的《团团珍闻》等。

同时,学校、私塾方面的广告依然很多,与出版广告一样,都可以告诉我们在当时报纸读者中知识分子和准知识分子非常多。

此外,政府机关的通知、商船广告、不动产等新闻性较强的广告仍旧很多。这时的政府,忙于镇压自由民权运动,却同时在倡导自由民权的报纸上刊登广告,颇具讽刺意味。之所以会出现这种情况,主要是因为当时的政府希望向民众宣扬自己的政策和方针,然而同阵营的媒体影响力有限,只能抛开立场,借助影响力较大的媒体宣传自己的政策方针。

[①] 滨田四郎:《实用广告法》,博文馆,1902年,第194—197页。
[②] 口田矿造:《明治时代广告种种》,《新闻与广告》1951年7月号,日本电报通信社。

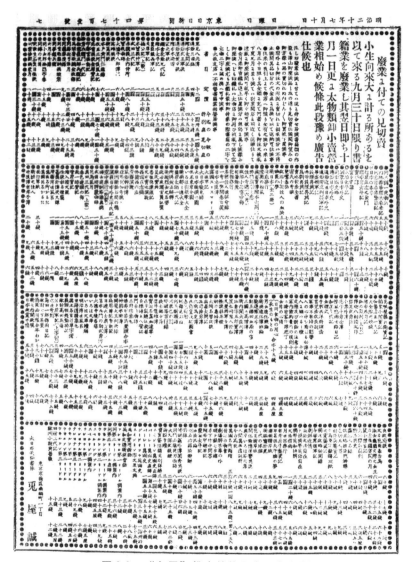

图 2-2 "兔屋"推出的停业大甩卖广告

(《东京日日新闻》1887 年 7 月 10 日)

第二章　资本主义确立时期的广告

2. 药品广告的减少和化妆品广告的崛起

如前所述，这个时期整个社会舆论对售药广告开展了广泛的批判，受此影响，售药广告开始减少。尤其是《时事新报》与售药业者的官司从1882年开始前后大约持续4年期间，对售药业者的负面舆论占据上风，也造成了售药广告的衰落。不过，守田治兵卫和岸田吟香依然是售药业的两大巨头，同时，推出"神丹"的资生堂、推出"清心丹"的高木与兵卫、推出"胃散"的太田信义等广告主依然不断在报纸上刊登广告。

相比化妆品广告和书籍类广告而言，售药广告的增长显出颓势，这一方面是由于此前的官司中，售药业者被判败诉；另一方面，"售药无效论"的声音占据舆论主流，售药业者开始对夸大广告进行自我审查，一部分广告媒体则对售药广告采取排斥态度。这些因素都让药品销售广告降温。

即便如此，还是有很多新药突出重围，占据各大媒体的广告版面，如守田商店的"Health"、大木的"五脏圆"、山崎帝国堂的"胎内毒扫丸"和"健胃记忆丸"、资生堂的"脚气丸"、谷回春堂的"健胃固肠丸"等。此外，津村顺天堂的"中将汤"等药品在甲午中日战争后开始崛起，后又开始减少。甲午战争结束后，售药广告才再次走向了繁盛。

1890年前后广告界的另一个重要特征是，化妆品广告崛起，一跃成为与书籍广告和售药广告并列的三大广告主之一。1878年，推出"粉下小町水"的平尾赞平商店首次在广告界展现身姿，其后，生产"美丽水"的山崎帝国堂和生产"药用美容水"的桃谷顺天馆纷纷在报纸刊登广告。这时，化妆品广告还不多见。不过，到1890年前后，化妆品广告的数量急剧增长，出现了如下影响力很大的广告主。

1888年，加藤活版所，五彩肥皂

1890年，佐佐木玄兵卫，三能肥皂；长濑商会，花王肥皂

1891年，平尾赞平商店，钻石牙刷

1893年，安藤井筒堂，象印牙刷

　　化妆品广告中经常出现的是肥皂、牙刷等新兴商品。虽然化妆品广告增长迅速，但比起售药广告依然有较大差距。

3. 企业潮的出现与广告

　　公司、银行方面的广告也引人注目。1880年前后开始，海运、铁路、国立银行的股权转让、债权转让、开张、分店开设等广告开始增多，到1890年前后，这类广告得到更进一步的发展，在报纸广告中占据重要位置（图2-3）。这是资本主义确立时期大量企业诞生的时代缩影。资本主义和广告有着密切关系，二者通过公司、银行广告发生了更加紧密的联系。1890年，日本《商法》公布，1893年1月1日开始施行。《商法》为银行、公司的资本募集公告方法开放了媒体广告之路，二者的这种关系愈发紧密。

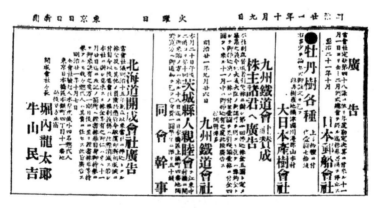

图2-3　1888年10月9日《东京日日新闻》刊登的股票广告，可看出企业潮出现的盛况。

　　同时，银行和生命保险公司为了扩大业务范围，也开始通过广告推销其产品。日本代表性生命保险公司"日本生命"的公司历史记载："1890年4月1日，《东京日日新闻》第7版刊登了我社设立

第二章 资本主义确立时期的广告

东京分社的整版广告,版面极大。在生命保险广告中,这是我国首次出现如此大版面的广告。1891 年 10 月,浓尾大地震发生后,我们在第一时间向爱知县、岐阜县灾区伸出救援之手的同时,广泛发放了宣传生命保险必要性的宣传手册,开展了广泛的宣传工作。……此外,1893 年 8 月在报纸刊登的'生命保险推销金言俚语集'和 1895 年在《朝日新闻》刊登的'保险纸牌',都是非常有特色的宣传作品。"[1]

1881 年,日本另一大生命保险公司"明治生命"开业的同时,发行了宣传生命保险的宣传手册。[2] 当时银行、公司的宣传手段除报纸广告外,还有小册子、知识手册等多种方式。尤其是当时民众完全不了解的生命保险行业,大量使用了知识手册等宣传方式,用简单易懂的词汇和口吻对生命保险进行解说宣传。虽然明治时期已经开始二十多年,文明开化的遗痕依然非常明显。

4. 博文馆的崛起

进入 1890 年代后,书籍广告数量不断增加,其中杂志类在各大媒体推出的广告增长最快。民友社的《国民之友》、政教社的《日本人》、反省会的《反省(会)杂志》(《中央公论》的前身)等颇具影响力的综合性杂志相继创刊,每期杂志发行时,都会在各大报纸推出广告。

在文学杂志方面,金港堂的《都之花》、坪内逍遥的《早稻田文学》、北村透谷的《文学界》也在甲午中日战争前夕纷纷创刊。另外,单行本方面,上述的"兔屋"虽然倒闭,但丸善、金港堂、春阳堂等各出版机构不断推出各种书籍。此外,博文馆、富山房(1886 年创立)、同文馆(1896 年创立)等实力雄厚的出版社相继创立,推出了大量书籍类广告。博文馆出版的第一本杂志是《日本大家论集》(图 2-4),其后相继推出《日本之时事》、《日本之法律》、

---

[1] 《日本生命七十年史》,日本生命,1963 年,第 36 页。
[2] 《日本生命八十年史》,日本生命,1963 年,第 27 页。

《日本之舆论》等出版物，都大张旗鼓地推出了广告。这些杂志和书籍都借助广告热销，成为当时非常受欢迎的出版物。博文馆通过这些出版物的畅销，为其构筑出版帝国打下坚实基础。此外，富山房出版的第一本书是天野为之的《经济原理》，其后又陆续出版了大量学术类书籍和教科书。这些书籍广告主要刊登在报纸上，同时也通过招牌、传单等方式开展宣传。

图 2-4　博文馆的《日本大家论集》

5. 被查禁报纸与"禁止发行"广告

在这里需要补充一点，明治时期尤其是甲午中日战争以前的明治时期，有的报纸在其他报纸刊登广告。某报被政府查禁后，会在其他报纸刊登广告，公告被查封相关事宜。如《日本立宪政党新闻》被查封后，在《朝日新闻》刊登广告，告知读者被查封相关事宜，并希望报纸解禁后继续得到读者厚爱。

此外，报纸在休刊、报社迁移、报头变更、纸面内容改革的时候，也会在其他报纸推出广告，以期扩大报纸影响力，提高报纸发行量。

6. 选举广告的出现

1880年以后，自由民权方面的政治广告和演说告示类广告相继出现并逐渐增多。1889年帝国宪法颁布，1890年11月帝国议会开幕前，也就是1890年7月1日，第一次总选举举行。在投票日前十几天，各候选人和推荐者纷纷在各大报纸推出选举广告，选举广告在日本首次登上历史舞台。

7. 商标注册和广告

随着《商法》的颁布施行，股东大会等公司相关公告纷纷以广告的形式出现在各大媒体。此外，在这个时期，日本出台了两个重要法律，与其后的广告发展有着密切联系。

一个是1884年6月7日颁布施行的《商标条例》，规定注册的商标拥有15年的专用权。这项规定在广告法制史上具有重要意义。以此《商标条例》的颁布实施为契机，大量的商标注册广告出现在各大媒体上。1886年1月1日的《东京日日新闻》上，刊登了爱知县知多郡龟崎造酒业者伊东七郎卫的商标"猿若街"的广告，商标上有一个醒目的红色圆圈，这是日本广告史上的首次彩色广告。

另一条重要法律是1888年12月18日颁布的《意匠条例》，这个《条例》主要保护工业设计方面的创意，与广告也有着密切的关联性。这两个《条例》分别于1899年修改为《商标法》和《意匠法》。

第四节 广告主的广告观与广告战略

前文已经考察过明治初期的两大广告主岸田吟香和守田治兵卫的广告观，这个部分主要考察1880年前后至甲午中日战争期间其他主要广告主的广告观。在售药广告方面，很多人与岸田和守田一样，非常重视通过广告提高销量。

大阪的猪饲志郎药房主人曾指出:"本店是上一代人于明治十三年(1880)创办的,他们不断告诫我们的就是,无论如何都要在报纸上做广告,我们也做了很多广告。我辈继承本店后,1894年前后通过《朝日新闻》做了一些广告。……我们的家规也明确规定,一定要通过报纸推广产品。不通过报纸,就难以走向全国。"①

即便是福泽谕吉等人对售药广告展开广泛批判的时候,也有不少售药广告见诸报端。如关于售药广告诉讼事件还未结束的1883年前后,《时事新报》上还是出现了"太田胃散"(太田信义)、"小儿药王"(岸田吟香)、"咳嗽灵药·灵寿丹"(资生堂)等药品的广告。虽然这时的社会舆论对售药广告存在争议,但是有信心的药品制造、销售业者依然保持了旺盛的广告激情,推出了大量售药广告。

图 2-5　早期花王肥皂的广告

(《大和新闻》1890年12月23日)

"花王肥皂"的制造者长濑富郎极其重视广告的作用,"在宣传花王肥皂时,广告十分华丽,且不惜重金,彻底宣传","一言以蔽之,在近代意义上的商品宣传方面,长濑富郎是通过叙述实事宣传商品的第一人"②。这反映了长濑富郎的广告观和广告策略。由于是花王公司出版的传记,多少会有一些自我赞美的成分,但长濑富郎

---

① 《日本新闻广告史》,日本电报通信社,1940年,第320页。
② 服部之总:《初代长濑富郎传》,花王肥皂,1940年,第155—157页。

第二章 资本主义确立时期的广告

的确灵活运用了报纸广告、户外广告、横幅广告等方式积极展开宣传,上述文献记载在一定程度上呈现了长濑富郎积极主动的广告观。长濑富郎在花王肥皂上市第一年度,将利润的44%投入到广告中,可见其对广告的重视。①

甲午中日战争前后,随着工业发展,一些广告商品通过机械方式开始大批量生产。花王肥皂也是其中之一。大批量生产后,这些广告主也展开了更大规模的广告促销。但从整体看,这样的广告主还只是极少数,大部分广告主依然是小规模生产、小规模经营,这些普通商人和企业对广告的促销功能还不够了解,对广告效果的期待依然处于较低水平。

---

① 服部之总:《初代长濑富郎传》,花王肥皂,1940年,第156页。

第三章　资本主义的确立与广告多样化

第一节　三大广告主的快速发展

1．化妆品广告首超药品广告

下面，简要考察甲午中日战争至第一次世界大战期间日本报纸广告的概况。首先是数量统计方面的趋势。在这个阶段的前半段，罕有能够用于分析的统计数据，不过，幸运的是1908年之后，有日本电报通信社每年发布的广告统计（缺少1911年的数据）。根据这些统计，本书归纳了各行业的报纸广告行数统计一览表（表3-1）。

表3-1　各行业发布的广告行数统计

年份 排名	1908年 （1907年6月— 1908年5月）	1909年 （1908年6月— 1909年5月）	1910年 （1909年6月— 1910年5月）	1912年 （1月—12月）	1913年 （1月—12月）
第1	杂品 16.5%	药品 18.1%	药品 17.7%	化妆品 20.7%	化妆品 21.2%
第2	药品 15.8%	杂品 16.9%	杂品 17.5%	药品 17.9%	药品 19.1%
第3	化妆品 11.0%	化妆品 13.4%	化妆品 16.4%	杂品 16.2%	杂品 17.6%
第4	杂事 11.0%	书籍 11.9%	杂事 11.4%	书籍 11.2%	杂事 11.3%
第5	书籍 10.9%	杂事 11.2%	书籍 11.2%	杂事 10.6%	书籍 9.2%
第6	商船 5.4%	公司 6.1%	公司 6.0%	公司 5.9%	公司 5.3%
第7	公司 5.1%	商船 5.6%	商船 5.4%	商船 5.1%	商船 5.2%
第8	纺织品 2.9%	医院 4.2%	医院 3.8%	医院 3.7%	医院 3.2%
第9	结算 2.8%	纺织品 2.9%	结算 3.2%	结算 2.3%	结算 2.1%
第10	医院 2.8%	结算 2.8%	纺织品 2.5%	登记注册 2.2%	登记注册 2.0%
合计	24,595,288	26,470,704	29,971,751	32,867,235	45,258,355

说明：1908—1910年的统计对象为57家报纸，1912年为53家报纸，1913年为72家报纸。无1911年的调查资料。资料来源：日本电报通信社出版的各年度《新闻总览》（1908年为《新闻名鉴》）。

第三章 资本主义的确立与广告多样化

在此表中，杂品、杂事为非单一行业，在单一行业的统计数据中，药品、化妆品、出版为广告最多的三大行业，依然位居前列。其实，1907年前，这三大行业已经是表现突出的广告主，占据优势地位。1908年后，这三大广告行业的广告发布量出现了急速增长。甲午中日战争到日俄战争期间，以及甲午中日战争之前，这些行业的广告行数远远低于1908年之后。1908年，这三大广告行业发布广告的行数占广告总量的37.7%，1912年之后，这个比例快速增长到49.8%、49.5%，占据广告总量的半壁江山。这是第一个特点。

第二个特点是，1912年以后，化妆品广告超过药品广告，占据第一的位置，药品、化妆品、出版这三大行业的广告量排序发生变化。化妆品广告跃升至首位的背后，是牙刷牙膏、肥皂类广告的大幅增加，同时包括女用欧式化妆品广告的增多。这反映了明治末期日本家庭现代化和欧美化过程中，相关商品也成为日本人的日常用品。同时，这些商品借助新的工厂制生产方式得以大批量生产，厂家之间的竞争加剧，广告在开拓消费市场过程中扮演了积极角色。与化妆品广告的快速增长形成对比的是，药品广告陷入停滞状态，这是由于该时期恰逢日本药品市场中传统药品和新药的新旧交替期，传统药品相对衰落，新药还没有得到民众的认可。其实，在第一次世界大战后，新药占据药品市场的主流地位，加上新药本身发展迅速，产品丰富，在1919年，化妆品和药品广告量的顺序再次发生逆转，药品广告量反超化妆品。

药品、化妆品广告的增长速度很多，相对来讲，出版广告比起甲午中日战争之前并未出现大幅增长，但是这三个行业的广告量还是远远地把其他行业甩在后面。

那么，这些广告的广告主是什么样的公司或商店？这方面的历史资料不多，难以全面阐释。日俄战争时期在大阪出版的广告杂志《广告总账》中出现了《大阪每日新闻》的相关广告资料，可供参考。图3-1展现了1903年12月在《大阪每日新闻》推出广告行数最多的广告主排名。占据首位的是村井兄弟商会，该月的广告总行数超过一千行。其次是大关售药会社，广告量为771行，大关日本劝

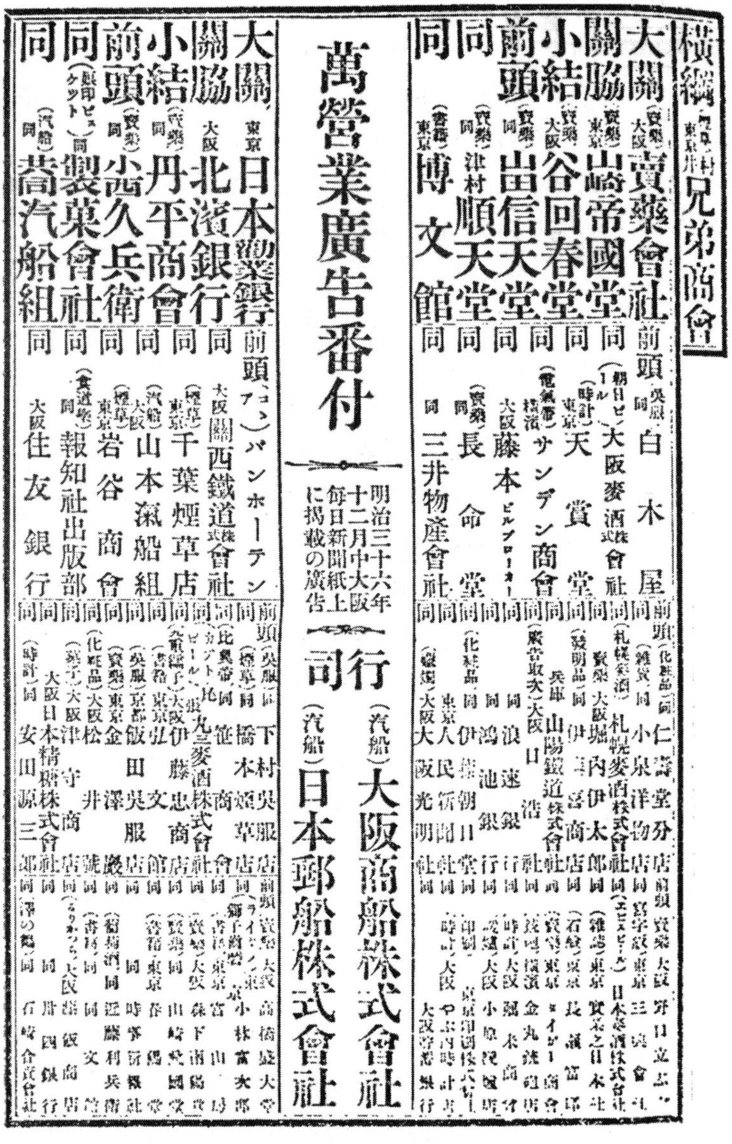

萬營業廣告番付

明治三十六年十二月中大阪毎日新聞紙上に掲載の廣告

行司 (汽船)大阪商船株式會社
(汽船)日本郵船株式會社

横綱 (煙草)東京 村井兄弟商會

大關 (賣藥)大阪 賣藥會社
關脇 (賣藥)東京 山崎帝國堂
小結 (賣藥)大阪 谷回春堂
前頭 (賣藥)同 出信天堂
同 (賣藥)同 津村順天堂
同 (書籍)東京 博文館

前頭 (呉服)同 白木屋
同 (朝日ビール)大阪麥酒株式會社
同 (時計)東京 天賞堂
同 (電氣帯)横濱 サンデン商會
同 大阪 藤本ビルブローカー
同 (賣藥)同 長命堂
同 三井物産會社

大關 東京 日本鬱鑾
關脇 大阪 北濱銀行
小結 (賣藥)同 丹平商會
前頭 (賣藥)同 尚久兵衛
同 (鳥印ビスケット)同 製菓會社
同 (汽船)同 尚汽船組

前頭 (ココア)バンホーテン
同 大阪 關西鐵道株式會社
同 (煙草)東京 千葉煙草店
同 (汽船)大阪 山本汽船組
同 (煙草)東京 岩谷商會
同 (食道楽)同 報知社出版部
同 大阪 住友銀行

图 3-1 在《大阪每日新闻》推出广告行数最多的广告主排名

（《广告总账》1904 年 1 月号）

第三章　资本主义的确立与广告多样化

业银行的广告量为 760 行，关胁山崎帝国堂为 722 行，关胁北滨银行为 696 行，小结谷回春堂为 651 行，小结丹平商会为 623 行，图中所示各广告主的广告量都超过 100 行。

从行业来看，该图所列广告主中，最多的是药品行业，其次为银行、烟草、书籍、食品行业，这一点与《大阪朝日新闻》十分相似，银行广告也处于比较靠前的位置。在诸多银行广告中，除了储蓄广告外，还出现了结算公告类广告。大阪商船、日本邮船等机构也发布了大量软新闻类船只广告，如发船时刻表等。该图中出现的化妆品广告主不多，在当时，大型药品广告主基本同时也是化妆品广告主，在其他月份的统计中，化妆品广告数量很大，位居前列。烟草方面，不只是该图所示月份，在其他各月份中，京都村井兄弟商会的广告量多于东京的岩谷商会，这应是由于媒体《大阪每日新闻》位于大阪，当地广告主的广告量多于外地广告主。但是，大阪的制药业者在东京各报的广告量巨大，东京的山崎帝国堂和博文馆等在大阪报纸的广告数量也很多，这些事实可以说明，东京和大阪的主要广告主逐渐淡化了地域色彩，尤其是上述药品、化妆品和出版三个行业的广告主着力开拓全国市场，逐渐成为全国性广告主。

2. 岸田、守田时代终结

在这个时期，药品广告依然十分活跃。在药品方面，日本关东和关西地区的主要广告主及其主要商品有：津村顺天堂（中将汤、克快丸），山崎帝国堂（脑丸、健胃记忆丸），资生堂（灵寿丹），田边五兵卫、山崎太阳堂（胃宝），山崎爱国堂（天授），丹平绍介（每月丸、健脑丸、心脏丸），日支贸易商会（牛奶点心），守田治兵卫（宝丹、守妙），三共商店（牛肉胶），森下南阳堂（仁丹、毒灭），山田信天堂（胃活、眼药），田口参天堂（大学眼药），宇津权右卫门（救命丸），藤井得三郎（龙角散），堀内伊太郎（浅田糖），谷回春堂（健胃固肠丸），太田信义（胃散），高木与兵卫（清心丹、清妇丸），高桥盛大堂药局（清快丸）等。

从上述药品行业的主要广告主和商品可见，在甲午中日战争前后，日本的药品广告主出现了明显的力量交替。在明治前期，一度成为日本广告界代表性标志的岸田吟香及其产品精锜水已经完全从广告界销声匿迹。1905年，岸田吟香去世，精锜水从市场消失，眼药水市场结构发生重大变化，"大学眼药"等新产品登上历史舞台并博得民众欢迎。守田治兵卫的宝丹虽然没有退出市场，同时还积极开发了很多药品和化妆品，但是新的制药公司纷纷成立并推出产品，守田治兵卫的地位相对下降。此时，出现了大量成长迅速的制药公司，包括津村顺天堂、田边五兵卫的田边制药、三共商店、田口参天堂的参天制药、森下南阳堂的森下仁丹等。这些公司实力迅速提升，通过报纸、杂志、招牌、传单等方式推出大量精美广告。

一直以来，日本的药品制造业是家庭作坊式的中药生产，到了这个时期，制药业实现了部分机械化。同时，借助技术的进步和机械化的普及，诞生了一些适宜机械生产的新药。借助机械化生产，制药行业进入快速、大量生产的轨道，为了与之相适应，药品销售越来越借助广告的力量，以期实现批量、快速销售。

1903年1月14日的《时事新报》刊登了三共商店新药"高峰淀粉酶"的广告（图3-2）。这是新型药品首次在东京的日报上刊登大幅广告[1]。此前，"高峰淀粉酶"的广告曾在1901年的《大阪朝日新闻》上出现过。正如三共商店一样，新药生产厂家一开始就积极通过广告推广自己的产品，希望实现批量生产和批量销售。在日俄战争前后，药品广告除了传统的中药广告外，又出现了"高峰淀粉酶"等新药广告。新药展开了猛烈的广告攻势，出现了一批具有代表性的产品和品牌，不过中药的核心地位并未被动摇。第一次世界大战后，新药的优势得到更大程度的认可，出现了新药与中药的新旧交替大潮。其实，在日俄战争前后，新药就已经开始崛起，新药与中药激烈竞争的大幕已经拉开。

---

[1] 《三共六十年史》，三共，1960年，第17—18页。

第三章　资本主义的确立与广告多样化

图 3-2　新药广告的代表——"高峰淀粉酶"广告

(《时事新报》1903 年 1 月 14 日)

3. 牙刷牙膏、肥皂广告的增多

在化妆品方面，出现了一些有代表性的广告主和品牌：山崎帝国堂（音羽菊粉）、平尾赞平商店（钻石牙膏、小町水）、桃谷顺天馆（美容水）、长濑商会（花王肥皂、鹿印牙膏）、丸见屋（花之君肥皂、三轮肥皂）、小林富次郎（LION 牙膏、天狗肥皂）、伊东蝴蝶园（御园粉、御园牙膏）、中山太阳堂（俱乐部洗粉、俱乐部牙膏）、资生堂（鹰印牙膏）、松井号（都花粉）、矢野芳香园（大学粉、大学乳液）、佐佐木玄兵卫（美人假发）、几久园（无铅无毒粉）、铃木保五郎（甘油肥皂）、大和屋（水晶粉）。

化妆品行业广告主的新旧交替没有制药行业那么剧烈。之所以如此，是因为这个时期化妆品广告发展较快，化妆品广告的地位快速上升，新型企业和老牌企业都有充足的发展空间。小林富次郎的 LION 牙膏、丸见屋的三轮肥皂、长濑商会的花王肥皂等纷纷登场，各生产商在推出丰富产品的同时，积极主动展开广告推广。在化妆品中，牙膏和肥皂借助机械化力量开始批量生产，各厂商的广告竞争较为激烈。结果，化妆品广告在 1912 年后取代药品广告，荣登三大广告行业的首位。在这个时期，也出现了一些既生产化妆品，又生产药品的厂商，如山崎帝国堂、资生堂等。

4. 杂志出版社的崛起

在这个时期,日本出现了不少出版机构,推出大量畅销书。其中博文馆、春阳堂、实业之日本社等出版机构屡屡推出畅销书,通过报纸广告的推广,构筑了出版行业的王者地位。较有代表意义的出版界广告主和出版物有:

博文馆:《太阳》杂志、《少年世界》杂志、《文艺俱乐部》杂志、《日清·日俄战争实际记录》、《红叶全集》、《一年有半》

春阳堂:《新小说》杂志、《金色夜叉》、《若菜集》

富山房:《大日本词典》、《国民百科大词典》

九善:《大英百科全书》

实业之日本社:《实业之日本》杂志、《妇人世界》杂志、《日本少年》杂志

中央公论社:《中央公论》杂志

报知社:《食道乐》、《酒道乐》

民友社:《国民之友》杂志、《不如归》

金港堂:《教育界》杂志、《妇人界》杂志

新潮社:《新潮》杂志

讲谈社:《讲谈俱乐部》杂志

妇人之友社:《妇人之友》杂志

东洋经济新报社:《东洋经济新报》杂志

同文馆:《大日本百科词典》、《妇女界》杂志

从上述资料可见,甲午中日战争后,日本进入新的发展阶段,诞生了大量现代杂志。博文馆的成绩最值得关注。其中很多杂志和畅销书也都借助广告推广取得不俗的销售业绩,杂志《太阳》、《实业之日本》都是如此。这个时期比较有代表性的一个现象是,很多大学的讲义集公开发售,并且推出大量销售广告。法学院大学、明治大学、早稻田大学、大日本女学会等学校的各种讲义集纷纷登上

报纸和杂志的广告栏。

表 3-2　图书、杂志数量

年份	图书种类数	新闻杂志数量
1894	27520	814
1897	25522	745
1900	18281	944
1903	24296	1499
1906	28319	1988
1909	34123	2768
1912	45286	2227
1915	49181	2851
1918	48947	3123

出处:《日本出版百年史年表》,日本书籍出版协会,1968 年。

从表格可见,日本出版行业在这个时期得到了快速发展,相应地,出版社推出的广告量也出现大幅上升。不过,除博文馆等少数几个出版社外,大多数出版企业的根基还比较脆弱,作为广告主的广告发布能力也很有限。出版行业的广告发布能力远远比不上药品和化妆品。

第二节　新广告主轮番登场

1. 岩谷、村井的烟草广告战

接下来,本书简要介绍三大广告行业之外一些行业的广告概况。简单概括其特征就是,随着经济发展和社会进步,新的广告主轮番登场,广告呈现多样化趋势。在这个时期,最为轰轰烈烈地展开广告竞争的是烟草行业。伴随着日本文明开化和西欧的影响,纸卷香烟的消费群体不断扩大,烟草广告早在 1890 年之前就已出现。甲午中日战争之后,烟草商之间的竞争更为激烈,广告竞争也日益加剧。当时主要的烟草广告主有:岩谷商会(天狗烟草)、村井兄弟商会、木村商店、江副商店、千叶商店（白牡丹）、大阪烟草。

如图 3-3 示，其中岩谷和村井作为烟草行业两大巨头，展开了激

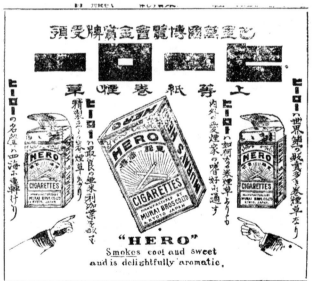

图 3-3　两大烟草巨头岩谷商会（东京）的天狗烟草和
村井兄弟商会（京都）的 HERO 烟草广告

（上图出自《读卖新闻》1902 年 6 月 14 日；下图出自《读卖新闻》
1901 年 4 月 5 日）

第三章 资本主义的确立与广告多样化

烈的广告营销竞争。在东京,岩谷占据烟草广告主的寡头地位,从图3-3可见,在大阪报纸上,村井兄弟商会是烟草类广告的冠军。

烟草行业的这两大巨头不仅通过报纸和杂志发布广告,还灵活运用广告牌、乐队广告等多种广告媒体展开激烈竞争,意在扩大自身市场份额(图3-3),甚至不惜在报纸上对对方商品展开恶意的重伤、诽谤,广告战可谓异常惨烈。不过,日俄战争爆发后,为了筹集战争经费,日本于1904年4月1日颁布、同年7月1日实施《烟草专卖法》,烟草行业收归国营。到此为止,岩谷和村井等民间烟草业者从烟草行业销声匿迹,二者的广告战也宣告结束。

烟草广告竞争最为激烈的,是1897年前后到《烟草专卖法》颁布实施的1904年。后来,烟草专卖局也推出一些烟草广告,但多数都十分简陋,烟草广告规模也快速下降。烟草专卖制度对广告业界的影响是非常大的。横山源之助是当时日本著名记者,在社会问题和劳动问题方面很有见地,著有《日本之下层社会》。烟草专卖制度实施后,横山以"广告业界之一大恐慌"为题记叙如下:甲午中日战争后,广告业逐年快速发展,去年开始遭遇重大挫折。比起广告业本身,参与广告业交易的业者的恐慌更大。前一年,政府设立烟草专卖局,投入巨额广告费用的村井、岩谷等烟草业者的广告销声匿迹,给弘报堂等广告业者带来巨大打击。村井每年在广告方面的投入达数万日元,这些广告的突然消失,使帝国通信、广告社等都受到巨大影响。①

2. 食品广告的崛起

到1912年为止的明治末期,食品广告在广告界逐渐崭露头角。其中,最引人注目的是味精(味素)广告的出现(图3-4)。在味精上市不久后的1909年5月26日,《东京朝日新闻》首次刊登了味精的大幅广告,强调味精是理学博士池田菊苗发明的"理想的调料",是"饮食界的大革新"。其后,味精广告逐渐增多,仅《东京朝日新

---

① 《我邦广告业发展及现状》,同文馆《商业界》1905年2月1日。

图 3-4　味精广告首次出现

(《东京朝日新闻》1909 年 5 月 26 日)

第三章　资本主义的确立与广告多样化

闻》，1911 年出现 11 栏、1915 年出现 51 栏味精广告。不过，味精以前从未出现，完全是新生事物，消费者缺乏认知。于是味精业者不仅通过报纸广告，还通过沿街拉唱的化妆广告人、小册子、店内广告、广告牌、电线杆广告、彩灯广告、车内广告、样品赠送等几乎所有的方式，展开营销推广。同时，推广人员还亲临餐馆、旅店、乌东面铺，向厨师和食客介绍味精的优点，为营销推广和公关费尽心思。味精等食品类广告虽然取得较快发展，但食品业跻身三大广告行业之列，是大正（1912—1926）中期了。①

这个时期，以啤酒等为代表的大众喜好食品的生产销售额出现了大幅上升。由于食品业与大众生活联系紧密，各业者对广告采取了积极的态度，并出现了一些企业，成为位居重要位置的广告主。这个时期主要的食品行业广告主和商品如下：

日本麦酒（惠比寿啤酒、黑啤酒）

大阪麦酒（朝日啤酒）

大黑舍（大黑啤酒）

札幌麦酒（札幌啤酒）

明治屋（麒麟啤酒）

九三麦酒

近藤利兵卫（蜂印香窜葡萄酒）

伊部商店（药用葡萄酒）

野田酱油

滨口合名

Higeta 酱油

山邑造酒（樱正宗）

森永制果（森永牛奶糖）

铃木商店（味精）

---

① 《味素株式会社社史 1》，味素，1971 年，第 99—250 页。

在啤酒业界，各啤酒生产企业规模较大，且相互间的竞争较为激烈，所以广告活动也非常活跃。酱油和清酒行业则多为地方色彩很浓的中小企业，日俄战争前，仅有两三家清酒和酱油企业在全国性报纸上推出广告。1910年前后，除味精外，如森永这样的糖果企业也开始不断出现在广告栏中，推出各具特色的商品广告。在当时按行业进行的广告统计中，食品与布匹、百货店一同归到了"杂品"中。食品作为一种单独的行业出现在广告统计中，是大正后期（1920年前后）。

3. 吴服①店、百货店广告的出现

烟草、食品广告兴起的同时，吴服店广告的出现和兴起，是这个时期广告界标志性的新趋势。三井吴服店（1904年改称三越吴服店）、大丸屋下村吴服店（1908年改称大丸吴服店）、白木屋（1909年改称白屋吴服店）、松屋吴服店、伊势丹、松坂屋等是代表性的布匹行业广告主。

以三越为代表，这些大型的布匹商店从明治末期开始，从传统的店铺模式向欧美式百货店转变。这是与当时人们生活样式多样化和消费生活现代化相适应的。这个过程中，百货店广告新鲜感十足，吸引了人们的关注。这些吴服店和百货店都集中在东京、大阪等消费型大城市，广告也广泛选择了大城市的媒体进行发布。这些广告的一个特征是，在一年数次的"大甩卖"时会在报纸发布整版的大型广告。② 此外，三越还与帝国剧院进行合作，推广产品，三越、白木屋则通过乐队广告和公关杂志推广产品，这些美国式的广告手法在当时的日本显得独具匠心。

此外，在这个时期还出现了钢笔、钟表、留声机、自行车、股票经纪、歌舞伎、活动拍照等杂品、杂务类广告。其中，服部钟表店、天赏堂等代表性企业逐渐成长为实力雄厚的广告主。但整体上，

---

① 吴服，是服装所用布匹的总称。因其纺织技术由中国古代吴地传来而得名。
② 《日本新闻广告史》，日本电报通信社，1940年，第657页。

到第一次世界大战为止，这类广告主的实力还偏弱。

第三节　资本主义的发展与广告费用的增加

日俄战争后，伴随着资本主义的发展，越来越多的企业希望通过广告来带动产品销售，尤其是机械化生产极大提高了生产效率，规模较大的行业开始大规模刊登广告，越来越多的大公司也开始将财务决算报告通过广告形式发布。所以，这个时期各大型企业的广告费用支出均出现了大幅增长。1899年的《日本经济杂志》曾刊文评述当时药品行业的收入和广告费用的关系：

> 东京地区销售最好的药品，现在已不是宝丹和精锜水，销售额最高的，是高木的清心丹，每月销售额为5万日元上下；其次为中将汤，每月销售额超过3万日元；位居第三的是宝丹散，每月销售额3万日元上下。另外还有宝丹、滋强丸、胃散、精锜水、清妇汤等。销售额的一半被支付给广告代理店，批发销售所占款额为50%—20%，其余部分用于支付原料费、营业费用、印花税等，如此，即便药品售价是原料价格的十倍，药商所获纯利也十分有限。[1]

从中可见，大型药品广告主的广告支出占其销售额的50%左右。还有一些资料可以证实这一数据，据《日本实业新闻》记载，1902年左右，"药品和化妆品商必须将资本的七成左右用于广告费"。这里所说的"资本的七成"，应是指销售收入的70%之意。[2] LION牙膏的小林富次郎也积极在报纸和杂志投放广告，他曾指出："有时，投放广告的费用甚至超过牙膏的销售额。"[3]

---

[1] 《日本经济杂志》1899年7月9日。
[2] 《日本实业新闻》1902年6月1日。
[3] 《二代小林富次郎翁》，LION牙膏，1956年，第86页。

日俄战争后，各公司的广告费用出现了更进一步的升高。据广告社的汤泽精司记载，烟草专卖制度实施前，村井兄弟商会的广告费之所以很高，是由于香烟成本和售价的巨大差价，也就是这个行业的高额利润。"（村井兄弟商会）在关东地区每月支出的广告费为七八千日元，在关西地区支出的广告费用与此持平，其每月的广告费用达一万五六千日元，是很大的广告主……除此之外，再加上户外广告、电线杆广告、留声机广告，每月支出的广告费用超过3万日元。一箱36日元的烟草，其成本仅为18日元，广告费用平均每箱支出5日元，这样算下来每箱的利润依然有13日元之高。"①

1908年度，生产麒麟啤酒的明治屋的广告费用总计达5.5万日元。② 仁丹自1905年上市以来，在报纸和杂志推出很多整版广告，同时还灵活运用招牌广告、电线杆广告等多种方式开展推销活动。据1910年8月的《日本和日本人》杂志记载："（仁丹）的广告费用据说一年高达12万日元。如果属实的话，这些费用足以组织三个南极探险队。③ 全额赞助探险队不是最划算且最有效的广告方法吗？广告必须巧妙地获得民众的同情和认可，这正是广揽同情的广告方法。"④ 此外，1911年，推出三轮肥皂的丸见屋每月在报纸推出广告的费用为3000日元，这个数字很快上升到5000日元，广告版面也快速增长。⑤

从以上数据可见，这个时期广告费用增加迅速。但是没有发现当时日本广告费用的全面统计资料。在此介绍《万朝报》记者幸德秋水在1902年的记录，从这个资料可以了解报纸、杂志、广告牌的广告费用情况。"我并未能够进行精准的统计，简要计算如下：仅东京各报，每月广告费用约为7万日元，大阪约为3万日元，即每月

---

① 汤泽精司：《新闻业界五十五年回忆录》，广告社，1937年，第66—67页。
② 《麒麟麦酒株式会社五十年史》，麒麟麦酒，1957年，第64页。
③ 1910年，白濑矗湘在日本帝国议会提出南极探险的申请，获全票通过。不过政府拨付资金不足，最终依靠狂热的民众募捐活动获取航行资金。经过曲折，白濑等人最终于1912年1月16日登上南极大陆。
④ 《日本与日本人》1910年9月1日。
⑤ 《日本电报》1941年3月。

超过 10 万日元。也就是说，日本各地报纸每月广告收入高达 10 万日元，加上杂志广告、广告牌等，日本商业每年广告费用支出高达 300 万日元，并且这个数字每月每年都以很快的速度增长。"①

广告费用的总额，可谓是当时日本经济增长和企业市场开拓激情的晴雨表。经济快速增长和商品的极大丰富，造就了这个时期广告规模的扩大和广告费用的快速增加。

第四节 广告主广告意识的改善

1. 科学广告观的出现

甲午中日战争后，《商业世界》杂志曾发出"即便是当前的商人，意欲推出广告者寡"②的感慨。虽然福泽谕吉等媒体人积极开展了广泛的广告启蒙运动，商人和企业的广告意识有所增强，但他们的广告意识依然比较陈旧。

光永真三是光永星郎的弟弟，曾任电通社长。他曾回忆 1901 年日本广告株式会社（后改称"电通"）创立之初广告主的广告意识。"广告主方面并没有专门的广告事务负责人，没有专人负责提供广告文稿。广告业务员前去商量广告事务，却往往帮助粘贴药品印花、药品装箱而度过终日。如进行更加积极的广告劝诱，广告主方面则往往随便选定图案，'就登这个吧'，而根本不会询问广告的价格。广告代理店将简单设计的广告出示给天狗烟草的岩谷松平后，他便说很好，随即推出四分之一版面的大幅广告。"③

1900 年前后，日本最大的广告主就是岩谷松平（图 3-5），即便是他，其广告意识与明治初期的守田治兵卫和岸田吟香等人并无大异。岩谷一方面是为了宣传天狗烟草而刊登广告，另一个很重要的方面，是为了攻击其竞争对手村井吉兵卫（图 3-5）的村井兄弟商

---

① 《劳动世界》1902 年 11 月 13 日。
② 《商业世界》1899 年 7 月 20 日。
③ 《广告五十年史》，日本电报通信社，1951 年，第 107 页。

会。为此，岩谷还专门于1901年创办《国益新闻》展开广告和公共关系活动，不过推出的都是一些古怪的夸大广告，反映出其非理性和无主见的广告观。岩谷尚且如此，一般商人和企业广告意识的落后可想而知，还停留在比较初期的阶段。

图3-5　岩谷松平（左）与村井吉兵卫（右）

日俄战争结束后，各大广告主的广告意识出现了较大的飞跃。当时著名的化妆品广告主平尾赞平在1909年《实业之日本》杂志的报道中指出："即使媒体发行量很大，如果读者没有购买力的话，广告不会有什么效果。与其过度关注媒体的发行量，更应该关注读者的构成，这才是提高广告效果的第一要义。广告投放应参照媒体的目标受众，学生用品应在学生喜欢的读物上投放广告，妇女、家庭用品则适宜同类报纸杂志。也就是说，比起发行量，更应关注读者购买力的有无。今后，我将反观广告的效果，不断调整报纸广告的投放。"[①]

广告主必须根据自身商品特点，慎重选择广告媒体。这时，不只是看报纸杂志的读者数量，更应该掌握读者的构成。广告费用不只是简单的掏钱付账，而应在合理、科学筹划的基础上支出。这是平尾赞平的观点，类似的看法也出现在其他代表性人物的记录中。

---

① 《实业之日本》1909年10月1日。

第三章　资本主义的确立与广告多样化

浜田四郎曾是博文馆杂志《太阳》和《太平洋》的记者，后成为三越的广告负责人。1902年，浜田在他的著作《实用广告法》中阐述了相似观点。① 此外，广告代理店博报堂的濑木博尚也有相似观点。广告主如此直白和清晰地表达比较科学的广告意识，上述平尾赞平的言论是日本广告史上的首次。

3．三越的成功与其影响

三越株式会社是日本著名的大型百货公司之一，历史可追溯到1673年。其商号是从"三井越后屋"中取"三越"二字而成，是日本最具代表性的百货公司之一。在日俄战争后，三越取得巨大成功。大丸的社长里见纯吉（曾任白木屋董事）对三越的成功给予高度评价："三越之所以得到如此快速的发展，主要是宣传的胜利。"②

1904年12月，其店名从"三井吴服店"改为"三越吴服店"，试图从和服布匹商店向百货商店转变，1907年开始销售和服布匹之外的百货商品，同时利用在当时充满新鲜感的广告语开始在报纸、杂志刊登广告，也通过海报、街头乐队广告、车厢吊环广告、电线杆广告等多种途径开展了广泛的宣传，使其销售额出现快速上升。这种积极广告战略的推行者，就是日比翁助。日比翁助（1860—1931年，别名三越翁助）是日本著名经营家，在三越历史上占有重要地位，正是他让三越转变为现代意义上的百货商店。1904年，株式会社三越吴服店设立后，他就任专务董事，推行百货店改革。帮助日比翁助推行其广告战略的，则是其助手浜田四郎。当时，浜田四郎为三越推出的广告语风靡一时，最有代表性的是："今日帝剧，明日三越。"（图3-6）

"帝剧"是帝国剧场的简称。帝国剧场竣工于1911年3月1日，具有文艺复兴的建筑风格，剧场落成后邀请欧美艺术家上演西洋歌剧。"今日帝剧，明日三越"，这条广告语在帝国剧场历史上处于重

---

① 浜田四郎：《实用广告法》，博文馆，1902年，第78—79页。
② 《白木屋三百年史》，白木屋，1899年，第304页。

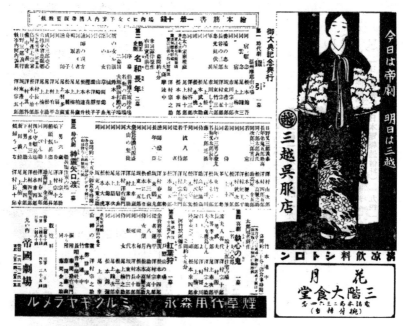

图 3-6 帝国剧场的节目单上出现的三越广告

要地位,被认为是日本进入消费时代的标志。

在 1911 年 3 月 4 日,帝国剧场开门纳客之前,三越于 2 月 26 日在各大报纸推出广告:"不看帝剧勿谈戏剧,不去三越勿谈流行。帝国剧场代表日本最新式戏剧,三越乃东洋唯一百货商店。"这与上述"今日帝剧,明日三越"应属同一系列。1912 年前后(准确年份不明),帝国剧场开始印制单张的节目单,免费发放给入场观众。三越在这个广告单上投放了广告,并醒目地印刷了风靡一时的广告语"今日帝剧,明日三越"①。(图 3-6)这条广告的创作者是浜田四郎,广告以歌舞伎图案为背景,对此,浜田四郎的想法是"今天前去观赏歌剧者,明天请光临三越"②。据 1916 年的《国民新闻》读者来稿记载,有读者反映:"看到'今日帝剧,明日三越'这种追求享乐

---

① 浜田四郎:《百货店一夕话》,日本电报通信社,1984 年,第 222 页。
② 同上书,第 224 页。

第三章　资本主义的确立与广告多样化

的广告,不能不给人一种反感。对广告主来说,这种广告方式并不是最好的。"当时,对一般民众来说,帝国剧场和三越都是只可远观、难以接近之物。上述三越广告能吸引的,是当时百货店的顾客和报纸读者等上流社会人士,同时,这些广告也开始逐渐向一般民众渗透(虽然还存在不被认可的现象)。总之,这条广告给整个社会制造了一个很热的话题。①

此外,三越还于 1903 年创办了自己的公共关系杂志《时好》。据史料记载,《时好》创刊之际,为了提高宣传效果,邀请报社社会部的四五人,一起商量《时好》的题材、趋向等内容,以期对公司宣传起到积极作用,同时还把公司的宣传巧妙地揉入报纸的报道中。② 从中可见此时的三越十分重视通过新闻报道等进行自然的宣传(软广告),广告战略逐渐丰满。

三越通过广告取得巨大成功,受此影响,其他广告主的广告意识也得到很大提升。白木屋于 1904 年创办了公共关系杂志《家庭指南》(1906 年改为《流行》);丸见屋于 1912 年创办了《三轮文库》。一流广告主纷纷创办自己的公共关系杂志,产品推广活动呈现立体化趋势,广告战略也越发巧妙多彩。随着企业活动的繁盛,广告主对广告的促销功能有了更高的期待。

不过,1911 年前的明治末期,有这种积极广告意识的广告主还不多,这种意识还只局限在少数广告主和广告代理店中。大多数的广告主依然还处于比较低级的阶段:"在投放广告前几乎不去调查报纸的详情,简单地认为只要在报纸上登了广告,销量自然就会增长。"③

此前,广告主一度被蔑称为投机者,到 1911 年前后,这种广告主形象逐渐淡化,但整个社会对广告的关注很少,一些企业家和商家对广告的效果依然有很大的疑问。

---

① 《国民新闻》1916 年 3 月 9 日。
② 口田矿造:《记三越翁助》,《新闻与广告》1951 年 8 月,日本电报通信社。
③ 笠原正树:《最近广告术》,博文馆,1909 年,第 93 页。

第四章 资本主义确立时期《大阪朝日新闻》的广告内容

第一节 日俄战争前广告主的兴衰

1. 民间烟草广告的兴衰

甲午中日战争以后，特别是1900年前后，日本烟草广告活动颇为繁荣兴盛，但伴随着1904年7月烟草专卖制度的实施，在与广告业界关系密切的企业名单中，民间烟草业者的踪影消失了。这段时期，民营烟草业者不仅仅依靠广告公司对本企业商品进行广告宣传，甚至还通过广告业者对竞争对手的商品进行诽谤，同时也推出反对烟草专卖制度的广告宣传，广告界颇为热闹。表4-1所示的是1899年1月至6月各大烟草广告主在《大阪朝日新闻》、《大阪每日新闻》上刊载的烟草广告量。其中《大阪朝日新闻》的刊载量平均每月为892厘米。另外，从行业来看，1月份烟草广告量比饮料食品的广告量大，接近于化妆品的广告量（在图表4-1中，烟草广告算入"其他"一项中）。《大阪朝日新闻》、《大阪每日新闻》共有的广告客户是村井兄弟商会和岩谷商会，在东京的报社之中，本地的村井商会的广告刊载量更大。木村商店的广告仅在《大阪朝日新闻》有很高的刊载量，这是因为该社社长木村腾原为《大阪朝日新闻》的创办者，且当时兼任《东京朝日新闻》的总务部顾问。从表4-1中《大阪每日新闻》的数据可见，木村商店在《大阪朝日新闻》刊载有大量广告，总体来看与村井、岩谷还有较大差距。

第四章 资本主义确立时期《大阪朝日新闻》的广告内容

表 4-1 主要烟草业者在《大阪朝日新闻》、《大阪每日新闻》的广告刊载量（1899 年 1 月至 6 月，1904 年 1 至 6 月）

《大阪朝日新闻》（单位：cm）

	村井兄弟商会	岩谷商会	木村商店	其他	总计
1899 年 1 月	164.3	150.8	234.3	177.2	726.6
1899 年 2 月	352.5	182.0	207.2	222.6	964.3
1899 年 3 月	192.4	24.0	325.8	410.0	952.2
1899 年 4 月	254.8	146.0	381.5	310.7	1092.5
1899 年 5 月	184.6	47.0	361.5	191.2	784.3
1899 年 6 月	129.6	143.6	458.4	98.2	829.8
1899 年总计	1278.2	693.4	1968.2	1409.9	5349.7
1904 年 1 月	205.8	138.6	102.2	227.6	674.2
1904 年 2 月	180.6	253.1	138.2	223.2	795.1
1904 年 3 月	208.0	319.0	83.6	136.4	747.0
1904 年 4 月	0	74.8	0	0	74.8
1904 年 5 月	0	46.0	0	0	46.0
1904 年 6 月	0	36.8	0	0	36.8
1904 年总计	594.4	868.3	324.0	587.2	2373.9

《大阪每日新闻》

	村井兄弟商会	岩谷商会	千叶商店	其他	总计
1899 年 1 月	165.8	143.8	53.0	143.1	505.7
1899 年 2 月	625.0	191.2	0	103.9	920.1
1899 年 3 月	334.3	101.8	0	357.7	793.8
1899 年 4 月	388.6	133.2	0	311.7	833.5
1899 年 5 月	353.6	96.0	0	300.2	749.7
1899 年 6 月	330.6	204.0	0	140.4	675.0
1899 年总计	2197.8	870.0	53.0	1357.0	4477.8
1904 年 1 月	299.8	124.1	107.0	257.4	788.3
1904 年 2 月	332.9	54.0	113.4	375.8	876.1
1904 年 3 月	255.2	44.0	49.2	238.3	586.7
1904 年 4 月	0	47.6	0	67.4	115.0
1904 年 5 月	0	0	0	0	0
1904 年 6 月	0	0	0	8.0	8.0
1904 年总计	594.4	269.7	269.6	946.9	2374.1

资料来源：朝日新闻大阪本社广告局

广告的社会史

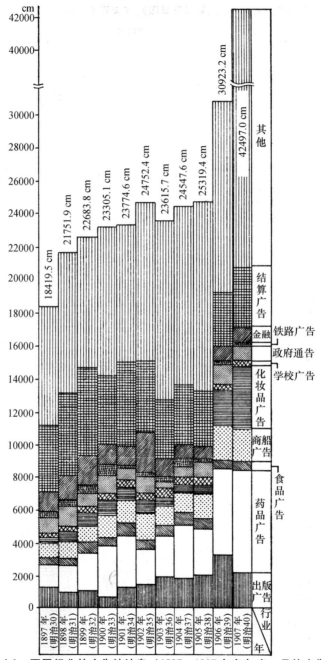

图表 4-1　不同行业的广告统计表（1897—1907 年各年度一月的广告量）

第四章 资本主义确立时期《大阪朝日新闻》的广告内容

可以说，几乎每一天都能在报纸的广告版面中看到烟草广告。例如，1900年1月至6月的《大阪朝日新闻》的烟草广告的月刊载数量如表4-2所示。

表4-2 《大阪朝日新闻》烟草广告月刊载量统计

	1900年	1904年
1月	42	37
2月	42	36
3月	42	22
4月	47	9
5月	47	5
6月	48	4
7月	31	6

资料来源：朝日新闻大阪本社广告局

1900年1月—7月间，《大阪朝日新闻》每月平均有43条烟草广告，而且都是占用大幅版面的广告。其中，岩谷和村井分别是东京、大阪地区的最大广告主。不仅仅在烟草行业名列前茅，在所有行业的广告主排序中，这两家公司都位居前列。这两家公司不仅通过报纸展开宣传，还积极运用杂志、招牌、乐队等各类广告媒体，展开了扩大市场份额的激烈竞争。岩谷还发行了《国益新闻》用于宣传自身产品。岩谷制造产品时使用的是日本国产原料，而村井则使用进口原料制造产品。这一点进一步激发了两者间的竞争意识，并使这两家公司在东京大阪两地的大量报纸中，刊载相互中伤、诽谤的广告。二者之间批评、反驳、再次反驳这样的口水战在当时司空见惯。例如，在1901年11月26日的《大阪朝日新闻》刊载了整版广告，内容是村井写给岩谷商会长岩谷松平的公开信。1900年2月9日的《东京朝日新闻》刊登了村井的英文整版广告。此前，木村批判村井凭借洋人之力争夺市场，而事实上正在谋求导入外资的村井以此进行反击。当然，木村方面也再次刊登反驳广告予以回击。虽然这场由村井对战木村的广告大战在各报纸展开，但比起村井、岩谷之间的广告战来说，还只是一次小型对阵。

引人注目的广告大战逐渐白热化，规模也不断扩大。广告大战的高潮是从义和团运动（1900年）后到日俄战争前这段时间。大约在日俄战争已成大势所趋的1903年，日本政府为了确保战争的资金来源，开始着手研究烟草专卖制度。1903年12月12日，反烟草制造国营化联合同盟会在《大阪朝日新闻》刊登反对烟草专卖的广告，从中可见烟草业界对烟草专卖制度的反对。另一方面，同年12月8日，奈良县烟草业界刊登了赞成烟草专卖制度的广告。可见，烟草业界欠缺协调性，这一顽疾从长期的烟草广告大战就可窥见一斑。

政府通过打乱烟草业界的协同合作，终于在1904年4月1日向社会公布《烟草专卖法》，并于同年7月1日开始实施。然而，直至烟草国营化已势在必行的1904年，广告霸主岩谷、村井两家大型公司的广告刊载量仍未减少。岩谷松平将其民营企业家的意志贯彻到底，直至该法开始实施的7月1日前夕，还继续在《大阪朝日新闻》上刊载广告。但是，其他同行其实早在4月1日以后就已经中断了报纸烟草广告。岩谷的夙敌村井在同年的2月2日，更是在《大阪朝日新闻》刊登攻击岩谷的广告。当然，岩谷也做出了反击。不过，村井最终还是在4月1日以后从报业广告版面中销声匿迹。而岩谷也于7月1日以后从报纸的广告版面消失。千叶商店在7月6日刊登了广告，但事实上只是宣布停产的公示。

据日本电报通信社《新闻名鉴》记载："在烟草行业国营化的过程中，深切体察到了广告业界各公司的苦楚。"这清晰地概述了烟草专卖制度实施之后各广告代理业者和各大报社的境况。7月4日，《大阪朝日新闻》首次刊登了烟草专卖局的"敷岛"、"朝日"品牌广告。不过其广告内容与烟草民营时期相比逊色很多，广告版面也很小。同年7月在《大阪朝日新闻》刊载的广告只有6条。很明显，民营烟草广告的盛衰与《大阪朝日新闻》等各大报社的广告数量息息相关。1904年上半年关东、关西的《朝日新闻》的广告收入大幅减少，其原因主要有几个方面。一方面，战争报道的大幅增加造成广告版面缩水；另一方面是经济不景气；还有一个非常重要的原因，

第四章 资本主义确立时期《大阪朝日新闻》的广告内容

就是民营烟草广告从广告版面中消失。然而,关东、关西的《朝日新闻》的广告收入减少到底与民营烟草广告的消失有多大的直接关系,很难准确考察。

2. 铁路车票折扣广告与铁路国有化

和烟草产业相同,铁路产业也因国有化造成了广告数量的急剧减少。铁路国营化的出发点也是为了筹集战争经费,政府于1906年公布《铁路国有法》,同时强制推行。当然并不是所有的铁路都进行国有化,所以和全面国有化的烟草行业还是有所区别的。但是,由于铁路国有化,铁路广告急剧减少是毋庸置疑的事实。

虽然铁路广告和船运广告一样,都刊载有发车时刻表等信息,实际上很大一部分铁路广告都是票价折扣广告。各铁路公司通过广告宣传其不同路线票价的折扣信息,以期增加客流量。1899年1月27日的《大阪朝日新闻》中,有读者投稿指出:"为了避免私营铁路的票价折扣竞争,干脆将所有车票半价出售如何?"

这个意见颇有讽刺意味,而半价折扣的票价其实并不罕见。在1899年1月的《大阪朝日新闻》中,大阪铁路、奈良铁路、关西铁路、阪鹤铁路这四家铁路公司共刊登38条铁路广告。同年9月,除了这四家铁路公司外,河南、参宫、山阳、南和等铁路公司也刊出了47条广告。这些铁路公司会在新年、祭礼、春秋分等节假日争夺各报社广告版面,刊登票价折扣广告。1900年,随着名古屋—大阪间的关西铁路开通,国营铁路也卷入票价折扣大战。甚至一些国营铁路也打出了五折的票价折扣,折扣广告大战进入白热化阶段。然而随着铁路国有化政策的实施,关西、参宫、阪鹤、山阳等私营铁路的线路并入国营铁路线路网,铁路广告也随之萎缩。

3. 出版类广告:《大英百科全书》与战时出版物

在烟草广告和铁路广告快速衰退时期,数量激增的是出版类广告。由伦敦泰晤士日本分公司发行,丸善合作销售的《大英百科全书》第九版于1902年12月开始在日本投放预售广告,这个出版物广告的出现，恰逢烟草广告的全盛期。然而与烟草广告后来的急剧减少相反，泰晤士公司的广告量激增。该公司于1902年12月25日和26日，在《东京朝日新闻》刊载了2段广告后，又于翌年1月1日刊登整版广告。其后，其整版广告和半版广告在这家报纸不断出现，在两月中共刊登19次、共计54段的广告。① 《大阪朝日新闻》的广告刊登量数据并不逊于《东京朝日新闻》。这样大手笔的广告战略效果很快显现，《大英百科全书》定价虽然很高，但依然实现了1000册以上的销售量。由于对这个成绩非常满意，泰晤士和丸善几乎每年都大量投放广告，并造就了书籍的传奇销售量。该部分的情况，后文会有详细分析。

虽处于广告收入减少时期，但《大英百科全书》的广告为报社带来很大收益。此外，另一个重要的出版类广告就是日俄战争相关图书的宣传。如同"本月的广告界充满战争气息"② 这句话所描述的一样，随着战争的爆发，为筹集战争经费发行了5次国债，国债广告随处可见；此外，诸如"日俄战争胜利兵儿带（日本和服的一种传统腰带配饰）"③ 等以"战胜"为题材的商品广告也层出不穷。

然而，这些广告都与甲午战争时的广告一样，呈现出浓厚的战时色彩。与甲午战争时期有所不同的是，由于日俄战争的打响并不突然，很早就被预测必有一战，开战的舆论预热如火如荼。加之各出版机构已经有过甲午战争的经验，对出版的准备可谓未雨绸缪。早在开战10天前的1904年2月1日，《大阪朝日新闻》上就已经出现了东京锦荣堂出版的《战时成功事业》的书籍广告。

比起单行本，记录战争的实录杂志是战争记录类出版物广告的热点。在甲午战争中获得巨大成功的博文馆，在日俄战争开战前2天的2月11日在《大阪朝日新闻》刊登广告，推广《日俄战争实

---

① 资料来源于《东京朝日新闻》社史编修室。
② 引用自《广告总账》1904年3月号。
③ 《大阪朝日新闻》1904年4月14日。

第四章 资本主义确立时期《大阪朝日新闻》的广告内容

记》第 1 期（每月发行 3 期，于翌年 12 月停刊）。2 月—4 月，在《大阪朝日新闻》刊登广告的出版物和出版机构有：

《日俄交战录》（每月发行 3 次，于翌年 10 月停刊），春阳堂
《日俄战报》，富山堂
《征俄战报》（每月发行 3 次，于翌年 9 月停刊），实业之日本社
《战争画报》，近事画报社
《日俄战争时事报》（每月发行 3 次），战事画报社
《军国画报》，富山房

除《大英百科全书》和战时出版物之外，另一个让报纸广告版面丰富起来的，就是俄国、中国、朝鲜等国家的地图。在 2 月至 4 月的《大阪朝日新闻》中可以看到很多周边国家地图的广告。2 月 11 日的《大阪朝日新闻》刊登了《日俄战争新地图》（骎骎堂）、《日清韩俄极东新地图》（吉江集画堂）的广告，4 月 12 日又刊登《日俄陆战大地图》（泽田盛荣馆）等战地地图册类的出版物广告。不只是大阪的出版社，东京的出版社时而也会在《大阪朝日新闻》投放地图画册广告。此外，《大阪朝日新闻》的广告栏还刊登战争小说、纪实类出版物的广告，这种状况一直持续到停战。这些广告对于全国各大报社来说都是重要的广告收益来源。另外，在《大阪朝日新闻》的广告栏中，除了地图画册的广告外，也出现了兵库杂志社的《日俄战争详报》（2 月 20 日）、大阪新报社的《日俄合战记》（4 月 14 日）等当地的出版物广告。然而比起东京出版社的广告，这些出版类广告就显得不那么起眼了。

《东京朝日新闻》本来就拥有大量的出版物广告，战记热潮又让该报的出版物广告繁盛一时。其中，博文馆通过战记实录的发行得以进一步巩固杂志王国地位，其广告最为精美显眼（图 4-1）。

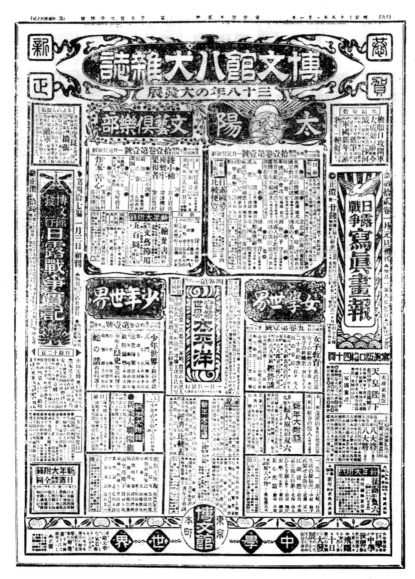

图 4-1 博文馆的杂志广告

(《东京朝日新闻》1905 年 1 月 1 日)

第四章 资本主义确立时期《大阪朝日新闻》的广告内容

表 4-3 《大阪朝日新闻》刊登《大英百科全书》广告条数统计

年月	广告条数	广告量（cm）
1902 年 12 月	0	0
1903 年 1 月	1	213.0
1903 年 2 月	11	1171.5
1905 年 11 月	4	674.5
1905 年 12 月	8	710.0
1906 年 1 月	8	1294.0
1906 年 2 月	16	2607.7
合计	48	6670.7

资料来源：朝日新闻大阪本社广告局

4. 照片广告的出现

此时期，各种活动的照片广告首次登上报纸广告的版面。电影摄像机在日本始现于 1897 年 2 月 15 日，在大阪戎桥的南地演舞场。同年 2 月 18 日的《大阪每日新闻》刊登了该演出优待券广告。[①] 同年 2 月 23 日的《大阪朝日新闻》刊登了新町演舞场的新型投影设备广告。像这样的电影广告时常在《大阪朝日新闻》上零星登出，其广告主主要是天满座、道顿堀朝日座等较为著名的电影院或剧场。

和明治初期文明开化时期一样，通过插图、照片和广告文稿，广告使读者理解电影并介绍从欧美引入的最新电影。同样，自行车和缝纫机这些进口商品的广告也在这个时期纷纷登上报纸广告版面。这些广告是为了向读者介绍他们并不熟悉的商品，带有很强的启蒙性质。由于读者对于电影这样的新生事物非常关心，所以这些广告和药品、化妆品广告有所不同，能够带给读者新鲜感，并加深读者对于报纸广告的关注和亲近感。报纸广告是读者了解最新事物、最新生活方式的重要渠道。另外，在日本电影产业开始腾飞的大正时期（1912—1926），电影广告作为广告公司一个重要的客源，开始备受瞩目。而在大正以后，自行车、缝纫机、眼镜、钟表这样的杂货

[①] 田中纯一郎:《日本映画发展史》Ⅰ，中公文库版，第 29 页。

广告开始成为广告产业不可忽视的力量。

5. 新药广告的出现

广告主总是有兴有衰，在这个时期出现最多的是成药广告。然而，成药广告主之间的竞争非常激烈，出现了频繁的兴衰更替。从明治初期开始，曾在很长时期内一直作为广告主主角的岸田吟香，其"精锜水"后来完全在广告界中消失。1899年8月，"大学眼药"（田口参天堂）登上《大阪朝日新闻》广告版面；紧接着，在9月，"眼药一点水"的广告也出现在《大阪朝日新闻》上。这些新药的出现，正是"精锜水"从市场上消失的最主要原因。与明治初期的"精锜水"半分江山的是守田治兵卫的"宝丹"。甲午战争后，"宝丹"还在广告市场中苟延残喘，但是随着一些新药，特别是功能类似的"仁丹"在明治末期强势出现在广告市场中，"宝丹"在广告界的地位不断下降。

1901年7月的《大阪朝日新闻》中，三共商店的"高峰淀粉酶"以大幅广告的形式面世。1902年12月的《大阪朝日新闻》中，该药则以"淀粉酶治疗胃痛的效用已受到社会公认"的大标题刊载了整版广告，广告主是大阪的健康堂药局。除《大阪朝日新闻》之外，三共商店的"高峰淀粉酶"的大幅广告于1903年1月出现在《时事新报》，其后也屡屡出现在其他各报。

在这段时期，作为成药广告主最受瞩目的是山田信天堂的"胃活"。1899年6月11日，《大阪朝日新闻》刊登了一篇读者投稿："'胃活'由五个人物并排成列的广告尤其显眼。但是好像又没有很深层的韵味。该药既然是陆海军五大名医合作研制的药剂，何不刊登五大名医的肖像呢？""胃活"的插图广告很有特色，很好地吸引了读者的眼球（图4-2）。《大阪朝日新闻》同年3月29日刊载了该药的整版广告，其后反复出现。1900年2月11日，《大阪朝日新闻》刊登森下南阳堂的产品"毒灭"的广告，其后也反复出现（表4-4）。1905年2月11日，"毒灭"的制药厂在《大阪朝日新闻》刊载其新产品"仁丹"的广告。"仁丹"相当于明治初期的"宝丹"，在明治末期以后成为制药广告中的王者，甚至取代岩谷商会成为整个广告

第四章 资本主义确立时期《大阪朝日新闻》的广告内容

界的霸主。"仁丹"在同年 5 月 10 日于《大阪朝日新闻》刊登广告，12 月 9 日该报还刊登了该药的整版广告（图 4-3）。在初期，"仁丹"

图 4-2　带有人物插图的"胃活"广告

（《大阪朝日新闻》1899 年 6 月 8 日）

图 4-3　仁丹的整版广告

（《大阪朝日新闻》1905 年 12 月 9 日）

的广告并不惹眼，多是定期的小型广告。在"仁丹"发售后，森下南阳堂更名为森下博药房。

"高峰淀粉酶"等新药的制造厂商通过机械化提高公司效益，受此影响，家庭作坊形式生产中药的厂家也开始大规模批量生产，展开大规模的广告活动。不过药品广告的主力依然是中药企业，这一点并没有发生改变。总而言之，大报《大阪朝日新闻》中的药品广告始终都很多，这一点也是毋庸置疑的。

表4-4列举了1904年6月主要广告主的广告刊登量排序。此时，正值日俄战争时期。在战争高潮时，大阪市报效会的战争筹款广告名列榜首。中村盛文堂的《插图日俄战记》位居前列。在这些带有浓厚时代色彩的广告中，"毒灭"、"清快丸"（高桥盛大堂）这样的

表4-4 《大阪朝日新闻》大广告主广告刊载量排名表（1904年6月）

排名	广告主和商品	广告量
1	大阪市报效会 战争筹款	736.9 cm
2	森下南阳堂 毒灭	355
3	高桥盛大堂 清快丸	213
4	中村盛文堂 《插图日俄战记》	213
5	德岛铁路 股份募集	201.2
6	日本劝业银行 劝业债权偿还	193.2
7	山田安民药房 胃活	142
8	大阪硫曹 硫曹肥料	124.4
9	（合资公司）三菱制纸所 社名变更广告	109.2
10	津村顺天堂 中将汤	106.5

资料来源：朝日新闻大阪本社广告局

第四章 资本主义确立时期《大阪朝日新闻》的广告内容

药品广告势头也非常强劲。另外,从股票广告和社名变更广告可以看出,日俄战争结束后不久,出现了股票广告热潮兴起的苗头。津村顺天堂的"中将汤"排名第十,与药品广告相比,化妆品广告较为逊色。

6. 火灾慰问广告

战争募捐广告、战争债权募捐广告和战争纪实出版物广告只在战争爆发的特定时期出现。特定时期有很多种,比如冬季是火灾高发的特定时期。在这个时期,媒体上出现的火灾慰问广告很多。火灾慰问是日本邻里之间相互关照的一种习俗。近邻发生火灾后,附近居民一般会通过书信、会面、赠酒等方式表示慰问。1898 年 12 月,《大阪朝日新闻》刊载了 199 条火灾慰问广告,广告长度共323.5 厘米;1905 年 12 月刊登的火灾慰问广告为 56 条,广告长度 104.8 厘米。

7. 商业登记广告

1901 年 12 月 27 日,《大阪朝日新闻》刊登了如下公告。

商业登记的广告刊登

在即将来临的明治三十五年,大阪地方裁判所指定其管辖区域内的所有各裁判所的商业登记以及其他需要在报纸上公布的相关法律文件,只在《大阪朝日新闻》进行公告。请各企业经营者注意,特此公告。

大阪朝日新闻社
明治三十四年十二月

而商业登记广告在什么时候开始出现于《大阪朝日新闻》上,暂未探明。在船运广告下方刊载的这则广告,采用的是公司设立、股票发行等信息发布广告的版式。商业登记广告大概占明治末期

《大阪朝日新闻》广告总量的1%。如上述公告所示，在1902年，大阪的所有商业登记广告必须在《大阪朝日新闻》刊登。不过到了明治末期，一些商业登记广告也出现在《大阪每日新闻》、《大阪新报》、《大阪时事新报》等报纸上。

8. 结算、金融广告

前面就甲午战争到日俄战争期间的代表性广告内容进行了介绍，这段时期广告的总体特征是什么呢？图表4-1是1897年至1907年各年度1月份的行业分类广告量统计表。这张图表中，最引人注目的是结算广告的数量之多。从1885年到1905年，结算广告的广告量始终都居于药品广告之上，位列首位。与火灾慰问广告类似，结算广告也是具有季节性色彩的广告，主要集中于1月至2月和6月至7月。当然，在其他的月份也有结算广告零星出现，但毕竟还是与企业结算时期有很大关系，具有较强的季节性。所以，如果以整个年度为单位来统计结算广告，其广告量不会占有如此大的比例。不过在1902年，其广告量超过了药品广告。结算广告主的主力军是银行，纺织业紧随其后，几乎所有行业都是结算广告的广告主。另外，由于《大阪朝日新闻》拥有很多关西工商阶层读者，也导致了结算广告在该报的集中出现。由于甲午战争期间的经济不景气，导致银行业、纺织行业的重组和淘汰，有很多曾经是广告主的中小型银行和纺织公司倒闭。因此，在日俄战争以后，结算广告逐渐走下坡路，《大阪朝日新闻》的结算广告减少。另外，此时的《大阪每日新闻》发展迅速，在一定程度上抢夺了《大阪朝日新闻》的广告顾客。

在图表4-1中，另一个值得关注的特征是金融广告之多。由于结算广告主半数以上都是银行，如果加上这一部分的话，金融广告的比率将会更高。

如表4-4所示，日本劝业银行的广告量排名第六位。在这段时期，银行的营业广告量巨大。同时，保险公司的营业广告也不少。如前所述，经济不景气导致中小银行的结算广告和营业广告出现减

第四章 资本主义确立时期《大阪朝日新闻》的广告内容

少的趋势。1902年,金融广告的广告量达到顶峰,其后一直呈减少趋势(图表4-1)。

政府公告类广告也出乎意外地多,这种形势一直持续到义和团事件前后。船运广告的广告量一直较多,也值得关注。在《大阪朝日新闻》的《广告费用清算书》中,日本邮船、大阪商船都占有广告主以及广告代理业者很大部分的广告份额。与政府公告类广告相同,船运广告也具有补充新闻报道信息不足的功能。让人意外的是,化妆品广告的广告量较少。比起金融、药品自不必说,甚至比出版、船运、政府通示广告数量还要少。在日俄战争以后,中山太阳堂和津村顺天堂等公司开展了积极的广告活动,广告量急速增加。《大阪朝日新闻》在出版物广告这一领域较为薄弱。不过,在《大英百科全书》和战争纪实作品增加的日俄战争前后,出版物广告量也急速提升。

第二节　日俄战争后广告主的多样化

1. 股票广告潮的出现

股票广告潮是在1906年下半年前后出现的。公司的发起人和实业家通过报纸的广告版面呼吁普通投资者购买其股票,筹措建立公司的资本,这种现象在日俄战争以前就已出现。如在1887年后,股票广告就已经出现在《大阪朝日新闻》中。[①] 然而,直到1906年下半年,报纸广告栏才出现了股票广告潮。

在这段时期,新设公司通常以涉泽荣一等财经界名流和各地区著名人士作为公司的委员长或创立委员、公司发起人、推荐者,"新设公司广告之多,甚至使报纸版面显得窄小"[②]。这股热潮对于《大阪朝日新闻》经营的意义,将在本书第五章详述。

[①] 伊牟田敏充:《企业崛起时期的社会资金集中》,高桥幸八郎编:《日本近代化的研究》上卷,收录于东京大学出版会刊,1972年。

[②] 伊藤银月:《明治青年思想变迁史》,前川文荣阁,1912年,第155页。

如图表 4-2 所示，公司广告除了股票广告以外，还包括公司名称变更广告、组织名称变更广告、公司合并广告等，但大部分都是股票广告。股票广告的热潮退去后，不管经济情势如何变化，股票广告还是占有较高比例。资本主义确立的这段时期，此类广告占有报纸广告量的很大比重也是理所当然的。而伴随着第一次世界大战后的企业热、投机热的升温，股票广告热潮也得以重现。

2. 钟纺、多木的新型公司广告

日俄战争后，报纸广告总体上呈现多样化、规模化的趋势，其中扮演重要角色的就是新型公司广告。日俄战争前的报纸广告得以兴盛，离不开岩谷、村井等民间烟草业者的广告大战。在广告大战中，一方会攻击对手企业的商品，以此进行本公司的形象和商品宣传，无疑是一种露骨的企业竞争广告。在烟草业界以外，很少出现这种广告对战。新型的公司广告与此完全不同。在宣传本公司的商品时，新型公司广告更倾向于将宣传重点放在公司名称、经营方针、经营内容上，这一点对于公司的广告宣传来说是颇具创新性的。而在新型广告中，最具代表性的就是钟渊纺织（简称"钟纺"）和多木制肥所。这两家公司都对广告给予了非同寻常的重视，其社长也活跃于广告活动前线进行指挥。

钟纺的广告多次出现在《朝日新闻》上。1905 年 7 月 24 日，《东京朝日新闻》刊登了钟纺的整版广告；同年 7 月 24 日（图 4-4）、25 日，《大阪朝日新闻》也刊登了其整版广告。广告内容包括公司结算等经营方面的内容、商品内容，可以看做是一种兼作结算广告的公司广告。其后多次刊登的整版广告，都体现了社长武藤山治的广告观。[①]

多木制肥所的广告也体现了社长多木久米次郎的个人特征。多木在 1905 年 10 月 16 日的《大阪朝日新闻》刊登了整版广告。可能

[①] 武藤山治:《我所采用的宣传方法》,《武藤山治全集》第 1 卷, 新树社刊, 1963 年。

第四章 资本主义确立时期《大阪朝日新闻》的广告内容

图 4-4 武藤山治投放的整版公司广告
(《大阪朝日新闻》1905 年 7 月 24 日)

是受此影响，竞争对手富安制肥所在 10 月 21 日的《大阪朝日新闻》刊载了整版广告。在化学肥料业界，多木制肥所作为主要广告主大放异彩。多木与武藤独特的经营哲学和政治社会观，体现在昭和初期的各大报纸，尤其是关西各大报的广告版面中。

3. 以量取胜的广告策略

如前所述，《大英百科全书》第 10 版在日本凭借大幅广告大获成功。仅从《东京朝日新闻》一报来看，自从 1905 年 11 月 18 日首

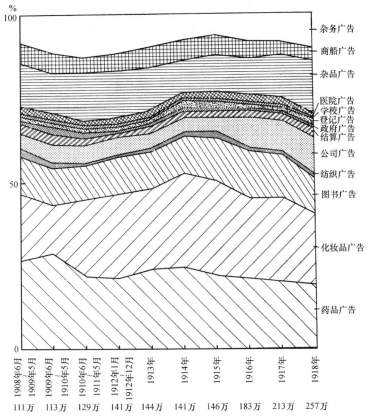

图表 4-2　《大阪朝日新闻》所刊登各行业广告行数与所占比例
（1908—1918）

第四章 资本主义确立时期《大阪朝日新闻》的广告内容

次刊登该书的整版广告，其后，一直到 12 月 29 日共计刊登大幅广告 14 次，也就是说基本每三天就会刊载其大幅甚至整版广告。进入 1906 年，《大英百科全书》开始实施"以量取胜"的广告投放策略。从 1 月 6 日至 2 月 28 日，共刊登了 19 次广告，其中有 5 次是整版广告。

从《大英百科全书》在各报所刊广告数量看，《大阪朝日新闻》不及《东京朝日新闻》。自从 1 月 9 日的整版广告开始，《大英百科全书》就进行大手笔的半版广告、整版广告交替刊载。还有一个非常值得关注的特征，就是在关东关西两地区于 2 月份图书预订截止前，集中进行了大量的广告投放。"以量取胜"的广告投放策略显示出效果，丸善共获得 4200 册的预订量，这在当时的出版市场来说是一个让人吃惊的数字。销量提升的一系列书籍都曾通过丸善刊登出版物广告，其中广告投放量最大的是大英百科全书，并获得了 1000 部以上的销售量，广告作用不可忽视。其中，由伦敦泰晤士日本分公司和丸善合作投放的广告尤其引人瞩目，其广告内容每次都有变化，为了引起读者的购买欲，广告主还致力于完善广告的插图和广告文案。总之，通过所有可能的办法，唯一的目的就是让书名深深刻画在读者的脑海。这种广告宣传思路，不仅对于出版物广告，对于日本的整个广告界来说也是一种崭新尝试。除《大阪朝日新闻》和《东京朝日新闻》外，《大英百科全书》还大胆地在各大报纸推出大量广告，如 1906 年 2 月 21 日在《时事新报》刊登了两个整版的广告（图 4-5）。

《历史家的历史》是由泰晤士公司发行、丸善贩售的另一部重要著作，从 1908 年 11 月至 1909 年 4 月接受预订。其间的 1909 年 4 月 6 日，在《大阪朝日新闻》刊登了四页的整版广告（图 4-5）。这本书的推广采取了与《大英百科全书》基本相同的思路，每月都会断续地投放 3 到 4 次的整版或半版广告。这本书的广告业务是由专业的广告代理机构京华社受理的。当时，京华社在东京也开设了分公司，是可以与万年社抗衡的广告代理业者，具有相当雄厚的实力。

在《历史家的历史》之后，同样是由泰晤士社与丸善共同出版的《世纪大字典》（增补版）也在 1909 年 11 月开始发行，同样也让

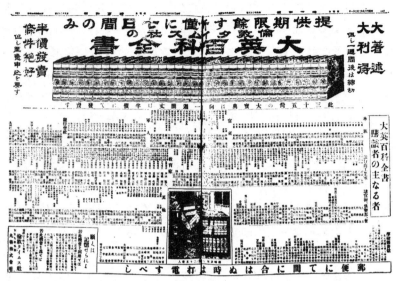

图 4-5 《大英百科全书》的双页整版广告
(《时事新报》1906 年 2 月 21 日)

广告版面热闹非凡。通过大量的广告获得不俗的销售业绩,这使三省堂、同文馆、郁文社这样的出版社也开始大量投放出版物广告。这种竞争局面促进了日本出版物广告的发展。笔者推测,这类出版物广告的折扣应该很高,但没能获得相关的历史资料。

4. "仁丹"的广告传奇

从日俄战争到第一次世界大战这段时期,药品广告和化妆品广告推动大幅广告的发展。这两种广告都从日俄战争前开始就刊登整版广告,日俄战争后整版广告数量则进一步增加。1906 年 1 月,药品广告的广告刊载量超过结算广告,在各行业广告投放量中占据首位(图表 4-1)。其后,药品广告仍在一段时间内位居首位,从明治末期到大正初期这段时间(1911 年前后),化妆品广告发展更为迅速,以微弱的优势超过药品广告,占领广告刊载量首位宝座(图表 4-2)。

《大阪每日新闻》广告构成的变迁与上述特征类似。药品、化妆品广告的广告刊载量首位之争在第一次世界大战以后仍然持续。《大阪

第四章　资本主义确立时期《大阪朝日新闻》的广告内容

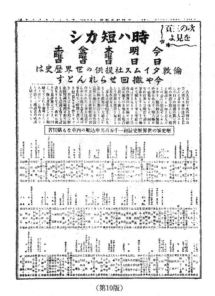

图 4-6　由泰晤士公司发行、丸善贩售的《历史家的历史》的大幅广告，占四个整版。(《大阪朝日新闻》1909 年 4 月 6 日)

朝日新闻》上，生产"美颜水"的桃谷顺天馆（图 4-7）和"俱乐部粉底"都是经常出现在广告版面的广告主，是使化妆品广告刊载量激增的主要公司。《东京朝日新闻》最大的广告主行业仍然是出版业，但化妆品广告和药品广告数量的增加也非常显眼。1913 年一年间，"美颜水"和"仁丹"分别在《东京朝日新闻》刊登了 10 次整版广告，"狮王药膏"共刊登了 4 次，而"中将汤"刊载过 3 次整版广告。

烟草广告主的龙头岩谷商会不复存在之后，"仁丹"就成了广告主的王者，是报纸大幅广告的最大推动力。例如 1906 年的 1 月到 12 月，"仁丹"在表 4-5 中的所示日期刊登了整版广告。

1 月		2 日		25 日	
2 月		18			
3 月	4	20	25	31	
4 月	12	16	25	28	
5 月	7	15	26		
6 月	14	19			
7 月	1	18	21	24	
8 月	4	9	17	21	27	31
9 月	15	21			
12 月	7	24	28		

表 4-5 "仁丹"在《大阪朝日新闻》刊登整版广告的日期（1906）
（下划线表示与"毒灭"广告同时刊登）

制作贩售"仁丹"的是森下博药房，该公司在日俄战争之前作为"毒灭"的广告主偶尔刊登整版广告，但直至战后作为"仁丹"的销售公司才渐渐有了名气。从表 4-5 可以看出，在"仁丹"销售之初，"毒灭"和"仁丹"常常会一起刊载在广告之中，到明治末期以后，"仁丹"就开始独占整版广告了。"仁丹"的广告量逐渐增加，在明治末期甚至"每年投放 20 万广告费用"[1]，而在 1923 年，其广告费用已经突破百万日元。[2]

---

[1] 《日本及日本人》1910 年 8 月 1 日。
[2] 日本电报通信社编：《日本新闻广告史》，1940 年，第 561 页。

第四章 资本主义确立时期《大阪朝日新闻》的广告内容

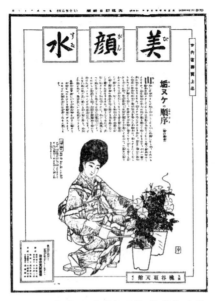

图 4-7 化妆品"美颜水"的整版广告
(《大阪朝日新闻》1915 年 7 月 3 日)

图 4-8 箕面有马电铁(阪急电铁的前身)的开业整版广告
(《大阪朝日新闻》1910 年 3 月 10 日)

5．电气化铁路、不动产广告的出现

箕面有马电气轨道（俗称箕面有马电车）是阪急电车的前身，1906 年曾刊登股票广告。箕面有马电车于 1910 年 3 月 1 日开始运行（图 4-8）。同年 4 月 14 日，京阪电气铁路开通运营。这两家铁路公司在铁路开通之际，都在《大阪朝日新闻》刊登了广告，特别是 3 月 10 日刊登的整版广告尤其吸引眼球。箕面有马电气轨道在 6 月份数次刊登股权出售的整版广告，还刊登了出售池田市街地住宅的广告（1910 年 6 月 12 日与 16 日），可以看出该公司与其他电气铁路公司相比，对广告有更浓厚的兴趣。

铁路国有化的对象不包括新开通的电气化铁路。铁路国有化让繁盛一时的铁路广告暂时沉寂下来，取而代之的是定期刊登的电气铁路广告与不动产广告。这两种广告在这段时期的出现，体现了广告主的多样化趋势。当时的电气铁路公司会不时刊登车票的折扣广告。即使是国有铁路，也刊登出八折的往返票广告。然而，这些在广告数量上不及前述明治 30 年代初叶的铁路车票折扣广告。

在箕面、京阪等的郊区电车开通运营广告之后，受瞩目的是 1912 年与市区电车开通相关的联合广告。5 月 1 日，大阪的堺筋线（北滨至日本桥三丁目）开通，《大阪朝日新闻》刊登了该条线路的开通广告，广告占据两个整版，线路地图印在广告中央。该广告的广告主有三越、各银行、企业、商店等沿线的诸多商家。这些商家希望乘客能够成为自己的消费者。此种联合广告的创意提出者，究竟是《大阪朝日新闻》还是广告代理业者，目前尚不得而知。6 月 11 日，《大阪朝日新闻》刊登了京都市区电车的开通广告。在这段时期，市区电车开通广告这类多家广告主的联合广告数量有所增加，同时各类广告主的数量呈上升趋势。

6．味精广告的出现

饮食产品广告的兴起也是广告主多样化的一种体现。"惠比寿啤酒"（日本麦酒）、"朝日啤酒"（大阪麦酒）、"麒麟啤酒"（明治

第四章 资本主义确立时期《大阪朝日新闻》的广告内容

屋)等啤酒公司的广告在日俄战争前就已见诸各报广告栏。"龟甲万"(野田酱油)等广告的情况也大致相同。"森永奶糖"、"平野水"(三矢商店)等广告也不时出现在广告版面上。日俄战争后,新出现的是"味素"(铃木商店),也就是味精。"味素"广告在1909年5月26日的《东京朝日新闻》上初次刊登(图3-4)。仅在《东京朝日新闻》这一份报纸上,该产品的广告在1911年刊登量为14段,1913年刊登量为31段,1915年刊登量为51段,1917年则达94段,广告刊载量呈不断上升趋势①。食品类整版广告在日俄战争刚结束时几乎没有,"味素"开始销售后,《大阪朝日新闻》上出现整版广告并不断增加。除了"味素"以外,"赤玉波尔多葡萄酒"(寿屋)、"丸金"(丸金酱油)、"森永"、"麒麟啤酒"等广告主也开始经常刊登整版广告。

7. 头版整版广告的出现

从日俄战争到第一次世界大战前的这段时期,《东京朝日新闻》所刊广告中最引人注目的就是出版类广告。根据各年度《新闻总览》的统计,广告总量的四分之一被出版类广告覆盖(图表4-3)。《东京朝日新闻》所刊登广告的总行数比《大阪朝日新闻》要少,但其出版类广告量却经常超过《大阪朝日新闻》。为什么出版类广告在《东京朝日新闻》广告中占有优势地位呢?1907年,夏目漱石加入《东京朝日新闻》开始为其撰写连载小说而广受欢迎,该报知识分子读者的人数急剧增加,这是《东京朝日新闻》出版类广告量巨大的主要原因。另外一个不可忽视的原因是,《东京朝日新闻》推行头版整版广告策略,而该版面的主要广告主是出版机构。

在头版开辟整版广告的广告经营策略,在东京报界最初是由《东京日日新闻》(图4-9)、《时事新报》以及岛田三郎的《每日新闻》开创的。也就是说,头版整版广告策略并不是《东京朝日新闻》的首创,但自从该报于1905年1月1日(图4-10)开始实施头版整

---

① 《味素株式会社社史1》,1971年,第215页。

广告的社会史

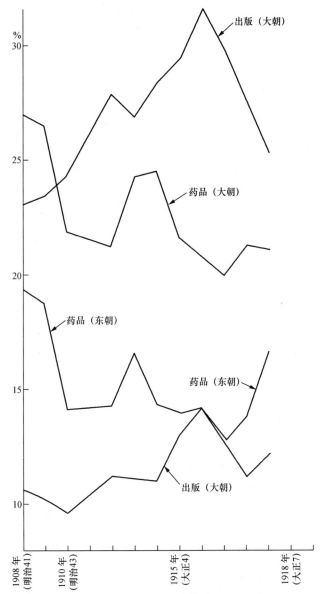

图表 4-3 《大阪朝日新闻》与《东京朝日新闻》的药品、出版物广告的刊载行数比率

1908 年（明治 41 年）至 1918 年（大正 7 年）

（资料来源于各年度《新闻总览》，"大朝"为《大阪朝日新闻》的简称，"东朝"为《东京朝日新闻》的简称。）

第四章 资本主义确立时期《大阪朝日新闻》的广告内容

版广告策略后,直至 1940 年 8 月 31 日得到了长期坚持。为了提高广告收入而为广告主提供醒目的头版广告版面,这极大地改变了报纸的版面编排,是具有划时代意义的改革和尝试。这些改革的最大目的,无疑是最大幅度地提高广告收入。最初,《东京朝日新闻》首席记者池边三山和总编辑佐藤真一对在头版刊登整版广告一事持对立意见。但毕竟这样的策略多少可以填补与日俱增的战争相关费用,另外报纸也面临由经济不景气带来的广告数量减少等问题。因此,与广告部长梅泽安次郎意见相近的佐藤的意见最终被报社经营层采纳,头版整版广告策略得以推行。在佐藤写给报社经营层的书信中,他提出如果将头版全面广告化,能够增加广告的刊载数量,版面编排的改变还能够实现与《大阪朝日新闻》共用印刷技术和机械,并提议《东京朝日新闻》应与《大阪朝日新闻》采用相统一的版面编排。为

图 4-9 首次将报纸头版开辟为整版广告的报纸

(《东京日日新闻》1896 年 6 月 16 日)

了便于经营,《东京朝日新闻》与《大阪朝日新闻》在共享广告、版面编排等方面开始靠近,在一定程度上,两地的《朝日新闻》开始协同动作。不过,《大阪朝日新闻》并没有实施头版整版广告策略。

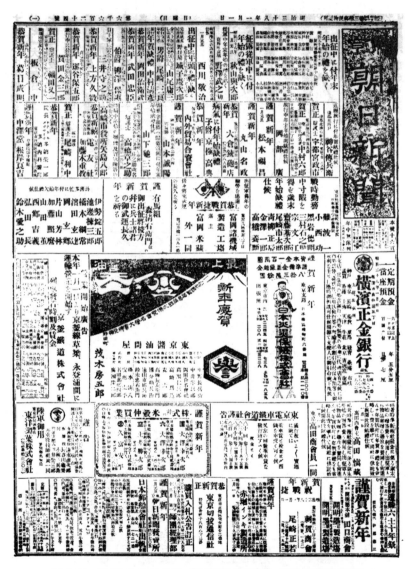

图4-10　1905年1月1日《东京朝日新闻》的头版广告版面

第四章　资本主义确立时期《大阪朝日新闻》的广告内容

头版整版广告的出现，其背后有多方面的考虑。首先，由于报纸在运送过程中，经常出现头版纸面磨损影响阅读的现象，头版的整版广告可以很好地保护报纸的报道内容。当然，最主要的着眼点仍然是增加广告收入，改善报社经营状况。由于这一措施的推行，导致社论等内容由报纸第二版移到第三版，其他各版面都相应调整。初期，头版的广告版面刊登各行业的各类广告，到明治末期，头版逐渐成为出版类广告的专用版面。

当时，博报堂与出版广告主之间的交易量不断增加，为《东京朝日新闻》的头版整版广告策略打下坚实基础。而头版的整版广告策略，实际上在最初实施之时是遭到读者反对的。例如，1907 年 6 月 15 日的《东京朝日新闻》中，读者对报纸页面改善提出了七条方案，其中第一条和第七条如下：

一、希望将社论置于报纸第一版。置于第三版太可惜。
七、希望将第一版的广告全部移至第七版或第八版。不然让人感觉报纸的格调下降。

以上是读者希望《东京朝日新闻》改变社论编排方式，将广告分散到其他页面。可以想象，对于报社将头版整版广告化，来自读者的批评并不少见。受此影响，苦于亏损的报社渐渐将其他商品广告从头版排除，使其变成出版物广告的专用页面。由于对报社提出上述批评的读者大多是知识分子阶层，比起其他广告，出版物广告可以在一定程度上平息读者对头版整版商品广告的不满。另外，《东京朝日新闻》时而会将夏目漱石负责的第八版（文艺版）撤去，换成广告版面。

对此，也有读者提出不满："周一的第八版全是广告。若广告真的那么重要的话，希望至少留出半版的版面用于刊载文艺报道。"[①] 也有自称"文学爱好者"的读者来信称："现在再也不对贵报抱有什么期待了。周一上午一翻开报纸尽是广告，让人沮丧。"[②] 《东京朝

[①] 《东京朝日新闻》1907 年 6 月 15 日。
[②] 《东京朝日新闻》1907 年 4 月 25 日。

日新闻》一直着眼于扩大广告版面，尽量地提高广告收入。而这样的努力终于有所回报，使《东京朝日新闻》的广告版面充实起来。

就出版物广告的质量来说，《大阪朝日新闻》、《东京朝日新闻》的广告内容在全日本都是出类拔萃的。然而，1911年之后，《朝日新闻》的药品、化妆品广告的数量远不及《东京日日新闻》，所以就全国范围来说，《东京日日新闻》的广告刊载量还是领先的（图表4-4）。

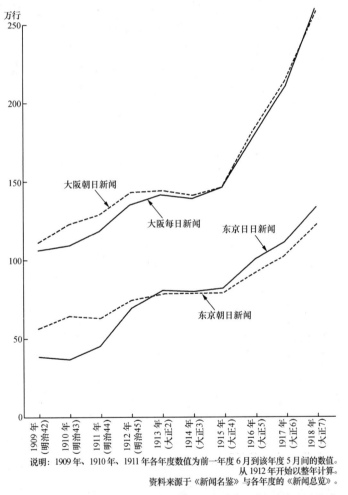

说明：1909年、1910年、1911年各年度数值为前一年度6月到该年度5月间的数值。从1912年开始以整年计算。
资料来源于《新闻名鉴》与各年度的《新闻总览》。

图表4-4 **《大阪朝日新闻》、《大阪每日新闻》、《东京朝日新闻》、《东京每日新闻》的广告刊载行数**（1909年至1918年）

第四章 资本主义确立时期《大阪朝日新闻》的广告内容

第三节　第一次世界大战时期广告概况

1. 通知广告的诞生

在 1915 年 10 月 7 日、8 日的《大阪朝日新闻》中，出现了题为"新设朝日三行通知广告栏"的报社通告。通告内容如下：

新设朝日三行通知广告栏

> 为了方便读者，本报特设立朝日新闻三行通知广告栏，如有需要即可申请刊登信息，通过审核即予以刊载。费用如下。（从本月 11 日开始在本报设立）
>
> 求职信息：一条广告为三行共 17 字（五号字），一日刊载费用 50 钱
>
> 人事、买卖、借贷、杂事：同上，一日刊载费用 90 钱
>
> 匿名：同上，一日刊载费用 1 日元 20 钱
>
> 交付费用即可申请刊载，可用邮票支付。
>
> 大阪朝日新闻广告课
1915 年 10 月

当时《大阪朝日新闻》的一般广告费用大概是一行 75 钱左右，所以这种通知广告的费用可以说是很便宜的。特别是"求职信息"，其广告费用每三行只需 50 钱，这是专门为了收入不多的求职者而设立的广告栏目。其他报纸的求职广告价格也相当低。之所以出现低价求职广告的现象，主要是由于通知广告具有一定的新闻性，所以无论编辑部门还是广告部门对这个栏目都不会有很大的抵触。另外，报社也想通过这样的通知广告缩小求职者与招聘方之间的距离，促进求职信息的流通，这种社会责任感也是设立这类低价广告栏目的原因之一。①

---

① 衫村广太郎：《广告费用的分化》，《楚人冠全集》第 8 卷，日本评论社刊，1937 年，第 135 页。

广告的社会史

图 4-11　首次出现的职业广告
(《报知新闻》1898 年 1 月 11 日)

其实早在 1900 年之前，这类广告就已经出现在东京的报纸中。最初的源头可追溯到《报知日报》（图 4-11），早在 1898 年 1 月 22 日就出现了职业类通知广告。而《东京朝日新闻》是在 1901 年 7 月 10 日才设置"朝日信息"这个板块，且到 1906 年 2 月 28 日又被取消。直至 1913 年 5 月 1 日，该栏目又在第三版重新得到一席之地，刊载费用为每三行 1 日元（6 号字），信息内容按类别分为人事、职业、不动产买卖、租借等，直属办事处设于京桥区元数寄屋町四丁目四番地的广告堂。作为二级代理商，以下的商家受理通知广告刊载业务：

京桥区元数寄屋町 1—2　　　　　　日升堂
京桥区木挽町 1—14　　　　　　　 水野广报堂
神田区须田町大通　　　　　　　　金兰社
神田区须田町角　　　　　　　　　西村食料品店
浅草区并木町角　　　　　　　　　福神舍

第四章　资本主义确立时期《大阪朝日新闻》的广告内容

浅草区黑船町	梅素亭
赤坂区田町1—1	近藤烟草店
青山南町1—10	铃木烟草店
青山北町5—11	篠崎洋品店
青山北町5—13	久保田富次郎
中涉谷	龟屋商店
新宿	东京园艺社
小石川表町	甲子屋果物店
小石川春日町	大正堂
品川	需乐轩

在上述二级代理商中，除了专业广告代理以外，还有烟草店、水果店、食品店等也受理通知广告业务，这一点非常有趣。这种现象的背后，是广告代理业者和媒体希望这种通知广告更贴近普通人的生活，让民众很容易就能够办理此类广告业务。然而，事实上最初的每日刊载条数很少，只有15到16条左右。不过，根据1913年的《新闻总览》统计，通知广告刊载量达到了3292条，共计11604行。

1899年2月6日的《大阪朝日新闻》刊载了一封读者来信："并不是要模仿《报知新闻》，但还是希望贵报也能设置像职业信息这样的栏目。到目前为止关西地区的报社还没有类似的信息版面。"而为什么通知广告在《大阪朝日新闻》出现得较晚，目前还不得而知，也许是由于《东京朝日新闻》的该版面时断时续，不算十分成功。然而局面总算有所改善，根据《新闻总览》的统计，重新得到设立的《东京朝日新闻》通知广告在1914年共刊载了16722行，1915年共刊载了18742行，呈增加的趋势。《东京朝日新闻》的成功当然会促进《大阪朝日新闻》也推出类似栏目。

《大阪朝日新闻》在第一次世界大战期间的通知广告收入和刊载条数如表4-6所示。从广告总体收入看，通知广告的收入只占很少的一部分。

表 4-6 《大宝朝日新闻》的通知广告收入及刊载条数（第一次世界大战期间）

	通知广告收入（日元）	条数
1915 年上半年（5 月—10 月）	802.240	932
1915 年下半年（11 月—4 月）	4234.980	5002
1916 年上半年（5 月—10 月）	5768.670	6672
1916 年下半年（11 月—4 月）	7158.560	6315
1917 年上半年（5 月—10 月）	10489.830	9302
1917 年下半年（11 月—4 月）	16058.440	12170
1918 年上半年（5 月—10 月）	23015.980	16117

说明：刊载条数乘以 3 即是刊载行数。
资料来源：大阪朝日新闻社各时期的《鉴定报告书》。

2. 杂货广告丰富多彩

从图表 4-2 可以看出，《大阪朝日新闻》在第一次世界大战时期广告的显著特征是杂货广告和公司广告的增加。在这部分，本书将考察明治末期以来《大阪朝日新闻》的杂货广告。进口自行车广告早在 1897 年 6 月 3 日就已经在《大阪朝日新闻》出现，然而在 1912 年 1 月，自行车和轮胎广告都只出现过 3 次。同时，汽车广告也开始出现在广告版面。留声机广告在 1897 年 12 月 8 日面世，而伴随着留声机的普及，唱片广告也在逐年增加。虽然这些广告的刊登数量并不多，但也出现过半版的大幅广告。

从 1916 年开始，文具和办公用品等新型商品广告也开始出现。钢笔广告增加很快，1917 年 6 月 1 日，三种品牌的钢笔广告出现在同一个版面上。办公用品方面，在《大阪朝日新闻》广告版面上则可以看到"竹内制带式保险柜"（伊藤喜商店）、"日文打字机"（三井物产）的广告。另外，1918 年还出现了"史密斯兄弟"等品牌的打字机广告。柯达（桑田商会）照相机的广告也是在这个时候出现的，同时，帝国汽车商会的汽车广告也开始出现。

服装、日用品的广告也开始增加，其中突出的代表是吴服店和百货商店。1911 年后，高岛屋、十合、三越、大丸等吴服店每月一

第四章 资本主义确立时期《大阪朝日新闻》的广告内容

般只刊登一次广告,其后广告数量不断增加,1918年11月,高岛屋在《大阪朝日新闻》刊登了7次广告,十合、三越分别刊登了5次广告,而大丸则刊登了2次广告。"福助布袜"的情况也相类似,在大正初期每月也就只刊登一次广告,然而到了1918年10月,一个月就刊登了14次。大正初期,还出现了"日出向岛印"、"涩谷帽子"、"东洋巴拿马"等帽子广告,鸭舌帽广告也开始出现。"武田橡胶带芯"的广告出现于1915年春天。而在饰品方面,女性的披肩和男性的领带以及"蝶矢衬衣"、鞋油的广告也都是这个时候出现的。1918年5月,"龟子刷帚"(西尾商店)、"福刷帚"在广告版面上演了专利争夺战。同年10月,"龟子刷帚"刊登了7次广告。此外,文具店鸠居堂也刊登了5次广告。

这些杂货广告中,依然是进口产品的广告较多。特别是汽车、钟表、相机、缝纫机、打字机这样的机械类进口商品的广告特别醒目。日本自身研发和仿制的商品广告是在第一次世界大战期间才出现在广告界的。这个时期,以百货商店为首的消费品广告开始增加,这与消费者生活水平的提高以及西化的社会风潮息息相关。《大阪朝日新闻》的读者阶层扩展较快,读者消费能力也相对较高,其杂货广告刊登量远远领先于《大阪每日新闻》。杂货广告的增加反映了广告主的多样化,而这也促使消费欲望较强的读者对报纸广告有更强的认同感。

3. 民间飞行大会与广告

1914年6月13日至14日,《大阪朝日新闻》支持、帝国飞行协会主办的民间水陆飞行大会在位于大阪和神户之间的鸣尾飞行场开幕。

1906年,美国莱特兄弟首次飞行成功后,飞机给予了民众无尽梦想,因此飞机也就成了民众最感兴趣的交通工具。1911年3月12日,《大阪朝日新闻》在大阪城东练兵场主办第一次飞行大会,1912年6月8日至10日,又在西宫海岸举行第二次飞行大会。第三次飞行大会在1913年的5月3日至4日,由鸣尾、大阪、京都这三地的

111

日本飞行员联合表演,但是飞机着陆时发生事故导致飞行员死亡。这些飞行大会吸引了几十万观众入场观看,也非常受读者关注。《大阪朝日新闻》更是增加报纸版面专门给予详细报道,很大程度上借助大众媒介的力量提高了飞行大会的社会认知度。1914 年的民间水陆飞行大会,《大阪朝日新闻》也在几日内增加版面详细报道。

然而,在民间水陆飞行大会以前,其实报社并没能探讨出一种将吸引读者关注与刊登广告相结合的运营模式。通过此次飞行大会,有实力的广告主刊登大量广告,企图通过大会的人气提高销量。例如"仁丹"就刊登了对开的两版广告和整版广告。另外,"俱乐部牙膏"则刊登广告,承诺将向创下飞行高度和续航时间新记录的飞行员赠送纯金制金牌。

4. 联合企划广告的增加

飞行大会所聚集的人气可谓是空前的。1916 年 1 月,《大阪朝日新闻》再次主办的飞行大会在鸣尾举行,邀请了美国飞行员参加。在 1911 年后的大正初期,此类由报社规划的大型活动,同时增加了报纸的发行量和广告收入,可谓一举两得。

1915 年 8 月,日本第一届全国中学生棒球大赛在大阪著名的丰中球场举行。虽然每年这一棒球比赛的人气都很旺,但在第一次世界大战期间,报社并没有将棒球比赛和广告活动联系起来运作。

随着报社业务的多样化,报社举行的广告经营活动也开始吸引眼球。也正是在第一次世界大战期间,报社与其他机构联合企划的广告越来越多,广告与报社业务的关系也越来越紧密。广告代理业者如果只进行联合广告的企划的话,广告企划的自主性将渐渐降低。1916 年,《大阪朝日新闻》大阪本社新办公楼落成之际,从 11 月 20 日开始到 12 月初,该报连日刊载了各种机构"祝贺新办公楼落成"的整版广告,前后共计刊载了 28 页,同时还出现了其他很多大小不一的祝贺广告。同时期的《鉴定报告书》故意没有提这一部分广告,恐怕是广告课独自进行了祝贺广告的经营活动,所以才募集到了那么多广告。这也是借办公楼落成做联合企划广告的一种。

第四章 资本主义确立时期《大阪朝日新闻》的广告内容

1916年以后,《大阪朝日新闻》的报道型联合企划广告开始增多,如报纸会拿出1至2个版面专门介绍台湾、爱知、北海道、广岛等地的产业状况。同时,还用新闻报道的文体刊登股票广告、企业介绍广告等。在这些广告的报纸栏目旁,一定会以很小的字体印有"均属广告"字样。本来,广告文案是由广告课职员完成的,今村宗太郎就任广告课长以后,善于写作的广告课职员开始精心编写这种报道体广告。今村宗太郎曾是经济记者,对广告文稿也会进行加工润色。

自今村课长上任以来,《大阪朝日新闻》的广告外勤业务变得积极起来。为了配合日本企业进军海外,报社也开始将广告经营的目标投向海外。1918年,陆续有海外广告特辑在《大阪朝日新闻》面世。其中,最值得关注的是1918年9月29日刊登的美国广告特辑。经济部职员小川寿夫被派驻美国长达4个月,美国广告特辑得以面世。这个特辑中有美国总统威尔逊签名的照片与日本名人的贺词,以及小川特派员的观察报道,这些非广告类内容只有两个版面(图4-12)。而剩下的10个版面都是广告,主要广告主是三井合股会社、日本邮船等与美国有贸易联系的著名公司,广告内容用英文和日文发布。《大阪每日新闻》也有这种类型的联合企划广告,从该次广告也可以看出两报之间的竞争。

同年9月22日开始直至10月最后一天,《大阪朝日新闻》上断续出现日本商社和银行上海分公司的广告介绍。5月25日,则以"介绍侨居南洋的日本人活动现状"为由头,发行了南洋协会等19家公司的广告特辑。

5. 股票广告潮再现

这一时期很有特色的日本报纸广告是杂货广告和公司广告,因此这一部分着重考察公司广告。第一次世界大战期间,军需物资的生产给日本经济带来前所未有的发展,化学、纤维、海运、机械、造船等产业都得到快速发展。伴随而至的是股票市场的腾飞,造就了大量"暴发户"。日俄战争后日本曾出现过企业潮,伴随着"一

图 4-12 整版的美国广告特辑
(《大阪朝日新闻》1918 年 9 月 29 日)

第四章　资本主义确立时期《大阪朝日新闻》的广告内容

战"开始，企业潮再次出现。随之而来的是股份募集、公司债券募集、合并启事等广告的增多，尤其是股票广告又使广告版面热闹起来。股票广告热潮从1916年开始，一直持续了约5年时间。其高峰是"一战"后的1918年到1919年间。

此次股票广告热潮的开端是1916年下半年，从10月份开始急剧增多，到了12月增速加快。进入1917年后，每月刊载的股票广告量基本保持1916年年末的水平。10月，由于股价暴跌，股票广告的兴盛也暂告一段落，进入11月以后又得以恢复。1918年的各月，《大阪朝日新闻》刊登股票广告条数如下：

1月　　11条
2月　　15条
3月　　13条
4月　　7条
5月　　17条
6月　　18条
7月　　19条
8月　　25条
9月　　21条
10月　　18条
11月　　16条
12月　　31条

如此，股票广告每月都有，几乎没有间断。股票广告临时性和非持续性的弱点也逐渐消失。因此，在第一次世界大战期间，结算、公司债券募集广告也和股票广告一样，获得了与普通广告相同的折扣和交易单价。每年的夏季萧条会给股票广告带来负面影响，加之1918年美国经济动荡引起广告普遍减少。但1918年8月的股票广告刊登条数仅次于12月，成为全年广告刊载第二多的月份，这使《大阪朝日新闻》的经营层松了一口气。《东京朝日新闻》8月份的股票广告也非常显眼,甚至挺进到出版广告专用的头版广告栏(图 4-13)。

图 4-13 股票广告量快速增加,甚至占用了出版广告专用的头版版面。
(《东京朝日新闻》1918 年 8 月 7 日)

对于《大阪朝日新闻》和《东京朝日新闻》来说,股票广告都是非常有吸引力的收入来源。第一次世界大战后期,公司广告之所以能在这两份报纸中有如此大的增幅,很大程度上与股票广告有密切关系。1918 年,《大阪朝日新闻》的股票广告刊登行数为 30 万行,超过了总广告量的 10%。受股票广告热潮的影响,野村德七商店和黑川幸七商店等股票交易公司的广告也随之增加。

第五章 日俄战争后的股票广告

第一节 股票广告的内容

1."满铁"① 的股票传奇

这里所说的股票广告是指,新办企业为筹集公司创立资金或已成立企业为获取增资资金,通过报纸、杂志等媒体发布的,以获得不定数目普通投资者入股为目的的一种广告。股票广告主要在报纸的广告版面进行刊载,广告主多是新设立公司的发起人或是已成立实业的企业家。股票广告主要集中于如下几个时期:20年代初叶的1888年到1889年、甲午中日战争后的1896年、日俄战争后的1906年至1907年、第一次世界大战期间到战后的1916年至1920年,以及1934年。在其他的时期,股票广告的出现断断续续。

在这里,本书把日俄战争后的股票广告作为分析的重点,并考察其他时期股票广告与日俄战争战后时期的关联性。其主要特点可归纳为:虽然时间很短,但与其他时期相比,股票广告在日俄战争后非常集中地在报纸上出现,且刊载量巨大;短时间的广告热潮中,从初期到末期先后表现出来的是"萌芽—沸腾—沉静"的过程;股票广告对于普通投资者和民众的巨大影响力得到彰显;股票广告的伦理问题得到社会广泛关注。日俄战争后的股票广告在整个日本广告史中有承上启下的战略性地位,这也是要对其进行考察的原因。

掀起日俄战争后的企业热,也就是新企业创办热潮的是"满

---

① "满铁"全称为"南满洲铁道株式会社",是日本侵华时期在中国东北地区"伪满洲国"设立的公司。

铁"。"满铁"的全称是"南满洲铁道株式会社",是1906年至1945年在中国东北存在的日本的特殊公司,在极盛期拥有80多家关联企业的股权,是日本在中国东北进行政治、经济、军事等方面侵略活动的指挥中心。资本金额为两亿日元的"满铁"在创办之初就成了日本最大的企业。两亿日元中有一亿由政府出资,2000万日元是通过1906年9月10日至10月5日的第一次公开股份募集筹得的。图5-1为股票

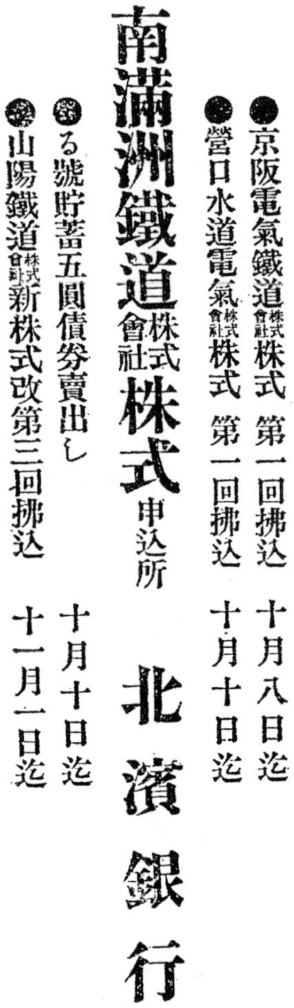

南滿洲鐵道會社株式申込所　北濱銀行

● 京阪電氣鐵道株式會社株式　第一回拂込　十月八日迄
● 營口水道電氣株式會社株式　第一回拂込　十月十日迄
● る號貯蓄五圓債劵賣出し　十月十日迄
● 山陽鐵道會社副新株式改第三回拂込　十一月一日迄

图5-1　"满铁"的股票广告
(《大阪朝日新闻》1906年10月3日)

第五章 日俄战争后的股票广告

申请所北滨银行在截止日期两天前的10月3日在《大阪朝日新闻》刊登的广告。当时的股票广告必须标明股份申请的银行名和广告主。由于"满铁"的法人具有半官营半民营性质,所以广告主并没有直接刊登出来,而是以各地的银行作为股份申请所代为刊登广告。该广告刊登过3次左右。与后来的股票广告相比,"满铁"的这个广告显得很不起眼,完全没有说明公司状况和资本金等基本情况,只是公告了第一次入股缴费日期。不过由于在其他页面已经登出详细介绍"满铁"的报道,所以在广告中重复介绍的必要性不大。实际上,当时不少人认为银行刊载的股票通告广告并不必要。这种股票公开募集活动会吸引很多人的关注,并导致空前的入股竞争率。以至于当时还出现了像大仓喜八郎这样个人申请购入10万股的人。当时的资料是这样记载的:

> 明治三十九年(1906年)10月南满铁路公司募集股份,要求将预付保证金存入经办银行。很多银行为投资者提供贷款以缴纳这笔保证金,这些贷款给经办银行带来丰厚的利息收益。因此,经办银行都热衷于吸引普通投资者入股,以至于实际的申请入股金额为计划募集金额的一千多倍。从此开始,这种劝诱入股就成为银行的惯用手法。而后来每当有重要公司进行股份募集时,有关银行就大力活动,引起当时投机热的社会风气。①

"满铁"股票的人气表明了"满铁"的发展受到日本国内投资者的追捧,银行给投资者贷款,以缴纳权利股申请时所需的保证金,不同银行之间展开激烈的相互竞争,这也是"满铁"股份受到追捧的原因之一。银行作为"满铁"的股份申请所为其刊登广告的动机是,银行企图在赚取上述保证金利息的同时,通过融资而扩大自身影响力和知名度。

---

① 高桥龟吉编著:《日本近代经济发展史》第3卷,1973年,第577页。

所谓权利股，是指公司成立登记或增资登记进行之前，股票认购人对股票拥有的权利和地位。当时"满铁"的权利股是 2 日元 50 钱的股份申请回执。当时，买卖权利股的行为并未得到日本法律的认可，但通过委托书就能够在股票市场外进行公开买卖。

通过银行对于入股业务的大力推动，"满铁"股票得到民众追捧，"满铁"的权利股价急速增长。2 日元 50 钱的申购保证金收据，在一个月还不到的 10 月末，就以 44 日元的高价进行交易（参照表 5-3）。"满铁"从申购权利股以及权利股买卖过程中体现出来的高人气，被报纸的经济版面和社会版面大肆报道。受此影响，实业家的创业热情进一步高涨，开始计划创办各种企业。于是，报纸的广告版面上不断出现股票广告。"满铁"的股票广告不仅引起了企业热，还点燃了股票广告的热潮。

2. 食品、纤维企业股票广告

表 5-1 是将 1906 年 10 月至 1907 年 4 月《东京朝日新闻》刊登的股票广告按行业、月份进行统计、分类整理得出的数据。其中，大多都是新创办公司刊登的广告，已成立公司的增资股票广告极少。股票广告从 1906 年 10 月开始增加，随着年关临近更呈现了行业多样化的趋势，1907 年 1 月和 2 月的股票广告超过了 100 条。然而到了 3 月，股票广告数量开始锐减。表 5-2 显示的是 1906 年 10 月到 1907 年 4 月《大阪朝日新闻》的广告刊载条数，从中可以看出，《大阪朝日新闻》与《东京朝日新闻》在股票广告数量方面呈现出相似的变化趋势。

第五章 日俄战争后的股票广告

表 5-1 《东京朝日新闻》按行业分类的股票广告条数统计

（1906 年 10 月至 1907 年 4 月）

	10 月	11 月	12 月	1 月	2 月	3 月	4 月	总计
食品	9	24	14	24	20	4	5	100
纤维	6	1	13	18	12	3	1	54
铁路	2	1	16	14	1	4	0	38
矿业、水泥	0	0	15	9	2	2	2	30
运输	0	0	4	10	11	3	1	29
砖瓦	3	7	1	6	10	0	1	28
金融	0	0	1	12	3	10	0	26
牧场、园艺	0	6	5	3	2	4	5	25
皮革、塑料	0	0	0	10	10	4	0	24
造纸	0	0	2	7	4	3	2	18
仓库	0	5	2	9	1	0	0	17
石油	0	0	8	3	4	0	0	15
肥料	2	5	0	1	6	0	0	14
水产	2	2	2	1	7	0	0	14
服务	0	1	5	1	7	0	0	14
电力	0	0	4	7	1	0	0	12
不动产	0	1	0	2	1	0	0	4
其他	0	1	7	2	25	3	0	38
总计	24	54	99	139	127	40	17	500

表 5-2 《大阪朝日新闻》的股票广告条数统计

1906 年 10 月	41
1906 年 11 月	39
1906 年 12 月	62
1907 年 1 月	102
1907 年 2 月	108
1907 年 3 月	16
1907 年 4 月	2

表 5-3 新创办企业的股价变化
（1906 年 10 月至 1907 年 4 月,单位:日元）

"满铁"	10 月末		11 月末		12 月末		1 月末		2 月上旬末		2 月中旬末	
	实缴值	行情值	实缴值	行情值	实缴值	行情值	实缴值	行情值	实缴值	行情值	实缴值	行情值
"满铁"	权利股	44.00	20.00	59.50	20.00	62.00	20.00	83.00	20.00	73.00	20.00	62.50
京阪电气铁路	12.50	48.00	12.50	41.60	12.50	51.00	12.50	66.50	12.50	53.00	12.50	47.00
东京电力	12.50	19.50	12.50	18.10	12.50	16.50	12.50	18.00	12.50	16.50	12.50	16.50
箱根水力电气	2.50	5.50	2.50	6.00	2.50	6.00	12.50	14.00	12.50	14.00	12.50	14.00
帝国肥料	12.50	18.20	12.50	14.20	12.50	14.50	12.50	20.50	12.50	17.50	12.50	17.50
明治制粉	2.50	5.70	12.50	11.30	12.50	8.50	12.50	10.20	12.50	10.00	12.50	10.00
满洲制粉	2.50	5.50	12.50	20.30	12.50	9.50	12.50	10.70	12.50	10.00	12.50	9.00
日清纺织					2.50	15.00	12.50	31.00	12.50	29.00	12.50	27.00
东洋制糖			2.50	10.00	12.50	18.50	12.50	16.00	12.50	16.00	12.50	16.00
满洲兴业							2.50	7.00	2.50	3.30	12.50	13.00

资料来源:1907 年 2 月 25 日《东洋经济新报》

第五章　日俄战争后的股票广告

　　在此依照月份顺序举出各月代表性的股票广告，并考察其发展趋势。11 月 9 日《东京朝日新闻》头版的广告专用版面中，刊登了由食品、化肥、石油三家新创办企业刊载的股票广告。旁边，是国有化的日本铁路的结算公示广告（图 5-3）。铁路股票是甲午战争后股票广告的中坚力量，直到日俄战争时期依然是股票市场的人气股。然而随着铁路的国有化，铁路股票在股票市场的人气日渐衰退。取而代之的是食品、石油、化肥这些新兴产业，伴随着企业热潮开始兴起，其在股票市场的兴盛状况可以通过图 5-3 的广告版面窥得一斑。铁路的主要干线被国有化，同时部分民营铁路残存下来，于是在这段时期，铁路公司特别是电气化铁路公司作为新兴企业登上历史舞台。这可以从图 5-2 中的京阪电气铁路、伊那电车铁路以及箕面有马电铁的股票广告中得以体现。

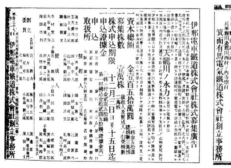

图 5-2　铁路的股票广告
　　左图为《大阪朝日新闻》1906 年 12 月 5 日，右图为该报 1907 年 1 月 15 日广告。

　　如表 5-1 所示，食品行业的股票广告在这段时期颇具代表性。概括来说，食品行业可以分为制粉、制糖、制油、啤酒等企业。图 5-4 的"满洲"兴业株式会社是瞄准中国东北地区制油、制粉产业的企业，可以看做是模仿"满铁"而创办的。然而，可能由于这个公司创办时间较晚，其权利股的价格并没能像"满铁"那样直线上涨，而是维持了较为稳健的股价（参照表 5-3）。与图 5-5 的东洋麦酒一

123

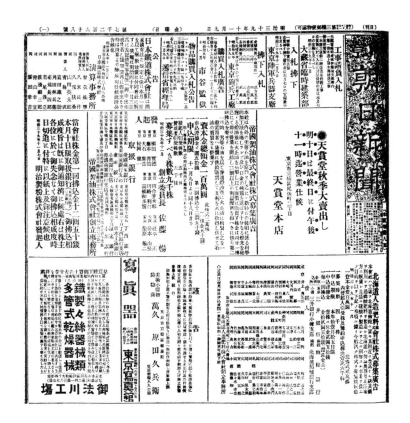

图 5-3 1906年11月9日《东京朝日新闻》的头版广告

样刊登醒目广告的还有另一家麦酒株式会社（图 5-6）。由于啤酒企业与其他食品企业相比资本金较大，所以其广告篇幅也通常较大。然而，从广告条数来看酒类广告并不太多，占食品广告总量的 20% 左右。

第五章 日俄战争后的股票广告

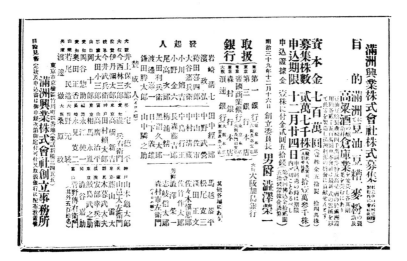

图 5-4 "满洲"兴业株式会社的股票广告

（上图为《大阪朝日新闻》1906 年 12 月 20 日，下图为《东京朝日新闻》1907 年 1 月 28 日的广告。）

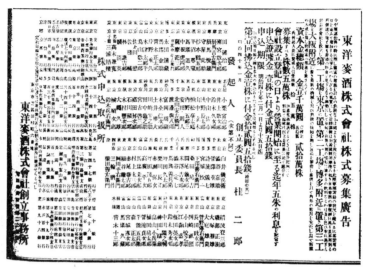

图 5-5 东洋麦酒的股票广告
(《大阪朝日新闻》1907 年 1 月 30 日)

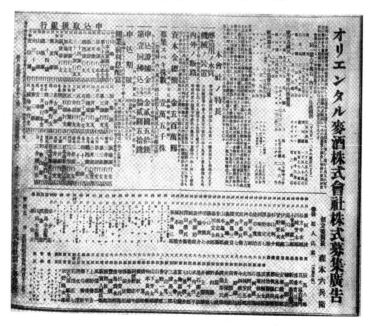

图 5-6 《大阪朝日新闻》1907 年 2 月 4 日的麦酒股票广告

第五章 日俄战争后的股票广告

虽然广告量只有食品广告的一半,但纤维公司的广告数量也较多。和食品广告一样,纤维企业每月都会刊登广告,较有代表性的是高田羽二重和大垣电力纺织这两家(图5-7、图5-8)。纤维企业包括了纺纱和纺织这两种企业,具体到每个企业来说规模通常较小。大垣电力纺织公司既发电又纺织,是纤维企业中资本金较大者,也算是例外。虽然铁路实行了国有化,但仍然是《东京朝日新闻》股票广告数量第三位的行业(表5-1)。矿业、水泥等企业虽然从1907年12月份开始都有相当的增长,但资本金和广告数量都较低。运输业包括汽车、海运等企业,运输业兴起的背景是铁路企业数量的增多以及运输产业整体规模的扩大。运输、电力这样的基础工业终于获得快速发展。从5月底开始,如日本汽车(图5-9)、帝国运输汽车(图5-10)等陆运以及日本轮船(图5-11)等海运方面的股票广

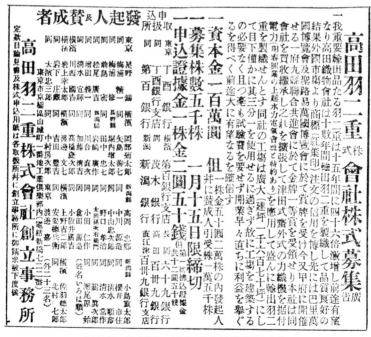

图 5-7 高田羽二重株式会社的股票广告
(《东京朝日新闻》1907年1月8日)

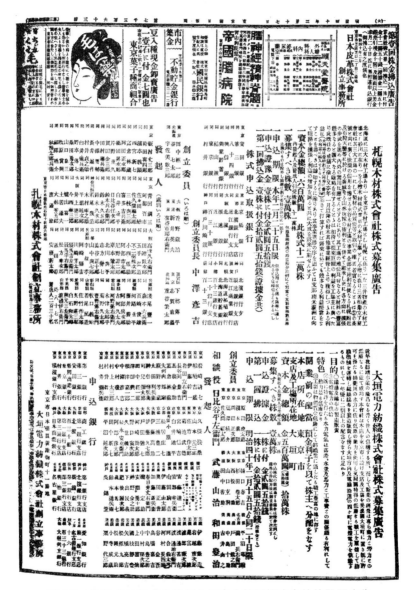

图 5-8 札幌木材株式会社与大垣电力纺织株式会社的股票广告
(《东京朝日新闻》1907 年 3 月 17 日)

第五章 日俄战争后的股票广告

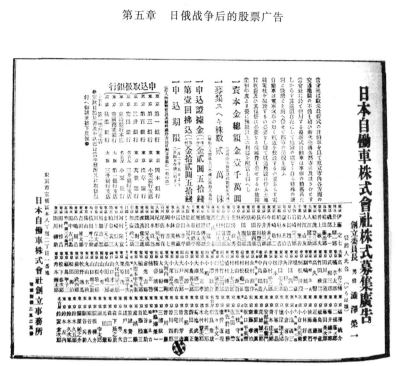

图 5-9 日本汽车株式会社的股票广告
(《东京朝日新闻》1907 年 1 月 25 日)

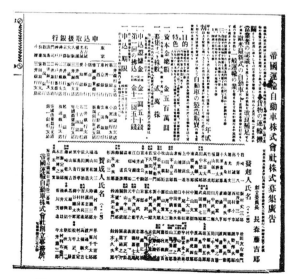

图 5-10 帝国运输汽车株式会社的股票广告
(《东京朝日新闻》1907 年 1 月 21 日)

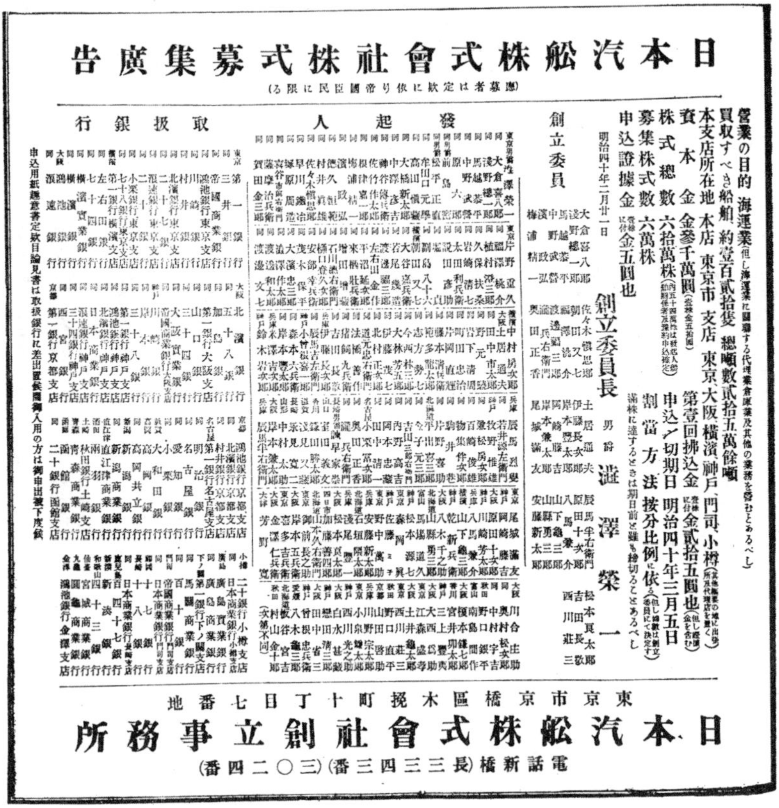

图 5-11　日本轮船株式会社的股票广告

(《日本朝日新闻》1907 年 3 月 20 日)

告陆续出现，值得关注。肥料、石油等化工企业的股票广告屡屡见诸报端，不过整个产业还处于初级发展阶段。各地都不断出现新创办的电力企业，其中最大的公司还是东京水力电气（图 5-12），其资金量最大，股票广告也最为显眼。

综上所述，股票广告的主要广告主为食品、纤维等轻工业和接近第一产业的新创办企业。第二、第三产业的广告投入力度还比较小，然而的确已经能够看到这类企业较好的发展态势。以上仅仅考察了日俄战争后的股票广告，我们就已经能够感受到资本主义确立时期的气息了。

第五章 日俄战争后的股票广告

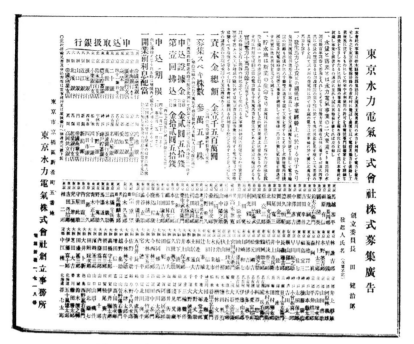

图 5-12 东京水力电气株式会社的股票广告
(《大阪朝日新闻》1907 年 1 月 28 日)

3. 大城市报纸广告刊登量

总体而言，1907 年后，广告数量的增长非常明显，报纸广告量非常大。根据表 5-3，新创办企业的股价在一月末达到峰值，"满铁"股价上涨 4 倍，京阪电铁涨了 5 倍，各公司股价的行情值都远远超过了实缴值。股票广告在 2 月份的增加也反映出新创办企业坚挺的股票价格。表 5-1 中《东京朝日新闻》的统计数据表明，2 月的广告条数比 1 月要少，但由于每条广告的篇幅较大，所以总体来说广告行数是超过 1 月的。《大阪每日新闻》1 月份共刊载了 6383.3 厘米，二月则刊载了 7969.8 厘米的广告，呈增加趋势。其他的报纸也呈相同的趋势。

表 5-4 至表 5-7 是 1907 年 2 月在《大阪朝日新闻》、《东京日日新闻》、《万朝报》、《平民日报》上刊载股票广告按条数排序的企业

名单。由于地域差别,东京与大阪两地报纸的股票广告自然也有所区别。当时,全国性的报纸和全国性的企业都还没有出现,无论是企业和报纸,都带有浓厚的区域性色彩。东京织物公司虽然位居《大阪朝日新闻》股票广告投放数量的榜首,却并没有在东京的报社刊载广告。另一方面,在东京各报纸排行榜上都名列前茅的帝国运输汽车,也没有在《大阪朝日新闻》投放广告。这些新创办的企业并没有全国性的市场,也没有在全国设置办事处,所以企业也只在所在地通过地方性报纸争取吸引读者购买自家公司的股票。

表5-4 《大阪朝日新闻》股票广告刊载条数排序统计(1907年2月)

名次	企业名称	广告条数
1	东京织物	8
2	日本石油精制	6
3	名古屋储木场	5
3	Oriental 麦酒	5
5	东洋麦酒	4
5	日本木材出口	4
5	大日本火柴轴木	4
5	太田川电力	4
9	帝国电线	3
9	一宫纺织	3
9	兵库电气铁路	3
9	知多纺织	3
9	满韩造酒	3
9	大垣电力纺织	3
9	第百银行	3
9	日本轮船	3
	其他	41
	合计	108

第五章　日俄战争后的股票广告

表 5-5　《东京日日新闻》股票广告刊载条数排序统计（1907 年 2 月）

名次	企业	广告条数
1	东洋麦酒	4
1	帝国运输汽车	4
1	日本人造革	4
1	大垣电力纺织	4
5	吾妻牧场	3
5	盘城水泥	3
5	大日本共同运输	3
5	大日本火柴轴木	3
5	札幌木材	3
5	东京电线	3
5	后藤毛织	3
5	东京坚铁制作所	3
5	东洋制盐	3
5	名古屋储木所	3
5	Rossetah 酒店	3
5	日本木材出口	3
5	兵库电气铁路	3
	其他	57
	总计	112

表 5-6　《万朝报》股票广告刊载条数排序统计（1907 年 2 月）

名次	企业	广告条数
1	秋田木材	4
2	日本木材出口	3
2	帝国运输汽车	3
2	东洋机械	3
2	东洋麦酒	3
2	盘城水泥	3
2	日本人造革	3
8	东亚杀虫肥料	2
8	东京电线	2
8	札幌木材	2
8	吾妻牧场	2
8	TOMOEYA 制鞋	2

（续表）

名次	企业	广告条数
8	日本养鱼	2
8	东京坚铁制作所	2
8	东洋捕鲸	2
8	满洲炼瓦	2
8	Rossetah 酒店	2
8	日本轮船	2
	其他	20
	总计	64

表 5-7 《平民新闻》股票广告刊载条数排序统计（1907 年 2 月）

名次	企业	广告条数
1	东亚杀虫肥料	7
2	东京板纸	2
2	东京电线	2
2	铃木水泥	2
2	东洋麦酒	2
6	帝国运输企业等	22
	总计	37

虽说如此，大阪、东京的大报都已迈出进军关东、关西的步伐，广告的影响力也在不断增强。从上表可见，东洋麦酒在关东和关西各报纸的广告排行榜上都名列前茅。这家资本金为 1000 万日元的新企业，其规模比老资格的大日本麦酒（资本金为 560 万日元，札幌啤酒的前身）还要大，该公司从创立之初就致力于开拓全国市场，以期从全国吸纳股民入股，不断在关东、关西的各份报纸上投放广告。由于东洋啤酒刊载的大幅广告较多，所以其广告刊载行数排名应更靠前。另外，日本木材出口、札幌木材（图 5-8）、大日本火柴轴木、兵库电气铁路在关东、关西的报纸都刊载了广告。这些企业都拥有 300 万至 600 万日元的高额资本金，所以和东洋麦酒一样，对全国各地资本家和普通投资者的依存程度也就相应提高。其中尤为突出的是东洋麦酒，该公司发起人仅占有公司 75% 的股权（表 5-10）。

第五章 日俄战争后的股票广告

这些在关东、关西两地的报纸都刊有广告的企业，大多都想要占领日本全国市场，通过广告提高品牌和企业知名度，让自己的品牌为消费者熟知。

在《东京朝日新闻》、《东京日日新闻》、《万朝报》这三份东京的报纸中，资本金较高的企业或是热衷于吸引股民的企业广告都不断出现。东京电线和东洋麦酒一样，也在这三份报纸上投放了广告。《东京日日新闻》在被《大阪每日新闻》收购前不久，有一段经营衰退的时期，不过其读者层分布很广，拥有来自社会各个阶层的读者。《万朝报》是在学生和知识分子中非常有人气的大报，工商业从业者和富有农家读者较少。换句话说，由于该报的读者不太容易成为投资股票的股民，所以股票广告刊登数量也相应较少。另外，由于《万朝报》以"兼趣味与实益，无尽之宝藏"作为宣传口号，并长年坚持用多种多样的报道填充仅4页的版面，广告版面极其有限，能够用作股票广告的版面也非常少。然而，《万朝报》在2月份曾6次增加报纸页数，在增加的报纸版面上刊载有帝国运输汽车（6日）、东洋麦酒（10日）、日本轮船（23日）、东京坚铁制作所（24日）的大幅股票广告。23日、24日连续两天的增页在该报的广告史上是很少见的，从中可以看出当时新创办企业的股票广告需求有多么巨大。

4. 股票广告在社会主义报系的出现

幸德秋水、堺利彦等人是日本早期社会主义活动家，他们曾在日俄战争时期创立《平民新闻》周刊，开展了艰苦的反战运动。由于受到政府的压制，他们不得不停刊两年静候时机。直至1907年1月15日，他们又创办日刊《平民新闻》。和之前的周刊时代一样，他们遭到政府压制，在当年4月14日再次被迫停刊。日刊《平民新闻》发行的几个月间，股票热潮正好从顶峰跌至谷底。而事实上，这期间该报广告版刊登的绝大部分都是股票广告。其中，1907年2月份的股票广告尤其多。和周刊时期相比，该报在日刊时期更为倾向社会主义，却大量刊登资本主义最新事物——股票广告，这一点非常值得关注。

堺利彦曾在《平民新闻》刊文指出:"报纸刊登广告一事受到杉村纵横的讽刺。其实我们也不愿刊登什么广告。不过在当今世上,只要从事报纸经营,广告就是必需的,谁都没有办法。厌恶广告总比停刊好。"(堺利彦:《从平民社论起》,《平民新闻》1907年2月2日)其中的"杉村纵横"实际上是指杉村楚人冠,他是堺利彦的挚友,既是《东京朝日新闻》的记者,同时也在不断支援平民社的活动。所谓杉村的"讽刺",实际指的是《平民新闻》中泛滥的股票广告与该报编辑方针之间的矛盾。堺和幸德等人的下属也深知这一点,广告对于报纸来说的确是不可或缺的,所以也只能继续刊登广告。无论如何,像《平民新闻》这样的社会主义类报社都特事特办地刊登股票广告,可见此类广告在当时的影响之大。《平民新闻》刊载的很多广告,同样出现在了东京三大报的广告版面上。日俄战争后期,广告主对于社会主义意识形态还没有过度排斥。例如,在同一时期的《平民新闻》上,也出现过三越吴服店的大减价广告和东海银行的存款广告。

5. 权利股热潮的消退:股票广告骤减

在各大报纸媒体广告版面出现的大量大幅股票广告,随着企业热潮的消退,在1907年骤减。这种骤减的倾向最早是在这年3月份显现的。在3月还比较显眼的广告,是日本轮船(图5-11)和帝国制鞋(图5-13)等大幅广告出现在《东京朝日新闻》上,而其他的企业广告则篇幅变小,刊登频率也在降低。上市股票暴跌后,股份募集活动也逐渐陷入停滞。4月以后,新设公司失败或削减资金的信息开始在报纸和杂志等媒体上陆续出现。

1907年4月21日的《东京朝日新闻》刊登了两封读者来信。其中一封指出:"新企业的解散,对于国家来说真是可喜可贺。"另一封则说:"泡沫企业的权利股变成'义务'股,这些临时董事和暴发户真可谓作茧自缚才落得如此境况。暴发户该将时代的接力棒交给实实在在的实业家手中。这是自然规律的巧妙安排。"可以说,这些

第五章 日俄战争后的股票广告

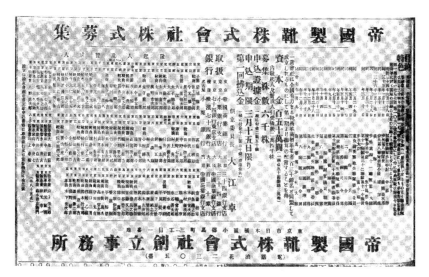

图 5-13 帝国制鞋的股票广告

(《东京朝日新闻》1907 年 3 月 7 日)

读者来信代表了媒体和舆论对于企业热潮、权利股热潮的冷静思考。这股热潮让股票膨胀到了很高的顶点,其坍塌造成的影响也非常深远。不少投资者受报纸广告影响投资,却遭受严重损失。结果,暴发户消失,筹集的资金则被三菱、三井等财团吸收,使这些财团财产急剧膨胀。而蜂拥而至购买权利股的普通投资者的资产则凭空蒸发,最终被大实业家或大型资本轻易吸收。4 月以后,股票广告只有零星的刊登,关心此类广告的读者也迅速减少。

然而,虽然市场并不景气,但从宏观上来看,当时的日本社会的确依然处于资本主义上升阶段。股票广告并没有完全消失。在明治末期,股票广告没有再次掀起像日俄战争后那样的热潮,但还是取得稳步发展。从 1909 年开始,日本电报通信社编辑的《新闻总览》刊登了日本全国各报社的全年广告统计。其中一项为"企业广告",包括了股份募集、企业名称变更公告、组织变更公告、合并公告、结算公告等。

企业广告在明治末期呈逐年增加趋势。进入大正时期(1912—

1926年），企业广告名列广告内容分类刊载量排行榜前茅。特别是日本经济借助第一次世界大战再次腾飞之际，企业广告也呈现出多样化的趋势。其中，财团企业的合并、名称变更、组织变更等公告类广告数量增加。不过，财团类企业的股票广告较少。这是因为财团类企业的设立资金大部分都来源于持股企业的内部储蓄资金。财团类企业的股票广告的主要内容看上去更像三井、三菱的股份公开，只向银行等部分部门公开。而其目的是让银行的投资者拥有其股份，增加社会对企业的关注度、改善企业形象，从而进一步获得大众存款。但是，财团以外的新创办企业也随着第一次世界大战的企业热潮而有所增加，随之又一次掀起股票广告的热潮，广告量进一步增加。此外，第二和第三产业企业所占比重有所增加，这是日俄战争后的企业热潮倾向的进一步加强。

第二节 股票广告与报社收入

1.《大阪朝日新闻》的经营危机

表5-8列举了《大阪朝日新闻》在日俄战争开始前到结束后（1903—1907）的各项统计数据，包括广告收入、广告行数、广告折扣率、销售收入、发行量以及纯盈利情况。广告收入减少最为显著的是日俄战争进一步激化的1904年上半年度。根据同时期的报告书，《大阪朝日新闻》的版面因战争原因大幅压缩，广告刊载行数以及广告收入都有所减少。其原因为"战后商业市场极为低迷，广告主大幅减少"。可见，战争所引起的企业活动停滞，是收入减少的重要原因。另外，1904年上半年度的报告书在分析京都地区的广告行数、收入减少原因时，也同样提到了"由于是战争时期，本报社版面过剩，因此将附录四页纸改为两页纸发行"。可见，广告收入的减少是与企业活动的停滞以及广告版面的减少相伴的。这种倾向在战争激化的1904年下半年度进一步得到体现。另外，烟草广告的国有化导致香烟广告骤减，这也是日俄战争期间广告收入减少的原因之一。

第五章　日俄战争后的股票广告

表 5-8　《大阪朝日新闻》统计资料

	广告收入（日元）	广告行数	广告折扣率(%)	报纸销售收入（日元）	每日发行量	纯利润（日元）
1903 年 10 月—1904 年 3 月	109018.77	298423.0	13.0	229256.391	132208	6382.574
1904 年 4 月—1904 年 9 月	95449.203	270400.0	16.0	304669.287	152403	-10317.738
1904 年 10 月—1905 年 3 月	104688.380	293236.5	15.0	262297.419	136150	-2577.168
1905 年 4 月—1905 年 9 月	114686.595	324575.5	15.9	235533.693	132537	13645.514
1905 年 10 月—1906 年 3 月	114702.308	387739.5	11.2	234048.358	139257	
1906 年 4 月—1906 年 9 月	196194.776	482044.0	18.6	226745.738	123566	84010.229
1906 年 10 月—1907 年 3 月	225596.514	527284.0	14.4	252311.744	137989	70843.996
1907 年 4 月—1907 年 9 月	239916.259	497492.5	25.8	259863.674	140644	83726.439

根据朝日新闻社史编纂室所藏资料

随着日俄战争开战，报纸发行量激增，报纸销售收入也随之增加，对各报社经营起到正向作用。这尤其在广告收入骤减的 1904 年 4 月至 9 月得到显著体现。然而在 1904 年 10 月至 1905 年 3 月，报纸的发行量和收入都大幅减少。虽然战争时期报纸发行量有所增加，但像日俄战争这样长时间的战争，民众会对胶着化的战争报道感到厌倦，因此对报纸的购买欲和阅读兴趣也随之下降，广告和销售收入都停滞不前。相反，战争使运营经费不断增加，特派员的相关费用、记者人数增加产生的费用、号外和附录的费用都有不同程度的增加，造成战争期间报社临时开支大增。

2. 股票广告拯救报社经营危机

战争造成收入减少和支出增加，《大阪朝日新闻》于 1904 年上半年出现超过一万日元的高额赤字。同年下半年，赤字数额有所减少,但并未扭转亏损局面。受此影响,该报当年不仅无法给股东分红,还被迫进行了自创立以来的首次裁员。1905 年上半年开始,该报终于扭亏为盈,开始盈利。实现逆转的原因,正是广告收入的迅速恢复。该报社所藏资料分析认为:"战争一度造成的人心惶惶和消极想法随着日军占领旅顺大为改观,带给商业更多活力,报纸经营也出现盈利。"也就是说,随着日本军队在日俄战争中的连胜,战争前景愈发乐观,军需也大量增加。在这种背景下,日本企业家和消费者的心理变化都促使广告活动向繁荣的方向发展。随着旅顺战争结束,广告收益也开始快速增加。1906 年 1 月 1 日,《大阪朝日新闻》调高广告价格,这是该报 6 年以来首次广告提价。此次调价,在 1905 年下半年预算中轻松弥补了 9 月到 12 月发行中断所造成的收入减少。1906 年上半年的账目报告书这样解释收益增加的原因:"一月一日开始,发行中断现象停滞,又提高了广告价格,并且随着交易情况逐渐恢复,广告委托人也开始变多。"旅顺战役之后,日本经济转好,各企业都以超乎寻常的篇幅刊登结算广告,大篇幅出版广告的出现也是报社广告收入增加的原因。

1906 年后出现的一股股票广告热潮进一步将战争后遗症从报社经营方面消除。这股热潮在 1906 年整个下半年持续存在。表 5-9 是热潮最后各月的广告收入统计。从该表的统计数据可见,1907 年 1 月,《大阪朝日新闻》的月广告收入达到最高峰。一般来讲,每年 2 月份的广告收入都会很低,不过 1907 年 2 月的广告收入取得不俗成绩,同时折扣率也并不高。低折扣率主要得益于股票广告的大量出现。随着 3 月 1 日《大阪朝日新闻》广告费的提高,4 月以后广告费用折扣率的大幅回升,同时股票广告热潮逐渐消退。

由上述《大阪朝日新闻》的经营数据可见,广告收入特别是股票广告带来的收入挽救了由日俄战争造成的报社经营危机。不只《大阪朝日新闻》如此,其他各大报纸在这个时期也经历了类似的经营历程。例如,对于各报广告收入因日俄战争爆发而迅速减少一事,1905 年 3 月的《文艺界》杂志留下了如下记载:

第五章 日俄战争后的股票广告

表 5-9 《大阪朝日新闻》各月广告收入、广告量、折扣率

	广告收入（日元）	广告行数	每行收入（钱）	折扣率（%）
1906 年 8 月	32001.240	77159	41.5	17
1906 年 9 月	31257.320	75499	41.4	17
1906 年 10 月	35010.991	83670	41.8	16
1906 年 11 月	34255.005	80584.5	42.5	15
1906 年 12 月	35142.583	82313.5	42.7	15
1907 年 1 月	46321.327	108334	42.8	14
1907 年 2 月	37835.727	89265.5	42.4	15
1907 年 3 月	37030.881	83116.5	44.6	11
1907 年 4 月	44485.196	93067	47.8	26
1907 年 5 月	39948.289	81385	49.1	24
1907 年 6 月	36245.489	75416	48.1	26
1907 年 7 月	44633.629	91854	48.6	25
1907 年 8 月	36294.328	75983	47.8	26
1907 年 9 月	38309.328	79787.5	48.0	26
1907 年 10 月	38323.480	79735.5	48.1	26
1907 年 11 月	39126.445	81406	48.1	26
1907 年 12 月	37513.121	78317.5	47.9	26
1908 年 1 月	43928.240	88884.5	49.4	24
1908 年 2 月	34547.612	68807	50.2	＊
1908 年 3 月	37839.157	75039	50.4	＊

＊因该时期新旧广告费、交易单价混杂，未能计算出折扣率。
根据朝日新闻社大阪本部广告部所藏资料

受经济不景气的打击，广告收入锐减。报纸篇幅和广告篇幅都不断减少。广告太少会给外界造成经营不善的负面影响，于是有的报社想尽办法往版面上填充广告，广告价格自然下降，报社收入不断减少。此事对公司经营影响甚大，以至于在战争结束之前，报社在广告收入方面延口残喘。以上原因导致报社广告部门在业务方面举步维艰。

上述记载几乎适用于当时日本所有大城市的报纸广告。随后，1904 年 10 月号的《文艺俱乐部》杂志以"战时的报社"为题，大

谈纸价飞涨，介绍了各报由于广告收入减少造成的经营困难，即"广告渐渐难以适应这种纸价，广告主纷纷畏惧经济萧条而不敢刊登广告。广告收入难以填补纸价飞涨造成的成本上升"。但是随着战后经济复苏，广告需求增加，各报社广告收入的增加挽救了经营危机。特别是股票广告给各报的财源带来了一场及时雨。这正是股票广告的功劳。借此，各报和《大阪朝日新闻》一样度过了战争带来的经营危机。

3. 经济增长和股票广告

我们无法获知日俄战争后股票广告通过何种广告代理店进行交易。连《平民新闻》这样的报纸上都登载了大量股票广告，据此来看，不论经营规模大小，所有的报纸相互竞争，刊发大量股票广告。当时这种广告被认为是临时的，折扣率自然会很低，实际则广告价格偏高。对于那些既无过去业绩，又无很强的支付能力，同时信用不高，并且突然提出登载广告的新企业，毫无疑问，报社会采用比其他长期合作伙伴和大型广告主更小的折扣。

而且，随着日本步入大正时期，股票广告的刊登状况渐渐稳定下来，其作为临时产物的特性也逐渐减弱。第一次世界大战期间，股票广告热潮再次爆发，根据大阪有影响力的报社和万年社等主要代理业者之间的合同，1916年11月，股票广告和普通广告的折扣率基本相同。

日俄战争后，随着经济状况好转，急剧增加的股票广告降低了折扣率，提高了广告价格。这一举措营造了广告费提高的环境，促进了广告收入的进一步增加。第一次世界大战时期的情况基本相同，1919年的《大阪朝日新闻》资料记载："经济再次腾飞，股份公司债券的募集广告大量出现，随着市场状况的好转普通广告也显著增加。"

无论何时，股票广告都是经济快速发展背景下孕育出的产物。但是，好景往往不会持续太久。股票广告带有临时性质，只不过是应时产品罢了。在所有广告中，股票广告对资本主义经济的波动最

第五章 日俄战争后的股票广告

为敏感。经济界的景气和不景气很难直接影响到制药、化妆品、出版等行业的广告主。虽说经济曲线会波动激烈，但从更长时期看，日本经济还是保持增长态势的，特别是日俄战争后出现了稳定的增长。在这种经济形势中孕育出的股票广告不仅增加了各报的广告收入，挽救了报社的经营危机，而且还确立了报社的经济基础，进一步促进了报社的企业化发展。

第三节 股票广告的意图分析

1. 股票发行市场的特殊性

不仅是明治时期，在此之前，日本的股票发行也局限在有限的范围内。据志村嘉一的分析，1920年前后日本股票发行市场有以下几个特点。

第一，新建企业、原有企业增资等首次股票募集行为，几乎都是由企业自身直接进行。换句话说，金融机构等提供资本信用的第三者基本不存在。

第二，上述企业自身发行股票，并不是以非特定的多数投资者为对象，而是仅以部分特定的投资者为对象。新建企业的筹资仅限于发起者和企业相关者展开，增加资金也是在原有股东范围内按一定比例进行筹资。①

在"满铁公司"成立时，一部分银行只是履行了作为股份申请处的代办职能。在发行市场上占重要比重的证券业者正式开始办理股票担保业务，是在1911年。"尾崎纺织增资新股票的申请日为1911年4月15日，其43000股中，公开征集的只有4000股，大阪的竹原、野村、黑川、高木四家店首次认购。翌年3月9日申请的34

---

① 志村嘉一：《日本资本市场分析》，1969年，第258—259页。

家银行增资新股票的10万股中,公开征集的有5万股,依然还是通过上述四店认购。新建公司方面,艺备轻便铁路股份的申请日为1912年3月15日,其52000股中,有8000股是通过东京的小池、福岛、红叶屋三家店认购的。"① 从中可见,在当时股票发行市场上,证券公司和银行的地位十分低,企业自己努力寻求认购人是十分重要的。

明治初期,由于处于关键地位的证券公司力量不足,新建企业通过自身力量募集资金的必要性很大。银行等金融机构对股份公司信赖不足,这要求企业特别是新建企业自身必须努力开拓股票发行市场。1890年前后,日本出现了高涨的企业热和新建公司热潮。伊牟田敏充在《企业兴盛期时社会资本的集中》中,分析了当时股票发行市场和社会资金关系:

> 我们可以这样考虑当时社会资金集中背景下的支配机制:发起人多为有影响力的经济界人士。资本体系虽然不同,但发起人集团具有一体化的特征。以在各界有一定资产和名望的人士通过血缘、地缘、同行业者等方式吸引入伙人和股份申请者。也就是说,股份支配体制,本质上是在共同体体制下将闲置资金集中起来为公司出资的一种机制。②

但是,这种机制有极大的局限性。通过血缘、地缘联系在一起的有影响力的资本家为同一企业出资,容易造成资金量不足。随着资本主义规模的扩大,企业热、新建公司热等现象出现之际,仅靠这些共同体框架内的投资者无法解决各种新建企业的巨额资金要求。所以伊牟田敏充进一步详细阐述道:"为了超过这个界限进行募资,号召那些非特定多数的潜在投资者阶层进行出资是必要的。作为宣

---

① 山一证券编著:《山一证券史》,1958年,第113页。
② 高桥幸八郎编著:《日本近代化的研究》上卷,1972年,第307页。

第五章 日俄战争后的股票广告

传手段，可以利用当时特别有影响力的日报。"①

2. 资金募集对股票广告的高度依赖

不经由银行、证券公司等第三方进行的资金募集活动，就必须努力从一般读者那里获取资金。这种资金募集的特殊性，迫使企业必须通过积极刊登广告来争取一般读者支持，也促进了股票广告的诞生和发展。如上述伊牟田敏充的论文实证，1888年开始，《大阪朝日新闻》的股票广告激增。1887年10月11日，帝国工业公司在东京的《觉醒报》上刊登了股票广告（朝日新闻社史编纂室所藏资料）。伴随着1887年后企业热潮的兴起，股票广告也迅速崛起。

伊牟田计算了刊登股票广告的25家公司发起人对股票的认购率，认购率结果从最高的70%到最低的20%分布不均，大部分公司在50%左右。也就是说，新成立公司的资本金约有一半由发起人及其共同体成员认购，其余一半则由共同体外部非特定的多数资本家分担。也就是说，新成立公司对股票市场非特定多数资本家的依赖程度很高。

但是，以报纸广告栏为窗口展开股份资本募集活动，这种方式并没有取得公司发起人所期待的效果。首先必须指出，这个时期日本报纸发行量还不大。《大阪朝日新闻》自诩是当时日本发行量第一的报纸，其发行量也不过三四万份。且读者多分布在关西地区，其他地方读者特别是关东地区的读者极少。此外，该报还没有大范围拓展农村地主、富农阶层这些有影响力的投资者。也就是说，《大阪朝日新闻》虽是当时有影响力的报纸，但还是不完全具备足以影响非特定多数的投资者阶层的力量。

其次，股票广告效果不明显的另一原因是，民众对股份公司体制的理解还很不充分。1882年，日本大藏卿（财政部长）松方正义公布日本银行条例，设立日本银行，推行通货紧缩政策。在此次通货紧缩平息之后，股票流通市场才开始运作，民众对股份市场很不

---

① 高桥幸八郎编著：《日本近代化的研究》上卷，1972年，第309页。

了解。为新建企业注资的读者在全部读者中所占比例很低，股票广告的效果也很有限。当时新建企业的资本金对非特定多数读者依赖度很高，他们是否通过股票广告向读者募集到了足够的资金，仍是个疑问。

3. 企业热与权利股投机

1887年进入明治20年代后，企业热成为一些不良企业家谋求暴利的契机。他们建立泡沫公司，把权利股卖给普通投资者牟取暴利。日本明治时期著名的评论家山路爱山指出：

> 通过股票开展经营活动时，股票自身成为市场上流通的商品，因此难以避免地出现了股票商。他们为了促销股票，不惜篡改股票价值。因此，不能妥善管理规范股票市场，政治家也有不可推卸的责任。在当时日本产业界出现了一种现象，那就是股票定价不是依据公司实力和盈利前景，而是依靠股票市场的疯狂来提高股票价格，疯狂牟取暴利。这种现象的最坏结果就是，很多人从一开始新建企业就不关注企业发展，只是为了通过股票募集资金，然后逃之夭夭，在出售权利股之后就不管公司经营，只顾骗取投资者的资金。若是从道德层面上评论的话，这些人就是一群欺诈者，如果一夜暴富就被公认是成功人士名扬天下，这种骗子肯定会招摇过市，无所顾忌。这种人可以被称为"行情师"气质的投机者。这种投机行为侵入日本实业界是在明治20年代到30年代实业热潮蓬勃发展时期。①

从这篇文章可以看出，在明治20年代初期，企业热兴起的同时，部分股票广告的广告主其实是投机者，他们发起成立股份公司，却以变卖权利股迅速敛财为目标。实际上，在股票广告的广告主中，

---

① 山路爱山编著：《现代金权史》，《明治文学全集》第35卷，1965年，第53页。

第五章 日俄战争后的股票广告

有大量爱山所说的有行情师气质的欺诈者。但是，明治 20 年代初期，由于发起人认购率不高，因此没有形成权利股热潮。这个时期，试图通过权利股敛财的不良发起人很难达到目标。这个时期的股票流通市场还未完善，想要通过促使权利股流通和疯长然后进行脱手赚钱，根本无法实现。

甲午战争后企业热潮出现，投机者也开始作为发起人成立企业。山路爱山指出，1896 年年度总资本的三分之一是由新建企业和增资企业增加的，他还呼吁企业发起人应有更务实和负责的企业家精神。①

比起日俄战争后的情况，甲午战争后日本企业的规模还比较小，股票广告的数量也还不突出。中江兆民（1847—1901）是日本著名思想家、记者和政治家，被称为"东洋的卢梭"，曾出版《北门新闻》，曾任日本众议院议员。就连这位著名思想家、政治家也经不住诱惑，于 1893 年后发起成立木材、铁路等多家企业，进行了很多投机活动，可见当时企业热潮的影响之大。在当时，通过倒卖权利股暴富的人不少，其中就有中江兆民的弟子幸德秋水（1871—1911）。幸德秋水是日本明治时期著名的思想家和社会主义者，他不仅在日本政治史上留下足迹，据说也参与了权利股倒卖活动。据伊藤整编著的《日本文坛史》第 10 卷记载，幸德秋水于甲午战争后，在实业家朋友小泉策太郎的帮助下得到了电铁的权利股，转手卖出后大赚一笔。② 如果这是实情的话，他可能是在相当频繁地买卖权利股。1901 年，幸德以"虚业家的破产"③ 为题发表了评论，对充斥着投机性、赌博性的经济界进行批判，真可谓言行不一。④

总之，那些在买卖权利股中尝到甜头的人，的确趁着日俄战争后的企业潮进行了很多不良投机活动。

---

① 山路爱山编著：《现代金权史》，《明治文学全集》第 35 卷，1965 年，第 54 页。
② 伊藤整编著：《日本文坛史》第 10 卷，1978 年，第 229 页。
③ 《万朝报》1901 年 5 月 16 日。
④ 《幸□秋水全集》第 3 卷，1968 年，第 244 页。

4. 权利股和股票广告的诡计

日俄战争之后,新建企业的发起人及其共同体的认购率不断提高。从表 5-10 的统计可见,1906 年 10—12 月刊登股票广告的企业发起人的认购率不太高,企业热高涨的 1907 年 1—2 月刊登股票广告的企业发起人的认购率则明显提高,几乎都是 80%—90%。这个数字和明治 20 年代初相比也出现了大幅度的上升。也就是说,从日俄战争后的股票广告可见,公募率维持在 10%—20% 这样的较低水平。

表 5-10 股票广告中新建企业的发起人认购率

	资本金 (万日元)	发起人 认购率(%)	刊登媒体和日期
帝国制油	100	55	《东京朝日新闻》1906 年 11 月 9 日
北海道人造肥料	100	80	《东京朝日新闻》1906 年 11 月 9 日
伊那电车铁路	150	67	《大阪朝日新闻》1906 年 12 月 5 日
满洲兴业	700	81	《大阪朝日新闻》1906 年 12 月 20 日
高田羽二重	100	75	《东京朝日新闻》1907 年 1 月 8 日
日本汽车	1000	90	《东京朝日新闻》1907 年 1 月 25 日
帝国运输汽车	500	80	《东京朝日新闻》1907 年 1 月 21 日
东京水力电气	1500	88	《大阪朝日新闻》1907 年 1 月 28 日
东洋麦酒	1000	75	《大阪朝日新闻》1907 年 1 月 30 日
Oriental 麦酒	500	85	《大阪朝日新闻》1907 年 2 月 4 日
札幌木材	600	92	《东京朝日新闻》1907 年 2 月 17 日
大垣电力纺织	500	90	《东京朝日新闻》1907 年 2 月 17 日
帝国制鞋	150	80	《东京朝日新闻》1907 年 3 月 7 日

那么,股票广告为何会迅速增加呢?1907 年 2—3 月,日本轮船刊登的股票广告最为惹眼。对公募股份的原因,其创立委员西川庄三作了如下陈述:

> 创立委员的应征者太多,公司的创立委员名单还未确定,今天已经有三十万股的股票申购预约申请了。从提交情况来看,即便没有公开募集股票也吸引了足够的申请者,有人认为不用

第五章 日俄战争后的股票广告

向公众招募也可。但是反过来考虑公司业务性质,不仅称得上是国家的事业,特别是其业务受到国库的保护。与其说将其看做一部分人的事业,不如将其视为与公众息息相关的事业更合乎道理。即便已经募得足够资金,但是我们这些创立委员更期望它能够尽可能地实行资金公募。创立委员的其他人对这一点深信不疑,并且格外重视。①

从这位发起人的陈述可见,公司发起人及其共同体的应征者很多,甚至没有公募资金的必要。但由于公司是资本金达3000万日元的国家事业,考虑公司性质,一部分资金还是通过公募取得。在当时,日本轮船无论是规模还是在新建企业中的地位,都是很突出的。作为大型新建企业,有责任将一部分股份分配给非特定多数的公众。大篇幅股票广告中,应有很大一部分是出于类似的所谓社会责任而刊发的。

但是,国家事业云云,不过是发起人冠冕堂皇的借口罢了。日本轮船的资本金虽然在2月末发布广告时达到了3000万日元,但一个月前西川发表上述言论时只有2000万。一个月就完成了1000万日元的资金补充,让我们明白这个企业的事业计划从一开始就是十分草率的。甚至这个公司有没有最终得以成立并开展业务都是未知数。建立公司的有关人员出大笔的广告费,公开招募资本金10%的资金,是另有所图。股价涨上天、公司热到达最高潮的1月末,《东京经济杂志》上刊登了一篇《新建公司的一个侧面》。

> 我们应该通过报纸广告看到,资本金的十分之八是由发起人和共同体成员认购的,只有两成左右是通过公开募集的。在其中也不乏全部都由发起人认购而完全不进行公募的企业。这种通过提高权利股价格的获利手段终究会被识破。提高权利股价格的手段有两种:一种是发起人群体购买一定数量的股票并

---

① 《东洋经济新报》1907年1月25日。

将其价格炒高；另一种是发起人将大部分或者是全部股票认购，以此提高该股票的身价，静等那些想入非非、欲望高涨的购买者，股价上涨之后立马出手取得巨额利益。当其获得巨额利益之后，普通股民便被甩开，毫不相干。其设立公司的目的就在于交易权利股，公司的实际业务等一开始就没放在眼里。①

股票广告真正的目的，不在于让读者充分了解公司名字、业务以塑造良好的企业形象，更不是将股份公平地分配给公众，而是人为地炒作权利股价格，然后将发起人持有的股份脱手以大赚一笔。之所以提高发起人的认购率，不是因为发起人资金量丰富，而是试图将股票炒作成稀缺物，借以提高权利股的人气。普通投资者通过报纸的股票广告得知公募消息想要申请时，往往会遇到申请者过多的状况。大量申请不成功者去店面购买权利股，在这里可以人为地调高权利股价格，申请者几乎不知道这类伎俩。而且，这个时期，大部分发起人借鉴甲午战争之后的经验，对权利股操作更加娴熟。

5. 不负责任的经济界人士

股票市场的混乱和不良行为，引起部分媒体的批判。被称为"株式会社之父"的涩泽荣一（1840—1931）等经济界名人也难逃被批判的境遇。仅仅对涩泽荣一的评论就涉及了"满洲"兴业（图5-4）、日本汽车（图5-9）、日本轮船（图5-11）等公司，涩泽荣一被要求担任这些公司的创立委员长。1907年的《东京经济杂志》这样评论道：

> 制定公司企业计划很容易，可以说是鱼目混珠，世人已经被那些发起人、创立委员会成员的名声迷惑了。首先是那些成为募集发起人的责任人，他们百般劝诱，只要有名人士能够挂名就可以给其一定的权利股。他们用心地将其放在股票广告上

---

① 《东洋经济杂志》1907年1月26日。

第五章 日俄战争后的股票广告

进行宣传,丝毫没有内疚。创立委员长顾问的人选就是通过这种方式确定的。那些知名人士在受到这种邀请时只说:"拿些权利股过来。"关于公司的业务性质、经营计划等几乎毫不关心。这也就是所谓的"创立委员长交易"。委托人说:"我出三百股。"他们马上就会同意。用这种方式可以集结少则三四十名,甚至一百五六十名的知名人士刊登股票广告。现在最辛苦的莫过于那些专门网罗发起人的工作人员,与此相比,公司经营计划等则不值一提。①

一般的企业家认为,只要是一流经济界人士作为发起人或共同体成员,这种企业一定是安全可靠的。但是这些一流人士之所以担任创立委员长并不是为了给公司提供专业咨询,而只是因为拿了几百权利股,把自己的名誉出售大赚一笔罢了。因此,所谓一流的经济界人士也是洞悉新建企业伎俩的不负责任之徒。普通投资者还不能用冷静眼光看待新企业和经济界人士,而是沦为被利用的一员。上市股票暴跌之后一个月,权利股开始暴跌,由于无法支付导致破产的企业接二连三地出现。

1907 年 4 月 25 日的《东洋经济新报》刊登《难产公司的救济方法》一文指出:"这些企业的股票募集开始时盛况空前,权利股的疯狂十分壮观,影响巨大。比起发展实业,更多企业倾向于通过权利股牟取暴利。很多情况下,股份认购盛况实际上是他们以权利股买卖为目的营造出来的。"该报于 1907 年 6 月 25 日推出了"新设公司的减资及解散"特辑。在这些企业中,札幌木材(将资金减少到原来的五分之一,减至 120 万日元)以及东洋亚铅炼工所(公司撤销)推出了股票广告。涉泽荣一是东洋亚铅炼工所的主要创立者。

虽然在股票广告主中不乏实力雄厚的优良企业,但股票暴跌后,很多企业连创立总会都没法召开。那些一开始就不重视企业经营而只是为了投机的搏命赌徒式的发起人,他们所建立的泡沫公司的命

---

① 《东洋经济杂志》1907 年 1 月 26 日。

运显而易见。对那些泡沫企业发起人来讲，股价的暴跌和经济的衰退，和他们关系并不大，只留下那些普通投资者哭泣的背影。他们手持的权利股，正是有缴费义务的股票。更有甚者，很多企业在此之前早已减资或解散，股票一夜间变成废纸。

第四节 股票广告的效果考察

1. 投机热煽动下的报道和广告

如前所述，"满铁"公司进行的股份公募带来了企业热和权利股的暴涨，并引发了股票广告的热潮。关于权利股的保障，1929年出版的《财界盛衰记》有如下记载：

> 特别是1906年下半年到1907年春，每天的报纸都被股票广告充斥。涩泽、根津、太田黑、岩下等名字在多家公司的公司发起人名单中赫然在列。"涩泽是创立委员长！"只要广告商出现涩泽的名字，其权利股就像是长了翅膀一样价格飞涨。这种企业包括日清纺织、满洲制粉、帝国肥料、横滨制糖、盐水港制糖、东洋制糖、川崎马匹等几十家。特别是日清纺织，凭借最初每股2日元50钱的保证金，带来5日元甚至10日元的权利金，1907年1月18日是首次支付日，每股涨到12块50钱，从当日早晨开始，逐渐涨到每股30日元、50日元，正午时甚至涨到了40日元。①

表5-3统计了"满铁"、日清纺织等十家公司的新建企业的股价，从中可见所有企业均在1月末保持激增的状态。这种激增状态的出现离不开投资者大范围的交易活动。

---

① 长谷川光太郎：《财界盛衰记》，1929年，第200—201页。

第五章　日俄战争后的股票广告

值得注意的是，日俄战后的股份热潮中，普通民众（包括普通农民）的参与程度不低。甲午战争后的股份热潮中，主要以资本家为中心，普通民众的参与者很少。与此不同，日俄战争后的股份热潮中，① 国民对股份公司的认识进一步加深，② 国民收入普遍提高，③ 经济消息在国民间迅速传播，这些要素都值得重视。这意味着股份公司设立和扩张过程中所需的资金来源基础在迅速扩大。①

甲午战争后的经济发展、产业资本的确立过程中，民众对于股份公司的认识逐渐加深。随着民众收入的不断提高，他们对股份公司的投资欲望也不断提高。随着报纸等传媒业的发展，多数读者都能获取和了解一定的经济信息和股份信息。这并不意味着所有阶层的民众都能参加股票交易。什么阶层参加股票交易了呢？首先可以肯定的一点是，这个时期参与权利股投机活动的民众要超过以往。

1907年3月15日的《实业之日本》记载："实业家和政治家自不必说，甚至教育家中也有人卷入了这股狂热的潮流中。"②

1907年4月6日的《东洋经济杂志》刊登的读者投稿记载："本应认真踏实的实业界被一股魔幻般的热潮弄得神魂颠倒，在短时间内，这种热潮在社会各个领域弥漫开来。商人、工人、官吏、军人、学者、政客、议员甚至小银行的雇员，乃至阿猫阿狗都被这股热潮迷得不分东西。他们不顾自己的财力和能力，不惜举债参与股票投机。"③

从当时的报纸上可以看到，投资热已经波及各个阶层和地方，特别是地主阶层。1907年2月5日《时事新报》的社论说："（股票购买）申请者大半是地方上的人，从新公司权利股的购买者人名也可很容易地看出，很多都是地方人士。"④

---

① 高桥龟吉编著：《日本近代经济发展史》第1卷，1973年，第419页。
② 《实业之日本》1907年3月15日。
③ 《这果真是魔热》，《东洋经济杂志》1907年4月6日。
④ 《时事新报》1907年2月5日的社论。

地方的大小地主把所有地产都卖掉，用于投资权利股，这种行为几乎成为一种潮流。1907年2月4日《东京日日新闻》的社论说："地方银行家也借此谋求融资之便"，"地方的地主、资本家、银行家等曾经踏实可靠的投资者，都被流行性权利股热潮所感染"。①

以地方的地主和富农阶层为中心，城市中的实业家、官吏、军人等阶层参与到股票热潮、权利股热潮中去，成为重要推动者和主要支持者。毫无疑问，投机热也渗透进公司职员、银行职员的部分人之中。但是，仅凭他们，资金实力不足，难以制造热潮。因此地主阶层等资本雄厚的阶层成为推动热潮的中坚力量。

2．依靠报纸广告消息的投机失败

当时的报业与甲午战后相比，地方报纸取得巨大发展。当时《大阪朝日新闻》在各地区发行量中，大阪为中心的关西地区发行量依然超过总发行量的一半，但从增长幅度来看，中国及四国、九州等地区的增长幅度更大。这种倾向在东京的报纸上也有所体现。可以说，这些地方读者看到报纸上登出的股票广告，就把它作为最重要的信息源，根据其进行投机活动。在投机活动达到顶峰的1907年1月，有的媒体已经登出了一些警戒性的内容，希望民众不要一味依赖股票广告进行投机活动。1907年1月26日的《东洋经济杂志》指出："通过报纸广告首次知道股份募集并应征，这种行为还不算疏忽大意至极。在看到股票广告后呼吁所有亲朋好友都应募，这种做法是最不可取的。"②

那些一看到报纸广告就申购但没有申购成功的人，马上进入股票流通市场购买提价后的股票。如果有地缘或者血缘的社区关系，要是出每股2日元50钱申购的话，还有可能拿到溢价。特别是有亲戚关系的人购买的话，通过内部人员容易获得新企业的发展和安全等相关信息。只是通过广告信息申购股票是很危险的。只通过报纸

---

① 《东京日日新闻》1907年2月4日。
② 《东洋经济杂志》1907年1月26日。

第五章　日俄战争后的股票广告

广告信息投资的投资者往往以失败收场。

1907年3月15日的《实业之日本》记载:"去年夏天,我国经济界渐渐显现出战后发展热潮。进入秋天,民众对投资的热情日渐高涨。报纸上可以看到新建企业的大篇幅广告,不管什么企业公募的股票,股价都达到了此前的几十倍甚至几百倍,不管什么企业的权利股的市场价都是几块甚至几十块。人人趋之若鹜,热衷于股票的投机交易,甚至有人为之疯狂。一些人终究还是下定决心,第二天他们就利用职权将融资来的钱擅自挪用。"①

上述这位东京日本桥某公司的职员擅自挪用公款购买权利股,但股价大跌,无法偿还,被公司发现后开除。此前,该职员不仅看到了报纸上刊登的股票广告,而且还受到了朋友的劝诱。但一直以来,精美的股票广告和宣传暴发户生活的报道在报纸上相互配合,制造了投机热潮的同时也在民众之中不断酿成悲剧。

"横滨平沼氏的自杀、相州臼井氏的破产、埼玉高田氏的近况"②,媒体不断出现类似报道,这些都是专业投机者的悲剧。他们是专业的投机者,受报纸股票广告的影响不大,有自己的消息来源,但还是以失败告终。另一方面,大众投资者在市场上购买股票之时,正值股票市价达到顶峰,也是股票广告的顶峰期。像上述日本桥某公司职员那样的投机新手,根本不知道新建企业的伎俩,也不清楚其中的内幕,仅是看到了报纸上的股票广告和报道就进行投机活动,很容易就被套住。地方地主阶层的情况类似。股票广告对这些无法直接接触发起人的普通投资者影响最大。在普通投资者中,有人挪用公款,更有人"家产用尽、妻离子散、上吊、卧轨、溺水、精神错乱"③,因股票投机而惨遭失败者甚众。

---

① 《实业之日本》1907年3月15日。
② 中山形东根:《关于暴发户的末路》,《东洋经济杂志》1907年6月1日。
③ 《东洋经济杂志》1907年2月9日。

第五节　股票广告和伦理问题

1. 对股票广告的批判

如上所述，股票广告的影响十分广泛。安部矶雄（1865—1949）是日本社会主义运动的先驱，也是著名的作家和学者。1907年2月16日，也就是投机热达到最高潮时，《东洋经济杂志》刊登了安部矶雄的文章。他在文中认为，造成这种狂热的投机活动的最大推手，就是政府。他在文中指出：

> "报纸杂志也导致了现在的投机热。战后股票市场十分繁盛，一夜暴富的人也不少，一夜暴富者之中，虽有品行高洁之人，但很多人身上都隐藏着很多缺点和黑暗面。报纸杂志为了讴歌时代，抑或是为了获得更多的读者，仅仅强调这些投机者身上的优点，而且极尽称赞之词。读者被这种报道影响，国民都渴望趁此之时大赚一笔，芸芸众生都在滚滚而来的投机热潮中煞费苦心。报纸杂志的记者本应具有前瞻性，如果他们能充分了解此中信息并对其进行客观批判，则国民就不会被引上邪道。"①

应该指出，正是报纸杂志的记者为了引起读者的趣味，将那些通过投机一夜暴富的暴发户的奢华生活进行煽情描述，才将民众的投资热情煽动起来。特别在1906年12月末，钟渊纺织的铃木久五郎等人，在高级料理店享受高级艺妓的服务并举行了一场奢华的年会，记者对此进行了大篇幅报道。这种报道不仅在社会版面而且也在经济版面上出现，这就是安部所批判的，媒体为了吸引读者、扩大发行量而采取的不负责行为。

---

① 《投机热兴起的原因及足尾骚动》，《东洋经济杂志》1907年2月16日。

第五章　日俄战争后的股票广告

一些报纸在社论栏刊登了要警惕投机行为的主张。在这方面，最具批判性的报纸就是《大阪朝日新闻》了。该报在"满铁"股票公募的时候就刊发了一篇题为"股票认购一千倍"的文章，批判了这种异常的股票申购行为，指出"日本国内瞬间沦落成为一个大赌场"（1906年10月7日）。第二年，该报对股票投机行为的批判更加尖锐。多家新建企业的创立委员长涩泽荣一屡屡在股票广告中现身，被该报讽刺为"新公司的千手观音"，被批评为"滥用甚至出售信誉"（1907年1月6日）。而在1907年2月22日，该报又刊发一篇题为"企业家和投资者"的评论，对那些煽动大众投资热情、贪婪牟取暴利的一流经济界人士进行批判，批评他们借泡沫企业发起人之名骗取民众对企业的信赖感，在股价暴跌后给大众造成巨大损失。这篇文章的部分内容引用如下：

> 首先我们看一下那些企业的社长等高层人员。比如涩泽荣一，他的影响横跨三府四县一道甚至中、韩、英三国，担任近三十家银行的总经理。大仓喜八郎在三府三县一道的十五家公司担任重要职位，浅野总一郎在两府五县的十五家公司担任重要职位。另外，雨宫敬太郎、马越恭平、日下义雄、藤本清兵卫、田中市太郎、平沼专藏等都同时兼任十几个公司的重要职位。……现在回顾一下自去年秋天以来蓬勃发展的一百几十家新公司的发起人就可发现，涩泽荣一这个名字几乎在所有公司的股票广告上都出现了。关西方面也是这样。他们家产万贯，和清快丸（一种保健品）广告一样，这些人的名字被登载于报纸广告栏中。世人和我一样，只是看到了广告资料就简单地认为不会有舞弊行径，但如果对公司的业务性质进行调查，而不是仅仅看到发起人的名字就申购的话，之后也不会那么追悔莫及。……现在在大阪府，那些用沙丁鱼钓大鲸的计划书和罗列出公司高层头衔的公司创立计划书就有十数种。世上的资本家切莫受欺骗，切莫作错误的判断。

《大阪朝日新闻》批判那些通过股票广告，借自己名声掩盖泡沫企业本质的涩泽、大仓、浅野等一流经济界人士，批判了他们不负责任的行为。它警告读者不要轻信这些创立委员长或者是发起人代表，而应充分分析企业业务性质等实际情况。值得注意的是，它批判报纸的股票广告和售药广告一样，将其定位为"夸大广告"。以下是该报1907年2月8日的评论：

> 由发起人制订计划，新公司的发起人尽可能拉拢知名人士，利用各种头衔在设计书和广告中吹嘘夸大的利益……和药店的广告大同小异。

从中可见，《大阪朝日新闻》将股票广告和夸大广告的售药广告归为一类。1907年1月21日东京股票市场上股价大跌之后，股票广告出现了盛况。股票市场暴跌导致股价低迷，利用地缘和血缘进行募股难上加难，新建企业只能通过报纸广告栏公募不特定多数的投资者，1907年2月，那些资本金巨大的大企业刊登了大篇幅广告。《大阪朝日新闻》知晓其中门道，且有甲午战争热潮为先例，继续不断地提醒读者注意其中的风险。

2. 报社：批判股票广告，同时刊登股票广告

在股价大跌之后，《大阪朝日新闻》评论员不断批判股票广告，不过这种批判仅限于批判一流经济界人士，并未从理论或原则高度对股票广告进行排斥。这是为何呢？前面曾提到过，股票广告一度成为《大阪朝日新闻》经营危机的救世主，评论者肯定明白此中道理。《大阪朝日新闻》两年前陷入不得不裁员的窘境，该报纸的评论员熟知那段历史，因此不能从根本上批判股票广告，更不能要求废除股票广告。

一贯通过评论展开大规模批判的《大阪朝日新闻》，其普通报道也和其他报纸相同，如安部矶雄批判的那样，不断报道暴发户的奢靡，最终引发投机热。如果彻底贯彻评论的主张，不仅是暴发户生

第五章　日俄战争后的股票广告

活的报道应停止，股票广告都应该清除。但《大阪朝日新闻》做不到，这就是商业报纸的局限性所在。

其他报纸上几乎见不到对股票广告的评论，《大阪朝日新闻》的姊妹报《东京朝日新闻》上也没有出现，连批判投资热的评论都没有。最多也就只有这样的评论："权利股没有参加业务的权利，也不可忘记它附带有巨大的义务。……此义务不会随着出售权利股一并消失。"（1907年2月2日）《时事新报》的社论也大抵如此。就连以尖锐社会批判为卖点的《万朝报》的社论也没有尖锐的批判，只是于2月5日发表了一篇题为"惊人的新企业"的文章，解说企业热潮。《东京日日新闻》以专栏《近期纷纭》为中心间断地刊登了一些尖锐的评论。例如，"自认为是实业界泰斗的那些人，卖掉权利股获取暴利，是一些道貌岸然的废物。"（1907年2月2日）"涩泽荣一说业界虽然前途光明，但也让人怀有恐惧。有前途的只有二十几家公司。"（1907年2月5日）对涩泽荣一（雅号青渊）寸土不让的批判和讽刺也会零星出现。

有人认为，在股票投机风潮中受伤最深的，就是以股票广告作为唯一可靠信息来源的投资者，他们多是普通投资者和地方富农。有的观点认为，他们的投机失败只能怪他们欲壑难填，自作自受，完全没必要同情他们。但股价暴跌和新企业撤销等情况，不仅给投资者带来损失，也牵连到给投资者提供担保的中小银行，进一步导致在那些银行存款的大众受损。1907年4月后，因此破产的银行不在少数。日俄战后股票广告的确承担了将大众资本转换为企业资本的角色。普通投资者的资金以产业资本的形式出现，其中股票广告的积极作用不能忽视。在这些新建企业之中，也有很多成为日后日本具有代表性的优良企业。

但是与此同时，对泡沫企业的投资也给大众造成了巨大损失，这一点同样不能忽视。这同样造成了民众对广告信赖感的降低。比起单纯的介绍广告和商品广告的损失，投资者个人受损更大，他们损失的是巨额财产。特别是借助一流企业家进行宣传的股票广告在日俄战后并没有绝迹，学者和世人对其批判也愈演愈烈。进入昭和年间，修改后的商法第 198 条规定，姓名出现在股票广告中者，其和企业发起人负有同样责任。① "二战"后出现的投资信托广告、高尔夫球场会员广告等也产生了同样的伦理问题。对这段时期股票广告的功过必须进行彻底的检讨。

---

① 高田源清：《广告法论》，1936 年。

第六章 出版、百货商店广告

第一节 出版广告与读者开拓

1. 出版业者对广告的重视

日本明治维新所引起的社会经济的剧烈变化、文明开化的推进,特别是自由民权运动的兴起,都极大促进了出版活动的繁荣和发展。特别是在自由民权运动的顶峰时期,"报纸的广告栏就如同是塞满了书籍的名称"[①],报纸广告栏关于自由民权运动的翻译类书籍和杂志比比皆是。出版业务从明治初期开始与药品销售比肩,成为报纸广告收入的重要来源。1869 年创立的丸善、1877 年创立的有斐阁、1879 年创立的春阳堂、1881 年创立的三省堂、1875 年创立的金港堂……这些出版机构在日本出版史上名声赫赫,占有重要地位。

另一方面,从明治维新之前就开始发行日本传统书籍的老出版社也在试图挖掘新读者,这些新老出版社的广告使报纸广告栏热闹非凡。

出版业者一直对广告满腔热情。对于多出其经营规模的巨额广告费用也毫不吝啬。之所以会这样,是由于出版业的产品寿命较短,必须将新刊发行、旧刊重版等出版信息快速传递给消费者(读者)。因此出版业者时刻都关注着广告,可以说他们是最重视广告的企业家。出版广告从明治初期开始的繁盛也就不难理解了。

2. "兔屋"的欺诈广告

但是明治初期出版广告的发展也不是一帆风顺的。自称"兔屋

---

① 《朝野新闻》1883 年 4 月 7 日。

诚"的望月诚所经营的兔屋就推出过夸大广告。就笔者掌握的资料来看,兔屋从1880年就开始经营出版广告活动。

1880年前后开始,兔屋在各大报纸上都刊载了大量的广告,是广告主中的大公司。但是,从1887年开始,兔屋在各大报纸上刊登了整版广告,声称要退出出版业转而经营其他产业,要在约定的日子以极低的价格出售所有出版物。当时,《里美八犬传》定价是12日元,通常降为1日元35钱销售,如今却打出了仅售1日元15钱的广告。顾客们因为这个广告纷纷前来购买。但是,兔屋在过了约定日期之后却继续刊载之前的广告,并最终宣布改变经营内容是假的,以后会继续从事出版业务。毋庸置疑,这引起了顾客的强烈不满,对兔屋信誉也造成了毁灭性的打击。不久,兔屋就从报纸上消失,并淡出了出版界。

当时,以赤本屋为代表,推出打折广告的出版社也为数不少,但像兔屋这么虚假宣传的大广告主却很鲜见。这种广告会给顾客留下深刻的受欺骗印象,它不仅对出版广告带来负面影响,对整个广告界也产生了不良后果。

3. 三省堂的出版流通革命

尽管有曲折,出版业还是在生机勃勃地发展着。踏实稳健的出版活动和广告活动也逐渐抹去了欺诈广告带来的不良影响。新兴出版社富有热情和独创性的活动吸引了顾客们的关注,激发了读者的购买欲,从而使出版市场不断扩大。就在兔屋因虚假广告而饱受诟病的1888年,三省堂新发行了《英语日译字典》,其广告在东京各大报纸上刊载。推动此次字典出版,并创作该广告的是三省堂的创立者龟井忠一(1856—1936)。(图6-1)

图6-1 三井堂的龟井忠一

第六章 出版、百货商店广告

这则广告之所以受人关注，是因为它将预约购买的渠道定为《读卖新闻》、《东京日日新闻》、《改进新闻》三家报纸，展示了一种新的营销思路。以前，三省堂的商品都是降低价格由大的代销商购买后，再通过书店销售。但是，这则广告直接跳过了中间商环节，顾客可以直接向三家报纸提出购买申请，的确是一种创新的销售模式。尽管这部字典遭到了中间商和书店的抵制，但依靠广告和口碑，第一版的 3000 册在短时间内就被抢购一空，到 1911 年为止一共印刷了 57 版。

三省堂把出版广告作为营销手段，取得了出版流通革命的成功。以这则广告为契机，三省堂消除了中间商一直以来对于出版社的轻视，同时，也开始将"出版社—中间商—书店"的传统流通模式向更合理的方向改变，因而具有革命性意义。

4．博文馆时代的创新

创设种类繁多的杂志并以此来开拓读者群，是明治后期出版界的特色。大部分杂志是月刊或旬刊，周刊数量极少，但是各杂志定期的刊发使出版广告飞跃增长。博文馆的《太阳》、《少年世界》、《文艺俱乐部》，春阳堂的《新小说》，实业之日本社的《实业之日本》、《妇人世界》，民友社的《国民之友》，政教社的《日本及日本人》，东洋经济新报社的《东洋经济新报》等杂志每一期都在各大报纸上刊发大型广告。

值得一提的是于 1887 年创立的博文馆，它构建了杂志王国。创立者大桥佐平（1835—1901，图 6-2）凭借各种杂志的惊人发行量在出版史上缔造了博文馆时代，留下了浓墨重彩的一笔。他对广告的重视使他与其他

图 6-2　博文馆的大桥佐平

出版商不同。各杂志的内容敏锐反映资本主义确立时代的现状，大受世人欢迎。特别是不带虚假信息的广告，为恢复人们对出版广告和出版作品的信任起到积极作用。在博文馆时代，无论是出版商还是读者都认识到，出版广告尤其是杂志广告必须为读者提供各种信息，并且需要积极利用。

5. 丸善的《大英百科全书》

出版广告对于读者购买活动的影响越来越大。正因为如此，出版社也不得不越来越重视出版广告活动。日俄战争时期，由泰晤士报日本分社发行，丸善负责销售的《大英百科全书》等一系列大型出版物的海量广告战略取得成功，让人们清楚认识到出版广告的重要作用。当时的广告界发生了两件大事。一件是随着 1904 年 7 月烟草专卖制的实施，岩谷商会、村井兄弟会等民营烟草商退出历史舞台。另一件是 1906 年铁道国有法颁布后，主要铁路线路纷纷被收归国有，吸引顾客、发布折扣信息的私营铁路广告逐渐退出历史舞台。特别是前者的影响巨大，烟草广告的骤减给整个广告界带来了巨大的冲击。

开创了一系列大型广告先河的《大英百科全书》，即《不列颠大百科全书》第九版在日本发售时，布装版现金支付是 175 日元（分月付款共计 195 日元），皮装版现金支付是 285 日元（分月付款共计 315 日元）。这个价格当时在日本非常高，却卖出了 1125 册，超过目标。在掌握英文的人数极少且购买力低下的那个年代，能在三个月的时间内使 25 卷高价英文辞典吸引到如此多的读者，原因何在？其中一个原因就是只需支付 5 日元定金就可以拿到整套辞典，以后只需每月支付 10 日元。当然，对于辞典出版社和丸善的信任也是一个重要原因。除此之外，不能忽视的是预订截止日期之前在各家报纸上展开的狂风暴雨般的广告攻势。这种海量的宣传方式不只在以前的出版广告界，就是在整个商品广告界都未曾出现过。这种广告策略是在本国以及欧美各国经验的基础上诞生的。这次成功也昭示着，在日本也可通过大量广告开拓图书市场，显示了日本向欧美型国家

第六章 出版、百货商店广告

靠拢的趋势。

最先预订《大英百科全书》的43人名单如下：

德川家康公、德川义札候、细川候、柳泽伯、秋元子、渡边国武子、岩崎弥之助男、川田龙吉男、赤星弥之助、岩谷松平、升本嘉兵卫、服部金太郎、久米民之助、饭田新七、志贺重昂、冈崎行雄、河野广中、工藤行干、望月小太郎、福泽一太郎、德富健次郎、岛田三郎、堀内文学博士、广井工学博士、穗积法学博士、平井工学博士、藤泽理学博士、贝岛矿业事务所、川崎造船所、日本铁道会社、报知社、万朝报社、同文馆、博文馆、冨山房、参谋本部、会计检查院、陆军大学校、法科大学、工科大学、华族女学校、大阪府厅、枥木县厅。

从中可见，购买此书的多数为财界、政界、学界等著名人士和相关机构。特别是贵族、上流社会人士购书的情况通过广告和丸善的公关杂志《学镫》等渠道巧妙地宣传后，给了购买者一种社会地位的象征，因而顾客群体不断扩大。其中还有这样一个小插曲：尾崎红叶（1868—1903，日本著名小说家）在临终之前还拜访了丸善的内田鲁庵（1868—1929，曾担任丸善书籍部门顾问）并订购了一本，鲁庵对一贫如洗的红叶即将逝去之时还毅然购书慨叹不已。

6. 广告撰稿员——内田鲁庵

负责《大英百科全书》系列广告文稿撰写的正是内田鲁庵（图6-3）。因为翻译、创作、评论这些工作都难以维持生计，他在1901年以书籍部门顾问的身份进入丸善。随后担任《学镫》的编纂和撰稿，并开始负责《大英百科全书》的广告创作。木村毅在《丸善外史》中这样记述当时鲁庵的心境和情况：

广告所涉及的面如此宽广，鲁庵不得不用尽全力写好每篇文章。同时，他也是满怀勇气，意气风发地进行创作的。鲁庵

图 6-3　丸善的内田鲁庵

最初是一位性格阴暗的评论家,后来成为对新兴文学认识敏锐的翻译家,最后以擅长社会小说的作家身份而受人关注。现在他又改变方向,开始撰写商业广告,是大材小用还是浪费才华难以判断,但他本人觉得这是平日里看书所得的积淀的倾注。晚年时他的随笔,比如《貘之舌》等,多含有跟现实利益并无关联的一些知识,但文章依然获得很高评价。无论是报纸上还是《学镫》杂志上刊登的大百科全书广告都能因情而异,信手拈来。这一点,放在今日,也很难找到见识和才情能跟他匹敌的人。

才华横溢的鲁庵独具匠心的广告文稿也是丸善广告战略成功的一个原因。从幕府统治末期到明治初期,一群剧作家活跃在广告撰稿领域。到了明治后期,依然有著名作家客串创作广告,但是像鲁庵这样的成功例子却非常少。

7. 大幅广告的常态化

上述《大英百科全书》的广告宣传了预约订购、按月支付的销售方式,成功地提高了顾客对出版广告以及广告界整体的信任感。出版广告在所有广告中也算得上质量精良,被各家报社竞相刊载。杂志和书籍类大幅广告的增加,促进了日俄战争后《东京朝日新闻》等各大报纸头版的广告专栏改革。出版较朴素的专业书籍的出版社也开始定期推出书籍广告。比如有斐阁在进入明治 30 年代之后也逐渐增加了在《东京朝日新闻》、《东京日日新闻》等报纸上的广告宣传。这种出版社虽然没有持续推出广告,但扎实稳健的广告活动,也促进了出版广告市场的不断扩大。特别是《大英百科全书》广告策略的成功,加速了广告整体的大篇幅化。在药业、化妆品、食品等领域也出现了对同一商品进行集中大量广告宣传的现象,这种现

第六章 出版、百货商店广告

象此前很少出现。

8.《实业之日本》的挑战

出版社的广告活动不仅限于作为广告主向报社提供广告,还通过发行杂志刊登广告,成为广告媒体。从明治后期开始,知名杂志热衷于广告带来的收入增加。读者众多的杂志也引来了广告主的注意。出版社凭借在自己的杂志刊登广告努力实现稳定经营,这在出版史上是前所未有的。

博文馆的《太阳》等杂志也通过发行纪念特刊等手段宣传其作为广告媒体的价值。在这一点上,比博文馆先行一步的是增田义一(1869—1949,图6-4)创办的《实业之日本》。该杂志多次刊登公告,吸引广告主在该杂志刊登广告。"比计划增印了数万册,普通读者自不必说,本杂志还向大日本实业会员、五二会、商工会、农事会、蚕丝业会、茶业会、畜产会、木蜡会、磷

图6-4 创办《实业之日本》的增田义一

寸业会、漆业同盟会、贸易协会、酒造组合会、炭坑同盟会、巴黎万国博览会参展协会等全国各实业团体以及全国市镇村办公场所、各学校、银行、公司、商业会议场所、地方各农会发行,因此它所刊载广告带来的效益也非常巨大。"(1897年12月15日)这则公告是面向广告主的,在其中宣扬自己掌握的广大工商业者读者可以使广告效果非同寻常。这番努力取得了很好的效果,其广告收入逐年增加,杂志所刊发的广告也保障了出版经营活动的稳定和扩大。

第二节 百货商店广告的兴起

1. 百货商店广告与资本主义

明治（1868—1911）末期，东京、大阪等大都市的街道及主要车站前的照明条件得到迅速改善。百货商店的建筑以及车站前的广告墙等地方彩灯闪烁，华美的广告牌和海报引人注目。日俄战争后经济的发展，特别是轻工业生产力的提高，使得种数繁多的服装、日用品等商品开始充足供应市场。与生产领域的繁盛相适应，扩大、调整日本国内消费市场对日本经济的发展不可或缺。以前的零售业大多是传统的老店铺以及流动商人进行的小规模经营。明治时期，日本出现了被称为超级市场的展销场所。但它仅存在于东京，只是在狭小空间内林林总总的小商铺的集合。这种零售业难以适应大量生产和批量销售的要求。这时，被当做近代最初的流通革命的载体而被寄予厚望的，是百货商店。由于商品生产者的批发价格大幅下降，使得百货商店等零售业者能够进行更多的广告宣传活动。

文明开化以后的广告活动主要是制造商自己来开展。在近代广告史上，商品流通环节作为广告主受人瞩目始于百货商店广告的兴起。百货商店正如其名，努力囊括更多商品，不再像传统商铺只拥有固定单一商品和顾客群，而是吸引更多不熟悉的顾客。因此，百货店成为日本消费市场扩大的主力，促进了流通领域甚至是生产领域的发展，进而推动了资本主义进程。日俄战争结束之前的广告主要是以药业、化妆品、出版物、烟草为主，但这些领域只不过是日本工业领域规模很小的配角。百货商店经营的服装、杂货等则涵盖了当时的产业重心纤维、纺织业以及各种家庭作坊，因而百货商店的经营状况直接影响经济发展的前景。也就是说，百货商店广告对于日本经济的影响程度远远超过以前的商品广告。百货商店适应商品生产商的要求，进行大规模的销售和广告宣传活动，从而使各行业的广告活动都活跃起来。广告活动作为生产和流通领域不可或缺

第六章 出版、百货商店广告

的桥梁,自此完美融入到整个产业链之中。

2. 三越的百货商店宣言

百货商店广告主的主角是三越吴服店。距今 300 多年的 1673 年,三井高利在东京日本桥创设了三越的前身——越后屋,打出了"现金交易"、"价格公道"的口号,采用现金明码标价的全新经营方式,成为江户代表性的吴服商店。它的宣传方式也十分巧妙,在雨天将带有商店商标的雨伞借给顾客使用,赢得"吴服繁盛阵雨知"的赞美。

另一方面,三井又取得了进军货币兑换业的巨大成功。特别是在幕府末期维新运动的动乱时期,他凭借担任大番组长的三野村利左护卫(1821—1877)的才能,使三井家的事业进一步发展,依靠银行、商社和矿山确立了财阀的基础。但是作为事业起点的吴服业跟不上新时代的步伐,一度从三井家族分离出来,被命名为三越吴服店,1893 年改为三井吴服店,又重新回归到三井财阀旗下。那个时候,曾任三井银行大阪支行行长的高桥义雄(1862—1937)被三井家委任为理事,全权负责该店的改革。高桥以及他的副手日比翁助

图 6-5 三越的日比翁助
(三越收藏)

(1860—1931,图 6-5)在 1904 年将三井吴服店改名为三越吴服店,作为实践百货商店宣言的代表人物,他们积极推动销售、广告活动。

改名为三越吴服店的第二年,浜田四郎(之后的常务董事)被日比看中而聘入公司,具体负责广告活动。以前在博文馆做杂志记者的时候,浜田四郎曾向日比提出:"虽然改名为三越吴服店了,'三越'是应该读作ミツコシ(Mitsukoshi),还是サンエツ(Sanetsu),还是ミコシ(Mikotsu)呢?"

可见,三越的店名对大众来说还是很生疏的事物,连一流杂志的记者都搞不清楚其读法,说明三越的名声没有打响,在吴服界影

图 6-6　三井吴服店的送货专用车
（三越收藏）

响很小。但是高桥和日比制定的路线符合时代的发展潮流，因而三越这个品牌马上在全国传开，快速成长为日本代表性的百货商店。

在高桥刚刚进入公司的 1895 年 11 月，东京总公司将建筑的上层改为展卖场所，这是百货店业界展卖制度的开端。以前，所有的吴服店都沿用"坐卖制"的经营方式，即客人决定购买后再从仓库中取出商品拿到店面，交给顾客。这样顾客不能随心所欲地考量要所购商品的实物。

1900 年三越建筑改建时，又把全店改成展卖场所，进一步推行展卖制度。在此前后，还进行了住宿学徒通勤制度、学生店员招聘、近代记账制度等一系列改革。这些改革都是高桥提出的，他曾经作为《时事新报》的记者而被派往纽约等地，深入了解过国外商业发展状况。

但是高桥的改革也并不都一帆风顺，特别是学生店员招聘引起的工头罢工让他头疼不已。打破积弊已久的各种传统习惯，让人接受新的制度并不容易。一直支持高桥的是日比翁助，他受三井银行专务理事中上川彦次郎（1854—1901）推荐而进入公司。他于 1884 年和中上川、高桥同年从庆应义塾毕业，在辗转了数个职业之后，应中上川邀请进入三井银行，担任副经理。他没有辜负高桥的期望，在努力协调公司内部新旧势力的同时，进行大刀阔斧的改革，特别是广告宣传方面。1903 年他们开始用标有公司名称的汽车为顾客提供送货上门服务。"人们都根据是不是能用上三井公司的送货车来判断一个家庭的富有程度。此举大受欢迎,爱慕虚荣的人们在购买商品的时候都尽可能地要求送货上门,三井因而受到妇人们的青睐。"

3. 广告媒体的开发和运用

在日本,当时还没有社长制,日比翁助于1904年就任专务董事,实际相当于行使社长职能。日比翁助让三越的广告宣传活动精益求精。之前提到的浜田四郎(图6-7)是一位资深广告人士,给日比翁助提供了有力的支持。他们的宣传活动特色是,不光灵活运用之前的广告媒体,还要挖掘出当下广告主们没有发现的媒体价值,发挥出它们的独特效用,把它们结合在一起从而调动起消费者的购买欲。送货专用车就是能够传递给消费者一

图6-7　三越的浜田四郎
(三越收藏)

种三越顾客特有身份象征的新型宣传媒介。之前提到的展卖场所作为新的媒介也大受关注。三越甚至在1905年将职员丰泉益三(1879—1951,后来的董事)专门派往纽约去调研商品展示窗口的布置,在展卖场所的橱窗上下足了工夫。

日本广告理论家石川天崖于1909年出版的《东京学》在谈到营销手段时这样论述:"三越百货商店将展卖场所进行华美装饰,给人耳目一新的感觉,是为了勾起人们对各种商品的购买欲。一般情况下,对某一物品,人们已经习以为常,即使是比较稀有也不会产生购买欲。人们总是乐于追逐新鲜事物。所以广告必须顺应人们的心理需求进行创新,使之给予人们新鲜感。"成为当时"广告术"范例的三越百货商店以及其中陈列的商品成为新的广告媒介,极大地勾起了过往顾客的购买欲,刺激了消费,因而受到世人瞩目。1911年三越还专门将员工送往欧美学习室内装潢,说明公司管理层深知以橱窗陈列

为代表的室内展卖场的宣传价值。电梯的使用被竞争对手白木屋占了先机，但三越在 1914 年改建时，也开始使用自动扶梯，这也是室内装潢的一种新的广告媒介。屋外的广告媒介也得到开发。比如将黑旧的仓库拆毁而新建的西洋风格的高大百货大楼，以及遍布全楼的华美彩灯（图 6-8），都被作为百货商店的广告媒介而受到重视。

图 6-8　成为东京名景的三越彩灯大楼
（三越收藏）

图 6-9　巨额奖金征集的美女海报
（三越收藏）

1911 年，三越以 1000 日元的高额奖金征集宣传海报图案。巨额奖金引发众论，最后选中的作品也为人们津津乐道。新桥等车站前张贴的美女海报（图 6-9）为三越名声的打响发挥了作用。1909 年，少年音乐组合成为三越广告宣传的手段之一。少年音乐组合与原来吴服店在大甩卖和开业时所请的吹弹艺人完全不同，而与西洋风格的商品和百货商店的新形象相统一。1903 年，三越创办了公关杂志《时好》，1908 年创办《三越时代》,都是宣传三越公司形象和商品的优秀公关媒介。这些广告活动以其创新性和高质量而被报纸、杂志等关注和报道,这些报道进一步提升了三越的形象,提高了三越在顾客群体中的知名度和信赖度。

当然,报纸依然是最主要的广告媒体,也得到灵活运用。三越大阪分店的店长高玉圭三当时说了这样一番话:"关于广告宣传的时机以及手段的选择必须多下工夫。时机不合适,即使投放广告效果也不会明显;时机合适但宣传手段拙劣,同样不会有好的效果。一下子吸引住顾客眼球还是让人们无处不见,到底哪一种广告方式效果更好,暂无定论。我们店要采取后者的方式,正如刚刚登在报纸上的广告一样,我们不把所有广告都投放在同一版,而是选择分多次刊登在不同版面。"①

三越投放广告的重点是,稳定掌握中层阶级读者层的《时事新报》和《都新闻》。特别是对《时事新报》的灵活运用值得关注,这是靠着福泽和日比之间师生关系建立起来的合作。"当时被称为绅士阶层的人们无一不是《时事新报》的忠实读者。"这是当时人们对《时事新报》的评价。可见三越对目标消费群的精准定位和对广告的精心经营。

4. 百货商店的目标消费群

以前,东京日本桥各家吴服店的顾客群体是互不相同的。白木屋针对贵族阶层,高岛屋主要面向皇族的亲王和诸王,大丸在下层商家和一般百姓中颇有人气,三越的顾客多为工商业资本家阶层和来自京都的公卿贵族。三越的顾客群体定位使其在战后百货商店的发展中处于越来越有利的地位。原因是当时光顾百货商店的人群开始从上流社会向高端中产阶级转移。

明治前期文明开化时期,天皇从自身做起,身体力行地率先尝试欧美生活方式,即"天皇表率方式"。天皇带头并要求政府高官剪发、穿西洋服饰、吃肉食,先于民众改行新的生活方式。这种风潮

---

① 《广告总账》1904年1月号。

在鹿鸣馆时代（1883—1890）达到高峰。所谓鹿鸣馆，是日本明治政府于1883年建成的建筑，主要用于接待外国宾客和外交官，是日本当时极端欧化政策的象征。白木屋应政府的要求于1886年新设立洋服部。明治前期，欧美生活方式能够影响到的仅限于皇族、贵族、政府高官等特权阶级。到明治末期，中产阶级以下的人们还过着同江户时代本质相同的朴素生活，坚持日本传统的本土习惯。随着资本主义的发展，从明治末期开始中产阶级逐渐兴起，他们的收入水平不断上升。中产阶级还没有经济能力在白木屋、高岛屋等高级百货商店消费，但是三越、大丸等百货商店完全符合他们的消费能力。三越本来就是以这样的群体作为自己的主要顾客群，所以能够采取比其他百货商店更具优势的销售、广告活动。

虽然认准了快速崛起的中产阶级为目标消费群，但过于平民化的商品和形象是难以吸引中产阶级的。大丸于1908年对东京的店铺进行改造，向百货商店的方向迈出重要步伐，但是由于其地理位置不佳，上流社会和高端中产阶级顾客稀少，再加上战后经济不景气，经营了167年的东京老店在1909年曾一度濒临关门。百货商店仅仅依靠中产阶级和一般百姓就能生存的时代还未到来。

1898年10月10日《风俗画报》记载："三井吴服店的设计师们，费尽心血地设计新创意，向社会大力推广游园会、晚会专用的新款服装，博得了贵妇们的一致好评。"三井一直牢牢掌握着上流社会贵妇这个客户群体。特别是改名三越后，于1909年得到了宫内省御用称号的使用许可，将山县有朋、久迩宫邦彦王等皇族、齐藤实海军大臣，井上馨侯爵，大山严公爵等名流的莅临刊载在公关杂志《三越时代》上，为打造三越特权上流社会顾客的卓越形象煞费苦心。受此影响，很多中产阶级想要接近上流社会，过上和他们一样优雅的日西结合的生活。文明开化伊始对他们来说还是遥不可及的梦想，到了日俄战争的时候正一步步变成现实。1903年8月25日《风俗画报》记载，地方"有财力的人都想亲自到东京去购物，没能力出来的人拜托别人也要买些东西。而妇人们只要到了天子脚下就直接奔往三井"，购买时下流行的商品。就这样，以三越为代表的百货商店实现了中产阶级的消费梦想。

5. 形象塑造与相互竞争

卓越的消费体验，使得高端中产阶级也成了三越的顾客群体。这个阶层以下的人们虽然还消费不起，不过已经成了三越的潜在顾客。三越的形象慢慢渗透到了各个阶层，各个地区。之后的滨田四郎提出的宣传口号"今日帝剧，明日三越"脍炙人口。连一般百姓也都开始梦想什么时候能够到三越去购物，过上高档的生活。而这个想法在百姓心中的萌生则归功于成功的广告宣传活动。日本著名诗人、随笔家大町桂月（1869—1925）曾指出："没去过帝国剧院，没欣赏过歌舞伎演出，没去乘坐三越和白木屋的电梯，就没去过东京。"从明治末期到大正初期，对于全国百姓来说，三越是即使无力消费，也要去参观的东京代表性景点。比如公关杂志《三越》1911年4月11日记述的"山形县和其他地方团体数百名顾客冒着大雨前来参观。今日来店的顾客达到21854名，其中有大山公爵夫人、浅野总一郎以及外国友人45名"（5月刊），地方进京游玩的顾客和上流社会客人的参观大都被收录在每期刊物上。"三越"的名字为全国民众所熟知，再也不会出现将"三越"二字读错的现象。

白木屋（现东急百货商店日本桥店）是三越的重要对手，两家都在互相竞争、相互模仿中发展。三越模仿白木屋，于1888年新设洋服部；1904年，白木屋仿照三越设立了杂货部；1908年白木屋的成衣销售和1911年设置电梯都是日本首创；1911年，仿照三越的少年音乐组合，白木屋组建了少女音乐组合以推广宣传。白木屋的广告和销售意识不落后于三越，其广告活动的核心人物是经理岩桥谨次郎（1861—1912）。他也是福泽门下学生，在一家叫做森村组的洋服专营店纽约分店工作时进入商业学校学习，并接触到了时任《时事新报》记者的高桥义雄，回国后不久就于1904年进入白木屋工作。他在美国的经历和学习对白木屋能够顺应时代发展做出了贡献。

6. 百货商店引导流行趋势

仿照三越的公关杂志《时好》，白木屋于 1906 年开始发行公关杂志《流行》。该杂志的名称明确反映出当时的百货商店努力的目标：引导流行趋势。制造流行现象、提高销售额是当时的整个产业界对百货商店的期望。当时的制造商和广告代理商没有任何创造流行现象的能力和想法。从吴服店起家的三越、白木屋等百货商店以前也不擅长引领潮流。但是，面对各方的期待和时代的召唤，百货商店首先展开了针对"精神陈腐化"的变革。1905 年，三越推出"元禄样式"的新式和服，发饰、鞋子、包袋、领带都标注着"元禄"字样。和服本来是难以跟上流行趋势的，但 1908 年三越推出"三越面纱"（一种头巾）成为大受年轻女性欢迎的和服附带品。新上市的洋服和鞋子、洋伞等商品与和服类商品相比，流行周期更短，百货商店也逐渐开始热衷于创造流行。

三越和白木屋的广告团队都是接受过福泽直接或间接熏陶的人。他们大多学习过西洋的实用学问，特别是见识了欧美的社会。比如，日比从 1906 年 4 月到 1907 年 11 月，作为当时的经营者长时间在欧美各国游历，探索百货商店新的发展方向，回国后推动了销售、广告活动的发展。消费的西洋化花费了很长时间，但也得到了广泛阶层的支持。百货商店向民众传播的并不仅仅是西洋的生活方式，日西结合才是最受百姓欢迎的。这一点对于吴服店起家的百货商店也再合适不过，能够在和服所构建的经营基础上售卖洋服、洋货等商品。三越等之所以能够成功，正是因为巧妙组合日西生活方式，采取了合适的经营策略。

第七章 资本主义确立时期广告代理业的发展

第一节 广告代理业的发展与电通的诞生

1. 主要广告代理公司

广告活动的发展推动了广告代理业的快速兴起。其中格外引人关注的是甲午战争后到明治（1868—1911）30 年代初叶这段时期，广告代理公司的数目急剧增加。当时，仅在东京就有约 150 家广告代理公司。① 这个时期和明治 20 年代初叶，是广告代理公司成立数目最多的时期。此外，明治 30 年代前半叶是作为著名广告代理企业的名声得以传播、实力企业聚集的时期。

甲午战争以后，在东京数目激增的广告代理企业之中，有很大一部分都是个人小规模企业。同时，势力逐渐增强的代理公司也开始崭露头角。在甲午战争后，甚至出现了一个月的广告业务受理金额高达 15000—16000 日元的大规模代理公司。② 明治 30 年初期，东京的大规模公告代理公司如下（括号内为创办者）：

弘报堂（江藤直纯）、正路喜社（池上市藏）、帝国通信社（竹村良贞）、博报堂（濑木博尚）、三成社（柘植福马）、广告社（汤泽精司）、东京通信社（关清太郎）、金兰社（笠间靖）、广目屋（秋田柳吉）

---

① 《广告总账》1904 年 1 月号。
② 《广告总账》1904 年 1 月号。

图 7-1 博报堂创始人濑木博尚

在这几家公司之中，博报堂是由濑木博尚（图 7-1）于甲午战争结束后的 1895 年 10 月在东京创办的。① 该公司最初以教育类杂志的广告中介业务起家，不久以后就得到了博文馆旗下的几本杂志和新声社（后来的新潮社）旗下《新声》杂志的广告代理业务。随后，该公司又引入报业广告代理业务，并开始受理一般商品的广告业务，其中最为主要还是出版物广告业务，并不断以新型广告代理商的模式进行业务拓展（图 7-2）。

图 7-2 1907 年时的博报堂办公楼

---

① 《广告六十年》，博报堂出版，1955 年，第 242—247 页。

第七章 资本主义确立时期广告代理业的发展

2. 代表性广告代理公司：万年社

随着大阪报业的快速发展，大阪的广告代理业发展迅速，并稳步扩大经营规模。伴随着大阪本地报纸进军东京，大阪的广告代理商也随之赴东京开拓业务，在东京开设分部。其中以高木贞卫（图7-3）于1890年创办的万年社最受瞩目（图7-4）。其受理业务金额从1895年的四万日元，于1905年增至30万日元，而在1920年更是激增至228万日元。在甲午战争时期的1894年11月，万年社将驻东京办事处升级为驻东京分公司，并于1899年12月在京都开设分公司。万年社通过在关东、关西两个地域扩展经营据点，提高了该公司在广告代理行业的地位。1900年，也就是万年社创办10周年之际，该公司

图 7-3　万年社创始人高木贞卫

已经与大阪的6—7家报纸，东京的12—13家报纸，全国各地的90家报纸建立业务关系。① 根据万年社编著的《万年社四十年历史纲要》，截至1895年，万年社曾与104家报纸缔结过合约。② 而到了1920年，在日本全国范围内，与万年社有业务关系的报纸增至319家。而在日俄战争之后，该公司更与朝鲜、中国的日语报纸签订了广告专营契约，成了日本广告代理业界开拓海外市场的先驱企业。此外，金水堂公司于1894年4月在大阪成立。京华社则于1898年在名古屋设立分公司，1900年1月于东京设立分公司，1901年1月在大阪设立分公司，1903年9月在神户设立了分公司。这些公司都紧随万年社，以关东关西两大区域作为根据地，向多个地区扩展经营地盘。

---

① 高木贞卫：《广告界的今昔》，万年社出版，1930年，第88—89页。
② 万年社编著：《万年社四十年历史纲要》，1930年，第39—40页。

广告的社会史

图 7-4　万年社办公楼

表 7-1　东京主要广告代理公司的营业额

	单月营业额
弘报堂	10000 日元左右
日本广告株式会社	5000 至 6000 日元
正路喜社	4000 至 5000 日元
金兰社	
帝国通信社	
广目社	3000 至 4000 日元
三成社	2000 日元
弘业社	1000 日元
细井组	700 至 800 日元

数据来源:《广告总账》1904 年 1 月号

第七章 资本主义确立时期广告代理业的发展

3. 电通前身日本广告株式会社的诞生

电通的前身日本广告株式会社也在这个时期创立（图7-5）。1901年7月1日，作为广告代理行业中的第一家股份有限公司，日本广告株式会社以10万日元的注册资金正式注册成立，同时附设经营通讯业务的电报通信社。创办之时的日本广告株式会社的干部主要有：会长日向辉武（同为众议院议员）、专务董事山崎嘉太郎（山崎帝国堂）、常务董事光永星郎（图7-6）。其中，常务董事光永星郎其实是创办者，也是实质上的公司社长。

图7-5 电通的前身日本广告株式会社创办时的办公楼

日俄战争前后，小型广告代理公司的竞争与淘汰进一步激化，行业的实力分布也发生了相应的变动，不同公司的规模出现了较大差距。从表 7-1 可看出当时东京具有实力的代理公司的单月营业额。江藤直纯于 1886 年创办的弘报堂的发展和业绩，在东京的广告代理业中非常突出。然而，大部分广告代理公司的运营并不都是一帆风顺，日俄战争后短期的经济不景气就给广告代理业界造成了很大的影响。日本广告株式会社也不例外，1905 年资本金一度从 10 万日元直降至 6 万日元。

图 7-6　日本电报通信社创始人光永星郎

4. 日本电报通信社的创立与发展

日俄战争的胜利，促进了日本的国际化。光永星郎在公司的创立宗旨中提到："日本在日俄战争中取得了胜利，作为新兴国家和东洋盟主，必须与列国沟通日本国情，将国内的舆论传达到海外。"①于是日本广告株式会社便以经营国际化的通讯事业作为目标，于 1906 年 12 月收购电报通信社，以 20 万日元的资本金创立日本电报通信社。1907 年 9 月，该公司与日本广告株式会社合并统合，兼营通讯业务和广告代理业务的日本电报通信社就这样成立了（专务董事长为光永星郎，当时没有实行社长制度）。

表 7-2 是从明治末期到大正年间该公司的业绩。从表中可看出，因行业不景气和不良债权的影响，公司的利润虽然在 1911 年前后有所减少，但是总收入和总支出是连年增加的。1908 年 12 月，日本广告株式会社成立七周年之际，日本电报通信社举行了庆祝纪念会。

---

① 《日本电报通信社创立意向书》，通信社史刊行会编：《通信社史》，1958 年，第 179 页。

第七章 资本主义确立时期广告代理业的发展

在贺词中,《时事新报》写道:"过去三年,在与本报有广告业务来往的广告公司之中,贵社的广告业务额是最高的。"《东京朝日新闻》的贺词则是:"1901 年以后,在与我报有广告业务往来的广告公司中,贵公司业务额高居首位。"另外,《报知新闻》称:"过去五年我报与电通公司的广告业务额最高。"《国民新闻》也称:"我报与贵公司的广告业务当属最多。"① 可见,在各实力雄厚的广告公司中,电通公司的优势地位已经确立。另外,电通公司在与日本广告株式会社合并前的 1906 年 1 月设立了名古屋分公司,同一年的 4 月设立了大阪分公司等在日本各地的分公司。这些分公司在两公司合并后仍为日本电报通信社的分公司。

表 7-2　日本电报通信社业绩　单位:日元

	总收入	总支出	利润	股息率
1909 年度	91698	84805	6892	5%
1910 年度	92951	79273	13687	5%
1911 年度	117386	105525	11861	5%
1912 年度	142431	120701	21730	5%
1913 年度	140323	132641	7682	5%
1914 年度	收入不明	支出不明	3820	5%

5. 广告代理业和通讯业的同时经营

兼营广告代理业和通讯业的运营形态,其实早在甲午战争以前就已经出现,其中的典型代表就是由"时事通信社"和"新闻用达会社"于 1892 年合并创办的"帝国通信社"。早期,东京广告业者通常采用通讯业为主、广告代理业为辅的经营模式。

进入明治 30 年代,这种兼营通讯业和代理业的经营关系也相应地发生变化。在兼营模式中,通信社在采访和发布信息时需要耗费资金,若签约报社数量较少,或不能按计划收取通讯费用,将导致企业的经营困难。通信社正是在这种恶劣的经营环境中诞生的。对

---

① 《新闻总览》,日本电报通信社,明治四十三年版,第 556—559 页。

这些企业来说，作为副业的广告代理业，也因有其他广告业者的竞争而收入甚少。另外，初期的通信社具有浓厚的党派政治色彩，几乎每一家通信社都有相应的党派背景。因此很多通信社的经营目的都是向其体系之下的地方报纸提供通讯，而并没有对公司自身的经营方式和利润核算等给予应有的重视。帝国通信社也是如此，该社为改进党的通信社。进入明治30年代后，其党派色彩并没有发生什么变化，承担改进党、进步党、宪政本党、国民党的机关通信社的角色。在这个阶段，帝国通信社的经营模式悄然发生了变化。以前，都是向其签约报社收取通讯、电报等费用；如今，帝国通信社更多地充当广告中介商，赚取地方报纸的广告差价。这种经营方式不但有利于通信社和报社的经营，也有效地加强了两者间的联系。

  日本电报通信社的光永星郎也积极地采纳这种兼营模式来推动公司的运营。光永星郎于1901年创立日本广告株式会社之初，曾考虑采取兼营通讯和广告业务的经营模式，但遭到投资者的反对，反对的理由是："这种经营模式只会耗费公司资本，无益于增加利润。"① 光永星郎不得不分别设立经营广告代理业务的日本广告株式会社以及规模极小的经营通讯业务的电报通信社。到了1906年，他又在电报通信社的基础上建立了日本电报通信社，并于第二年将其与日本广告株式会社合并。

  日本电报通信社的经营模式以通讯业为主，广告代理业为辅。与帝国通信社不同，该公司在通讯业务上坚持政治中立、独立公平的原则；帝国通信社主要发布政治类新闻，电报通信社则填补政治新闻外的空缺，大量发布社会新闻。另一方面，在广告代理界，日本电报通信社以"低廉的利率，公平的交易，完整的设备"作为营业方针，充分发挥兼营模式带来的通讯费和广告费收入的经营优势。另外，对于投放广告的广告主，一方面进行积极的推销，另一方面也切实提高服务质量。简而言之，日本电报通信社的通讯业和广告代理业之间的关系是，以广告业务为基础，并不断深化两种经营业

---

① 《八火传》，日本电报通信社出版，1950年，第82页。

第七章 资本主义确立时期广告代理业的发展

务的有机结合。

由于受到帝国通信社和日本电报通信社（尤其是后者）的刺激，有实力的代理业者也纷纷效仿，采取广告和通讯兼营的经营模式。1908年4月，汤泽精司的广告公司另设日本经济通信社，开始兼营经济信息方面的通讯业务。① 1910年7月，博报堂开始接管博文馆经营的国内国外通讯业务，并将公司改名为"内外通信社博报堂"②。此外，正路喜社也于1912年11月另设中央通信社，兼营通讯业务。③ 以上几家公司采取的都是广告代理业为主、通讯业为辅的兼营模式，并没能像帝国通信社和日本电报社那样将两者有机结合。

值得一提的是，兼营模式有明显的弊端，有些取兼营模式的广告代理公司，通过通讯部门抓住广告主的弱点，并借此要挟以获取广告业务。

第二节 广告交易概况

1. 广告主和媒体之间直接交易减少

广告交易是由广告主、广告代理业者和广告媒体三方围绕着广告版面进行的一种商业交易，广告交易是由这三者之间的利益关系决定的。在早期，报纸广告版面的交易是买方占优势地位，广告版面的购买者（广告主）拥有压倒性的强势。后来，在媒体和广告主之间出现了作为中介的广告代理业者，广告代理公司在广告主面前也处于相对弱势，在吸引广告主投放广告和收取广告费用方面花费大量精力。另一方面，广告代理公司对于媒体一方而言较为强势：虽然在《时事新报》和《大阪朝日新闻》等大报面前稍显弱势，但是在信息收集能力和广告征集能力较差的报社，尤其是地方报社面前，兼营通讯和广告业务的公司拥有很强的话语权。

---

① 汤泽精司：《报业五十五年回忆录》，广告社出版，1937年，第83—84页。
② 《广告六十年》，博报堂出版，1955年，第247页。
③ 高森有吉：《纪实正路喜社》，北海道正路喜社，1972年，年谱第2页。

广告的社会史

伴随着广告代理行业的发展,广告主和媒体之间的直接交易逐渐减少。对于媒体来说,若要提高广告收入,就不能仅靠自己的力量开拓广告客户,而更需依赖广告代理公司。另外,广告代理公司的中介服务,能够节约广告交易的时间,并确保广告交易的安全性。

例如,《大阪朝日新闻》创刊以来,一直与广告主进行直接交易,但在1894年以后,就与万年社等广告代理公司签订了广告代理合同。其后,该报的广告代理交易额一直增加,在1905年前后,由广告代理公司代行的广告交易占到广告总量的70%。然而,该报与规模较大的广告主还是保持直接交易关系。据说经营花王肥皂的长濑商社在创业之初,就已通过东京分公司与《大阪朝日新闻》、《大阪每日新闻》两报社进行广告交易;而与关西地区其他报纸的广告交易则通过万年社进行,与《奥羽日日新闻》则通过仙台的广告代理商"近八商店"进行交易。① 《大阪朝日新闻》凭借巨大的影响力和广泛的发行范围,其媒体广告价值被广告主看重。不过影响力如此大的,毕竟只有少数几家大城市报纸。这些报社不需委托广告代理业者,即可轻松地以理想价格将广告版面售罄。《福冈日日新闻》原社长原田德次郎曾就报社在日俄战争后的广告直接交易情况有如下叙述:

> 三轮肥皂于明治1910年3月开始发售。……丸见屋方面在肥皂开始销售的同时,也准备开展铺天盖地的广告攻势。波多君(丸见屋负责人波多海藏)亲自走访全国各地报社签订广告合同。当时在《福冈日日新闻》刊登了六十多条广告。六十条广告相当于现在报纸八页的版面。可以说在当时,其他产品的广告完全被肥皂广告给淹没了。②

桃谷顺天馆(生产化妆品的广告主)当时有一位叫做儿玉安治郎的老经理。毕竟是连续经营公司的第三代人,所以作为

---

① 服部之总:《初代长濑富郎传》,花王肥皂,1940年,第158—159页。
② 《日本新闻广告史》,日本电报通信社,1940年,第634页。

第七章 资本主义确立时期广告代理业的发展

经理的价值自然是非同凡响的。这个人当时掌管了桃谷。……这个人有时候会到各地方报纸走访。然后就从绑在腰上被塞得鼓囊囊的腰包中取出一沓沓的钞票说是要交订金,继而又狠狠地砍价。报社的人虽然都明知要吃亏,但还是不知不觉与他签订合同。①

可见,在当时有一些广告主跳过代理公司直接与媒体接触。其中,不少以很好的条件直接与全国性大报和地方报纸进行广告交易。

在签订广告合同时,广告主方面会派出总经理或握有实权的主管,而媒体方面则会由报社社长或是广告部长在场见证,根据双方的利益关系制订广告的单价。通过这样的程序制定出来的广告直接交易价格被称作"实际交易单价",只有当事者知道,一般具有很高的秘密性。但是,这个交易金额也会伴随双方主管广告交易的人员变动而发生上下波动。一般来说,由于大型广告主的广告大量投放和广告的持续性,比起报社对外公布的广告价格,实际交易价格会有大幅的折扣。

2. 持续的广告费用折扣

媒体广告价值较低的报社,若不委托广告代理公司对广告版面进行中介服务,就难以得到广告主。如果交易价格不能大大低于对外公布定价,交易也很难顺利达成。所以,广告交易折扣在日俄战争后依然存在,影响力越小的报纸其广告版面的折扣空间越大。在这方面,杂志等平面媒体和报纸状况相同。虽然各媒体试图降低媒体广告交易的折扣率,但大多数情况下难以如愿。

在明治末期,广告的折扣在各层次、各类型的报社中非常普遍。就算是《万朝报》这样被公认拥有巨大影响力的报纸,也曾发出公告,承认该报在广告交易中存在折扣。如此,我们就不难推测其他一些规模或影响力较小的报纸,在广告交易时事实上存在着更大的

---

① 《日本新闻广告史》,日本电报通信社,1940年,第15—16页。

折扣。其中，又以药品和化妆品广告的折扣空间最大。究其原因，此类广告交易量较大，且很少指定规定的广告刊登时间，刊登时间可相对自由地进行调整。与此相对，杂志广告由于有规定的广告刊登时间，折扣空间也相对较小。而像讣告和授勋这样的公示，就基本没有折扣空间了。广告代理公司接受广告主的要求，积极要求媒体降价是常见的。

另一方面，广告代理业者也将降低媒体对外公布的广告版面价格当做卖点。例如在1901年12月的《时事新报》中，正路喜社刊登了以下广告。

> 提供以《时事新报》为代表的全国各大报社广告中介服务。本公司特色是能够准确迅速掌握各大媒体的折扣信息。此外，还提供岁末年初的特别广告折扣服务。[①]

然而，由于广告代理业者提供的广告折扣服务在业者间竞争过于激烈，代理公司提供的折扣有时甚至超过媒体提供的折扣。在极端的例子中，代理公司甚至会赔掉提成。

3. 广告代理的串通投标和佣金制

1894年以后，对于某些特定的临时广告，东京的大型广告代理公司都会施行投标制。这主要源于1897年东京报业广告中介同盟会缔结的规则。1899年伊势的参宫铁路通车之际，正路喜社得到关西实业界实力人物松本重太郎的支持，得以排除其他同业竞争者获得了参宫铁路全线开通的独家广告代理权。然而由于这违反了商会同盟会的规定，激怒了其他业者，最终竟发展到同业者合力试图拆除正路喜社招牌的地步。这次事件最终以正路喜社社长池上市藏发誓不再重蹈覆辙而得以平息。[②]

---

① 《时事新报》1901年12月13日。
② 高森有吉：《纪实正路喜社》，北海道正路喜社，1972年，第53—54页。

第七章 资本主义确立时期广告代理业的发展

然而,当时的投标经常事先经过参加投标同业者商讨,也就是串通投标。《八火传》(光永星郎的传记)记载:"当时,广告中介同业者间的串通投标实是常态。"光永也谈道:"对于广告主来说,串通投标筑起了让人厌烦的坚固堡垒",然而"如果拒绝串通投标,对于广告主来说是令人欣喜的,广告交易会变得公平公正,利率(指的是手续费——引用者)能够减少百分之五至百分之十"[1]。

在广告代理业者中,负责寻找广告主并替媒体征集广告主这种直接对外工作的职员被称作外勤员。然而,这些外勤人员的收入和报酬主要靠佣金。这种佣金制度出现于广告代理行业中的时间并不明确,基本应在广告代理业者间竞争激烈的甲午战争之后。

在战前时期,广告代理业者中以佣金制度而出名的公司是正路喜社。正路喜社真正实现了佣金的制度化,则是1897年的事情了。1900年6月进入正路喜社的浅田源一(后来成为正路喜社社长)留下如下回忆:"当时外勤人员的薪酬虽然比从事内勤业务的人员工资要低,但由于当时在公司内确立了佣金制度,即从广告交易手续费纯收益中抽取30%作为外勤人员的佣金奖励。所以外勤人员到手的工资是内勤业务人员单一制工资的三倍。依照个人能力的不同,得到五倍工资的外勤人员也是有的。"[2] 据此可知,正路喜社对于外勤员工实施固定薪酬和外勤佣金奖励结合的薪酬制度,而且佣金奖励占到了广告交易手续费(报社缴纳)纯收益的30%。可以说这种高比率的佣金制度,大大提高了外勤人员开拓广告业务的工作热情,同时在后来的公司发展中为正路喜社提供了源源不绝的动力。

第三节 广告团体的组织化

1. 东京报业广告中介同盟会的诞生

1890年前后,广告代理行业刚刚登上历史舞台之际,由于还没

---

[1] 《八火传》,日本电报通信社,1950年,第90—91页。
[2] 高森有吉:《纪实正路喜社》,北海道正路喜社,1972年,第54页。

确定广告交易的行业规范，而且大部分报社对广告收入还没有迫切的需求和明晰的认识。若广告主赊欠已刊载完毕的广告款项，报社并不会要求广告代理公司对拖欠款项强行催收。然而，1900年以后，报社开始重视广告业务，对于广告的赊账欠账也不会轻易放过。由于报业广告还处于买方市场的交易状态，广告代理业者之间的竞争非常激烈。于是有一部分广告主就巧妙地利用这点对广告交易价格进行大幅度的压价，广告交易金额呈现大幅下滑态势。

为了防止广告代理行业的集体崩盘，维持广告交易价格的稳定，1897年10月，由东京八家实力雄厚的广告代理公司共同成立了东京报业广告中介同盟会。这八家公司包括：正路喜社、帝国通信社、三成社、广告社、金兰社、东京通信社、广目屋、弘报社。

该同盟会制定了一种类似于行业规程的同盟会章程，并签署协约以共同遵守。该章程还得到了当时东京15家报社的支持。同盟会章程的要点如下。

第一，需相互竞争时，禁止恶性价格竞争。

第二，对于拖欠广告费的广告主，广告代理公司应联合当事报社提出严正的催款请求。若请求无效，广告主依旧拖欠广告费用，则在当事报纸上刊登一段针对改欠款企业的25行催款声明。该催款声明免费三次。[①]

之所以有刊登催款声明免费三次这样的条款，是因为当时不良广告主拖欠广告费用的案例非常多。八家广告代理公司发起成立的东京报业广告中介同盟会，是成立广告代理行业联盟的最初尝试。

2. 大阪地区广告中介企业同盟会的成立

在大阪，类似的广告中介业者联盟也得以成立。其中，"协一会"是于1891年在大阪成立的。该联盟其实是由大阪广告代理公司

---

① 汤泽精司：《报业五十五年回忆录》，广告社，1937年，第31页。

第七章　资本主义确立时期广告代理业的发展

结成的一个友好协会。在广告代理企业不断增多,广告代理行业竞争不断加剧的背景下,1899年11月25日,在获取了报社和主要广告主支持后,大阪的六家广告代理公司(金水堂、三星社、仿蚁社、日浩社、勉强社、万年社)组成了广告中介业者同盟会。该同盟会的条款如下①:

广告中介业者同盟会章程

日浩社、仿蚁社、勉强社、万年社、三星社、金水堂按照以下的条约缔结协议。

第一条　若同盟会成员在与缔约报社或其他交易对象的交易过程中违反商业道义致使同盟会信誉受损,或违背本章程规定时,将依据实际情况给予警告甚至是从同盟会除名的处分。

第二条　若报社在与同盟会成员进行广告交易的过程中发生了不妥当的交易行为,则同盟会成员不能以直接或间接的方式为该报社募集广告。

第三条　同盟会成员在进行广告交易的过程中,若发现拖欠费用的不良客户应向同盟会成员进行通报。

接到通报的同盟会成员,若与该不良客户有广告交易,应尽快拒绝该公司的广告交易申请,并通知报社停止广告的刊载。

第四条　同盟会成员中,甲公司不许聘用乙公司的现役雇员。

若未经甲公司的允许,乙公司不得聘用被甲公司解雇的雇员。

第五条　若发现同盟会成员的雇员私自缔结广告合约,应拒绝与其签订合约并立即通知其公司。

第六条　同盟会成员应用本公司的商号和名义进行公司经营。

---

①　来源于万年社提供的资料。

第七条　若非本同盟会成员扰乱行业经营秩序或是损坏缔约报社名声，同盟成员应采取一致的态度维护市场秩序。

本条约实施时应谋求当事报社的支持和赞成，共同维护本行业市场秩序。

第八条　同盟会成员应任命两名干事，委托其负责本同盟会的一切事务，任期为6个月。

第九条　同盟会成员将定期召开会议商议业务上的有关事务，时间定于每月第二个星期三。

第十条　议案只要得到同盟会中半数或以上成员的同意，即可生效。

第十一条　本同盟会运行所产生的经费由同盟会成员平均分担。

第十二条　为维持同盟会运作，同盟会成员员工每月交纳一日元作为经费。

第十三条　对于被同盟会除名的企业，在市内两份以上的报纸上发表除名通报并通知市内各报社。

第十四条　不应与被同盟会除名的企业进行交易。

第十五条　欲加入本同盟会，应取得两家本同盟会成员企业的推荐。

为表明同意以上条约，请盖章签署协议。

从以上的条款中可以看出，该同盟会是致力于谋求广告交易稳定，由广告代理企业组成的行业组织。

而前述的东京报业广告中介同盟会在1902年至1903年逐渐消亡，取而代之的是"八日会"。八日会由东京所有的报社和广告代理公司共同组成，负责商议行业内重大问题。八日会于1912年前后解散。其实类似的联盟组织还有很多，在1910年2月26日的《东京日日新闻》上，有署名"东京广告协和会"的公告，公布了拖欠帝国通信社广告费用的广告主名单，希望其他各报社停止继续刊载拖欠名单上企业的广告。

3. 广告俱乐部和协同会的成立

1908 年，广告俱乐部成立。该俱乐部由留学归国的三越广告部滨田四郎仿照美国的先例发起创立，三轮善兵卫（三轮肥皂）、平尾赞平、小林富次郎（LION）和结成礼一郎等是共同发起人。一百多名来自广告主、媒体、广告代理公司、广告研究机构的广告行业相关人员参加了该组织。正如滨田所言，"（要建立）这种俱乐部还为时尚早"[1]，该俱乐部也没能长久延续下来，在第二年就解散了。[2]

1914 年，由日本电报通信社、帝国通信社、正路喜社、弘报堂、博报堂五家当时东京实力雄厚的代理公司联合新结成了协同会。这是广告代理业创立的首个正式且长久的组织，在以后也发挥了重要作用，组织了许多重要活动。

4. 新闻协会的成立

1913 年 4 月 8 日，新闻协会（1924 年改名为日本新闻协会，和现在的日本新闻协会无关）成立。[3] 这个协会是以日本电报通信社为中心组织起来的，主要由通信社和报社组成，是全国性组织。其后，该协会成了对广告业界的重要问题具有强大影响力的组织。根据《报知新闻》的有关报道[4]，在新闻协会成立大会上通过的决议案的条款之一是："对于拖欠广告费用的公司，协会成员将携手拒绝与其交易并予以公示。"

5. 早稻田大学广告研究会的成立

另一方面，逐渐有大学开始对广告研究表现出兴趣，也有学校开始开设一些有关广告的课程。当时对于广告研究最为积极的是

---

[1] 滨田四郎：《百货店一夕话》，日本电报通信社，1948 年，第 140 页。
[2] 《日本新闻年鉴》，新闻研究所，昭和五年版，第 43 页。
[3] 《日本报业协会二十年史》，日本新闻协会，1932 年，第 1—18 页。
[4] 《报知新闻》1913 年 4 月 10 日。

早稻田大学的商科。1913年10月,作为建校30周年纪念专门策划的活动,该校商科学生举办了广告展览会。随后,以参加了该次展览会的教授和学生为中心,1914年1月17日,日本国内首家学生广告研究团体早稻田大学广告研究会(会长田中穗积)在该校成立。[①]

[①] 早稻田大学广告研究会会刊《讲演与沿革》,1934年,沿革史,第1—4页。

第八章 高木贞卫与万年社

第一节 万年社创业期广告代理业的社会形象

1. 关于"广告代理业"

20世纪80年代的日本,"广告公司"取代了"广告代理业者"登上了历史舞台并逐渐被认知。所谓的"广告代理业者",是指在广告主和提供广告版面的媒体之间提供中介服务,特别是作为版面经纪人和时间经纪人替广告主代行有关广告业务的企业。随着代理业者的经营范围不断扩大,已经不像从前那样只是替广告主对媒体的广告版面和广告时间代行交易,甚至还向广告主提供诸如市场调查、提高销售量等市场营销全套服务。脱离了原来的中介行业,并开始为广告主提供有关广告活动的全面服务,这就是"广告公司"这个新词产生的背景。也就是说,原来只能作为广告中介业的广告代理行业已进入"广告公司"阶段。但是,无论是"广告代理业者"还是"广告公司",从为广告主进行相关广告活动这一点来看,其内涵并没本质上的差异。

然而,"广告公司"这个词其实早在1910年就已经出现了。创作这个词并加以使用的人是高木贞卫(1857—1940)。他作为万年社的创始人、经营者,在广告史上留下了浓墨重彩的一笔。

万年社在广告代理业中拥有很高的地位,该公司代理收入多年都在行业中占据首位。不仅如此,高木作为行业的领袖还进行了很多开创性的尝试,如成立行业联合组织,改善行业形象,进行广告知识的启蒙等。挑起万年社的大旗并让其发展壮大的,正是高木贞卫。

他于日俄战争后的 1909 年，曾抱着"广告代理行业是否已经走到尽头"的疑问远赴西洋，看到欧美各国兴盛的广告业，他对日本广告行业的前景恢复了信心。在远赴西洋之前，他对日本报业和工商业的未来比较消极，同业者之间秩序全无的竞争以及在广告主和媒体对广告代理业者的排斥，曾让他一度失去了继续经营公司的意愿。

高木贞卫（图 8-1）于 1890 年创办万年社，这是大阪首次出现此类型的业者。虽然以前在东京也有几家类似的企业创办，但多数都夭折而终。最初将这种广告代理业务带上经营轨道、成立企业让其发展的就是高木贞卫及其创办的万年社。高木在创业的第二年，将"广告中介所"改名为"广告交易所"，改名的理由不得而知。万年社的主要工作是在广告主和报社之间传递广告底稿。虽然其他同业者有的叫"广告中介所"，有的叫"广告交易所"，但其实从事的都是同一种工作。

图 8-1　明治末期的高木以及他的家人

万年社创业之初，曾是《大阪每日新闻》的专属代理公司。之后，万年社逐渐开始为《大阪朝日新闻》以及地方报社提供代理服务。该公司不仅和大阪的广告主，甚至和东京的广告主之间的营业额也不断提高。日俄战争以后，《大阪朝日新闻》这样的企业也陷入了经营危机，万年社面临巨大困难，前途开始变得不明朗起来。万年社曾通过决议，计划收购金水堂、勉强社、日浩社、开进社等代理公司，但都未能如愿。

然而，赴西洋考察之旅让高木的企业家精神得以恢复并逐渐高

第八章　高木贞卫与万年社

涨。在欧美，企业支出高额的广告费，广告企业蓬勃发展。不仅如此，与他会面的大多数广告业人士，在欧美都是受到尊重的人，这也让他恢复了作为一个广告人的自信。回国之后，他立刻将万年社的口号该为"前进"，并称业界为"广告代理业"。

2. 学习欧美，取其所长

赴西洋考察之前，高木曾因广告行业"只要还作为中介，就难以谋求自身的单独发展"，而对行业前景感到悲观。然而西洋归来后，高木看到了"应该要为广告主处理有关广告的主要业务"这条广告业的新出路。他将过去以报社为中心的经营模式转向以广告主为中心的经营模式，也就是说要通过全盘代理广告主的广告业务，扩大广告代理业者的服务范围，借此增加交易金额，这就是高木看到的广告业经营的出路。通过对高度依存于广告主而得以繁荣发展的欧美广告业的观察，高木将广告业的服务定位为"为广告主企业的发展而代办其广告业务"。

在欧美，广告业是为广告主代理其广告业务，但并不像当时的日本广告企业只是作为中介传递广告文稿，还有其他很多业务。而高木坚信，日本的广告业迟早也要遵循欧美企业的经验，借鉴他们的经营模式而取得不断发展。万年社于 1927 年成为日本首家实行 AE 制（广告代理业者为广告主提供广告活动计划与实施等全面广告代理服务的运作方式，Account Executive 的略写）的广告代理公司，与通用汽车公司旗下的雪弗莱汽车开始合作。也就是说，从战后到近年早已在日本固定下来的 AE 制度，是由万年社最早引入日本的。有人认为，AE 制的引入与和万年社有很深渊源的牧师加藤直士的积极介绍有很大关系。也有人认为，这应该归功于高木及其同事对 AE 制度和欧美企业的深刻认识和判断。高木在西洋考察时发现欧美企业的 AE 制度后，决定引入日本，扩大日本广告业的服务范围，并开始了最初的尝试。

高木赴西洋考察归日后，他所关注的行业发展范围扩大至欧美各国。为了学习欧美先进国家发达的广告业经验，他屡屡派遣公司的干部和员工至欧美参观行业现状并提交相关报告。此外，他还通过丸善大阪分公司从海外持续性地购入欧美的广告图书和杂志，并将图书室向广告主和广告媒体开放。例如，他在1916年7月1日的《大阪朝日新闻》上刊登了引入海外文献的广告。由于高木很关心海外业界的动向，并非常渴求汲取行业相关信息，于是他请公司的员工将自己认为重要的图书内容翻译成日语，学习海外先进经验。这种经验借鉴，无疑有利于万年社业务扩张，也为公司带来了源源不绝的革新动力源泉。

然而，虽然万年社作为广告代理业者的先驱积极引入AE制度，但是要完全改变自身的业务结构、甚至引起整个行业的质变需要花费相当长的时间。在当时的日本，采用AE制度运营方式的只有万年社一家，并且也只被一家广告主暂时采用。"广告代理业"这个词还没被整个业界所接受。1916年由高木主导成立的大阪实业界团体"水曜会"的章程之中，代理业这个词随处可见。但在报纸上业界自己打出的广告之中，只有万年社称自己为代理行业，诸如京华社等公司则自称广告交易公司或者是广告中介公司。1925年6月15日的《日本及日本人》杂志中有如下记载：

> 作为一种带有歧视性意味的认识，长久以来，人们都认为广告推销员只会向客户点头哈腰进行推销。然而最近，越来越多的公司都承认了广告的必要性，最近广告主会主动委托广告公司办理业务，这是一种进步和变化。

到了大正末期（1926年之前），代理业作为一个新词终于被大众认知和接受。在明治末期（1912年之前）由万年社首先提出的这个词，被业界广为接受并使用是在1926年之后了。

3. 靠"广告屋"无法生存

可以说，"广告代理业"这个词在1926年前后这段时间被广泛使用，与万年社骄人的经营业绩和对于这个词近乎固执的坚持是分

第八章 高木贞卫与万年社

不开的。此外,伴随着广告行业的不断发展,"广告屋"这样的称呼渐渐消失了。

高木贞卫之所以自称为"广告代理业"并不断重复使用,是因为在诸如"广告中介业"和"广告交易公司"这样的称呼中含有对广告行业的歧视,而高木想要去除广告业的这种负面形象。他经常会提起一段轶事。1900年前后,他和京华社的后川文藏(图8-2)社长一起旅行,在旅馆的住宿登记簿上,后川在职业栏中填的是"公司员工"。这是因为在当时,他很不好意思承认自己是"广告屋"经营者。然而当旅

图 8-2 京华社社长后川文藏

馆的老板问起来这家公司时,后川也只好老老实实地填写了自己的实际情况。据说高木每当想起这段轶事时,就会意识到作为"广告屋"从业者的地位是何等低下,于是他便将提高广告从业者的社会地位作为自己一生的夙愿。

作为新教徒,高木把为广告主提供服务看做自己的天职(Brief),并以此为荣。"中介所"和"交易所"这样的称谓,都带有"只能被动地进行活动"和"实业的从属"的含义,会给人一种投机行业的负面印象。这样下去"广告屋"更无法生存了。于是,高木便倾注全力试图一扫"广告屋"带给人们的负面印象。

受高木影响非常大的相关业界组织规程之中格外引人注目的是"商业道义"和"维护名誉"这样的表达。如1899年《广告中介业者同盟会章程》第一条规定:"若同盟会成员在与缔约报社或其他交易对象的交易过程中违反商业道义致使同盟会信誉受损,或违背本章程规定时,将依据实际情况给予警告甚至是从同盟会除名的处分。"业者间凭借低价广告进行恶性竞争不但会损害业界的相关利

益,还会助长广告主和广告媒体对广告业界的轻视。为此,高木多次邀请其他广告业者组织业界团体或举行聚会(图8-3),其目的是不断保障业者的利益并建立业界秩序,树立行业规范。

图8-3 1902年6月关东关西广告业者的名古屋大会,后排右起分别是汤泽精司(广告社)、高木贞卫,前排左一为后川文藏(京华社)。

事实上,在万年社内部,就能看到不断提高行业规范的努力。其中最受重视的是提高公司职员,尤其是外勤人员的工作待遇及职业道德水平。

从1908年到高木临终,他一直聘请基督教会的牧师等定期举行讲座,其目的是提高与广告主直接接触的员工们的教养。另外高木本人也常常会对外勤员工进行训示和教导。1915年1月的新年宴会就是其中的一次,训话内容如下:

> 负责外勤活动的员工正是本公司发展壮大的希望所在。我对你们寄予希望也感到同情。我们绝不是一般的广告业者,也不要满足于做一个普通的广告从业者。我们应该拥有与其他业者有所不同的抱负。当今社会普偏将我们当成一般的广告从业

第八章　高木贞卫与万年社

人员,有时会对我们抱有轻蔑的看法,并不待见我们,这让人感到非常遗憾。然而,那只是他们没能真实地认识我们而已,他们没能真正地认识我们的人格。我坚定地相信,终有一天我们会凭借自己的人格改变人们歧视广告从业者的看法,到那时,我们将能淋漓尽致地发挥自己的实力。各位,我这里提到的人格才是你们最好的"制服",可谓是最能制胜的外表。我曾从客户那里听过这么一句话:"一接到电话,听到'您好,这里是万年社',就让人心情畅快。"像这样的事情并不是小事,这完全应该看做我们万年社独一无二的特色。这就是我们作为万年社员工的荣耀。我相信我们的人格和行业素质终有一天会得到客户们的承认。①

从高木的这段讲话可见,他想与员工协力,奋力改变"广告屋"这个轻蔑性的称呼。高木认为,作为广告代理业者,要受到社会的尊敬,首先应从接电话这些细节着手,还制定了"接电话准则"。为了让员工的人格能够真正地被广告主和社会所接受、信任,高木还着手提高公司员工的教养水平,改善其工作待遇。他教导员工在工作中,与《大阪每日新闻》、《大阪朝日新闻》等大报进行业务往来时,应采取不卑不亢的态度。他还给予员工在广告业界中相当高的薪酬条件。高木认为由于待遇低,生活都不得安定,外勤员工才会以不正当手段进行交易,扰乱行业秩序。1914年,万年社废除了带有回扣色彩的佣金制度。

当时,要成功与广告主达成交易,需提供"行贿、喝酒、女人"这样的服务,这已经成为潜规则。然而,高木禁止通过这种手段获得广告业务。他不会批准一切因提供上述服务而产生的报销费用。高木认为,万年社在业务上(媒体信息服务、创意、设计)有其他同业者难以企及的独到之处。因此,为了提升业绩,有一部分外勤员工只能自掏腰包招待广告主的社长和干部。

---

①　万年社提供资料。

万年社在道德层面上的相关规定还不止这些。万年社致力于消除虚假广告，拒绝受理夸大性病危害的有田药业的广告业务。对违反法律和有悖社会风气的广告予以排除，这一点作为万年社社长的训示被写进公司文件。1911年的新年宴会中，高木曾谈道："我们是广告行业，有夸大成分的虚假广告瞒骗消费者而获取利润，这不是成功的广告。广告行业最为重要的，是以认真负责的诚实态度，进行公平、公正、公开的广告交易。"

东京的广告业者多采用通讯和广告兼营的经营模式，具有广告费用和通讯费用相互抵消这样的经营优势。大阪的报社也曾建议高木采取兼营模式，但高木以没有足够资本拒绝了。高木很清楚，仅仅将广告经营作为自己的天职已足够。大阪的其他广告业者也只专注于广告经营，大阪并非政治信息中心，并没有适合通讯行业发展的社会环境。此外，当时业界对于兼营模式有很多不好的评价，这也是他回避兼营模式的原因之一。

> 通讯行业常常会利用恐吓手段达到目的。厚颜无耻的广告业者一抓住机会，就会以公布公司不为人知的秘密作为威胁。若广告主不清楚行业的情况，将全部的通讯发表权交给报社托管，就有可能会受到广告业者的威胁，事实上类似的例子并不少见。就算是行业中可信度比较高的老资格业者，也不能说完全不存在这样的恶劣行径。①

这来自1902年出版的书中的一篇文章。在同一时期的其他书中，谈论到通信社的时候，也有类似评论："这样的通信社之所以还能继续经营，少不了这些惯用伎俩。"也就是说，将通讯业作为经营核心确保业务展开，并兼营广告业务，会利用收集到的不利于广告主的相关证据威胁广告主，借此获得广告业务。这种通过敲诈手段霸道经营的现象，也是高木一直回避兼营通讯业务的原因之一。

---

① 姓名不详的新闻记者。

4. 万年社的出版活动

高木在广告业界是一位启蒙型的实干家。他本人虽然并不是广告理论家或者广告研究者，但一直敦促身边的人进行研究，并按照他指示的方向进行广告启蒙活动，其中核心人物是设计部部长中川静。中川于1922年从神户高等商业学院教授的职位退休后，就进入万年社。他进入万年社，直接促进了万年社和广告业界社会形象的改善。在任设计部部长后，他在着手创新业务的同时，还通过万年社出版了广告研究杂志《广告论丛》和研究书籍《报业广告十七讲》等专业书籍。《广告年鉴》也是在这段时期开始出版的。这一系列书刊的出版，标志着日本广告研究正式开始。

在这个时期，日本的广告研究取得较快发展。《大阪每日新闻》出版了很多广告研究书籍，超过了《大阪朝日新闻》。《大阪每日新闻》还刊行了小野秀雄的《日本广告发展史》（1912）等成果。这一系列成果出版的背后，是《大阪每日新闻》社长本山彦一赶超《大阪朝日新闻》的目标，和实现业界的理论化和合理主义经营模式的理念。由于万年社和《大阪每日新闻》的深厚渊源以及和本山社长的亲密关系，高木社长"做好亏本的心理准备"，开始发展出版事业，其目标是改善业界形象并谋求公司的合理化经营。另外，《大阪每日新闻》出版的研究书籍展现了该社成为日本报业代表的信心。从万年社的出版活动也可窥见其誓成业界带头人的决心。

第二节 万年社对利润的追求

1. 与《大阪朝日新闻》、《大阪每日新闻》的特别合约

高木贞卫致力于改变广告业的旧有形象并将"广告代理业"这个行业称呼传播开来，为实现这个目标，其前提条件是必须让社会对广告的社会职能有一定的认识，并提升广告从业者的整体素质和行业道德。高木在行业道德层面开展公司内部的改革措施在前文已

有所提及。在高木的领导下，通过万年社设计部部长中川静等人的支持，万年社对广告主以及社会开展了丰富的启蒙性公关活动。

高木这一系列改善行业形象的努力得以奏效，除了高木作为业界先驱者之一所拥有的优秀个人素质以外，与他所经营的万年社在广告界独占鳌头的地位不无关系。毕竟，经营规模小，经营基础薄弱的企业经营者想要推进新兴行业改革，为行业发展指出发展方向是非常困难的。

在无线电广播媒体还不普及的当时，在广告界，出版业（尤其是报业媒体）所占的比重相当高。报纸广告交易量的多少直接影响到从业者在行业内的位置。特别是在杂志还没有出现的明治和大正这两个时期，报纸的交易额就等同于广告业务的交易额。图表 8-1 是从甲午战争以后到昭和初期万年社的报纸新闻交易额示意图，每五年作为一个计算周期。从图表可以看出，万年社在明治后期平稳发展，而在大

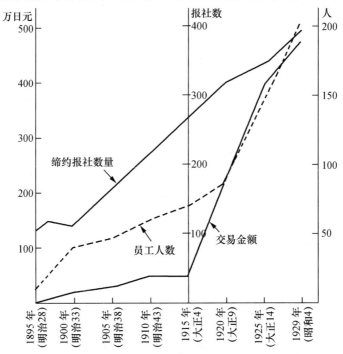

图表 8-1　万年社报业广告交易金额、缔约报社数量、员工人数变化图

第八章 高木贞卫与万年社

正年间则实现了快速增长。此外,可以看出广告交易额的增加与缔约报社数量的增加呈正比例关系。这样的稳步增长确保了万年社和高木在业界的领导地位,万年社还于1926年建成了气派的办公大楼(图8-4)。

图8-4　1926年建成的万年社总公司大楼

万年社的强大之处在于与《大阪每日新闻》、《大阪朝日新闻》这两份大阪最大的报社缔结了合作关系。伴随着这两份报纸从地方性报纸跃居全国性报纸,万年社也一举提高了与这两份报纸的姊妹报《东京日日新闻》、《东京朝日新闻》的交易金额。特别是与《大阪每日新闻》之间的广告业务,关系持久而深厚。万年社在1890年(明治二十三年)创办之初,就与《大阪每日新闻》签署了合作协议,成为该报的专属代理商。合同的第一条为:"万年社为《大阪每日新闻》广告版面招募并介绍广告主,展开经营。"在此之后,万年社与该报的广告交易金额不断增长。1894年,万年社与《大阪朝日新闻》也缔结了合作协议,虽然交易金额不能与《大阪每日新闻》相比,但也在一直增加。从1901年到大正末期,在《大阪朝日新闻》的各广告代理业者中,万年社的交易金额一直占据首位。

制药、化妆品、出版行业曾是三大广告主所在行业,其中大多数制药和化妆品的广告主企业都位于大阪。万年社与两大报社的交易增长吸引了广告主向万年社的业务倾斜，同时，两大报社对万年社的依赖程度也随之提高。

万年社与大阪各大广告主的广告交易量增加，也提高了地方报社对万年社的依赖程度。从图表8-1可以看出，万年社在大正年间国内缔约报社的数量快速增长，促进了该社与大阪两大报社和大阪各大广告主广告交易量的提高。万年社强劲的发展势头，也让该社与外国报社、国内杂志的缔约数量不断增加。

2. 与电通的比较

如前所述，由于东京实力雄厚的广告代理公司大多都实行兼营制度，因此不能单纯用公司营业报告中的数据来比较经营规模。电通公司于1937年从通信部门中分离，开始专营广告业务。图表8-2是1937年下半年到1945年日本战败这段时间，万年社和电通的总收入变化图。

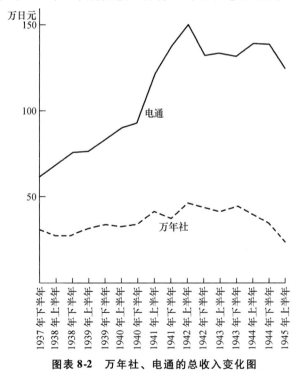

图表8-2 万年社、电通的总收入变化图

第八章　高木贞卫与万年社

而图表 8-3 则给我们展示了同时期两公司的利润率变化。在《大阪朝日新闻》的各广告代理业者中,从万年社抢走广告交易额最多的,是靠"一元书"热潮发迹的博报堂,热潮过后电通占据交易额首位,而后一直到战后排序为电通第一,万年社第二,博报堂第三。换句话说,电通在大阪超越本地广告代理业者万年社,而在东京,特别是进入了昭和时代,电通的扩张势头更加明显。而且,电通和其他的日本全国性报纸的广告交易量也在连年增加。

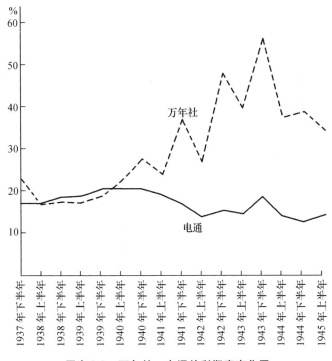

图表 8-3　万年社、电通的利润率变化图

比起万年社,电通、博报堂有明显优势。这两家公司所在地的东京出版广告主自不必说,伴随着东京经济的不断发展,这两家公司对于实力渐长的产品多元化广告主也有很大的吸引力。地方性报纸的党派性弱化了电通的广告专业化经营模式,也加快了东京广告代理业者进军地方的脚步。居于东京业界首位的电通,交易金额年年增加,如同图表 8-2 所示,在收入上与万年社的差距不断扩大。

但是,从图表 8-3 可见,在利润率方面,万年社遥遥领先电通。最令广告业界烦恼的是由广告主费用拖欠所引起的不良债权和呆账损失。尤其是在昭和恐慌时期(1929 年爆发于美国的经济危机恐慌,日本受其影响于 1930 年至 1931 年陷入经济危机恐慌,为"二战"前日本最严重的恐慌),这些不良呆账债权的急速增加动摇了各公司的经营基础。在恐慌有望稳定的 1931 年上半年,万年社营业报告书对恐慌时期进行了如下回顾:

> 由于客户引起的不良欠债和呆账,公司每年每季度不得不支付高额的支出。从 1926 年上半年度开始到 1930 年的后半年有 10 个半年,即持续了 5 年时间。现尝试对这 5 年间的有关数据进行分析,可知在这段时期内公司了蒙受了巨额的损失。其中,一个半年的最高亏损达 32500 日元,亏损较少时也有 5000 日元。期间平均亏损 19000 日元,占 5 年总收益的 21% 左右。……这其中还不包含所谓广告费用拖欠款项。若仅用纯广告收益来计算,拖欠也占到了高达 16.5% 的比例。①

由上可知,由广告主的倒闭和经营困难引起的广告费用拖欠压缩了万年社的广告收益。恐慌过去以后,虽然这样的呆坏账损失逐渐减少,但战前的代理业界,尤其是东京的代理业者的损失比起万年社更为巨大。其中较为著名的是,改造社的一元书《现代日本文学全集》的预约广告主虽从未缴纳广告费用,但电通公司对该事一直搁置并协助其顺利出版。而该书的成功出版也就标志着电通成功地打开了博报堂一直紧握不放的一部分根据地。东京业界热衷于这般投机地提高广告交易金额。在图表 8-2 中体现出的电通收入增长,有很大一部分都是通过这样的方式造就的。因此电通的呆坏账损失率要比万年社高。通过图表 8-3,可推测这就是导致电通利益率低下的原因。

---

① 万年社资料。

第八章　高木贞卫与万年社

3．高收益的秘密

相对来说，万年社的经营是高木的坚实稳健性格和长年实际业绩的切实反映。在万年社的营业报告书中，有这样的分析："之所以酿成这种恶果，既有进行交易之初签订合同时的意识欠缺，也有业务上处理的不当。"万年社不是简单地将责任转嫁到广告主身上，而是指出自己在交易管理方面的不当，并向股东承诺从下一季度开始会减少这些呆账。从这里就可以看到高木性格中慎重稳妥的一面。

万年社高收益的其中一个秘密，是与地方报纸较为紧密的合作关系。对于本地市场狭小的地方报纸而言，大阪的制药、化妆品等广告虽然单价较低，但比东京通信社提供的服务要好。这也是交易单价多为万年社决定的原因所在。根据1899年6月的资料，高木与八郎的药品广告在地方的八份报纸都有刊载。万年社的收益率达到了67.9%。更为暴利的是与大主顾生命保险的广告交易，虽然万年社每行只付给地方报纸1钱，但是却能从广告主那里得到2钱，利润率高达100%。

另据1909年的资料，万年社负责的森下仁丹广告，付给《纪伊每日新闻》每行四厘。而实际上该报纸公布的广告单价为每行40钱，其折扣率为99%。号称是地方报纸中折扣率最低的《台湾日日新报》，对外公布的广告费用是22钱，交易单价则是9钱4厘，折扣率达到了57%。虽然万年社与森下交易的实际广告单价不得而知，但可以说一定比上述的价格要高出许多。可以看出，虽然万年社从大阪两大报社只能得到10%以下的低利润率，但该公司在与地方报纸的交易中，能得到相当高的利润率。

万年社对于利益的追求可以用"贪婪"来形容。特别是对在交易中处于弱势的地方报纸采取高姿态进行交易。1930年9月19日的广告业界报纸《日刊新闻兴信所报》进行了以下报道：

> 静冈民报社近来要求万年社将其广告回扣从30%下调至20%，虽然再三进行交涉，但万年社仍然坚持强硬的态度不予

理会。而在最近，民报社发出了最终通牒，声称如若万年社不同意其调低回扣率的要求或不予回应，将终止与万年社的广告交易。长久以来回扣制度在业界已经引发过数次讨论。报业普遍的不景气，广告业界必须重视广告回扣这个问题了。最近，甚至有"业界应废除回扣制度"这样的说法出现。这个问题今后怎样发展，将继续受到关注。

除了广告主向广告代理业者缴纳的费用与广告业者缴纳给广告媒体费用间的差价以外，从媒体得到的回扣也构成了广告代理业者的利润。上面报道中关于回扣的交涉最终结果如何虽然不得而知，但非常明确的是势单力薄的地方报社的确在广告交易链条中处于最弱势的地位。

4. 对职员自立门户的冷酷态度

高木追求利润的经营方针贯彻始终，这在万年社结成业界团体时就可见一斑。1892年，大阪的广告业者召开大会，宣布组建以促进业内亲睦和协调为主要目的的"协一会"。但是在甲午战争后，个人业者竞争激烈。而到了明治30年代初，由于经济不景气，竞争更加激化。于是由万年社、金水堂、勉强社等广告业者在1899年结成同盟性质的业界团体，致力于整顿业界秩序并推动提高行业利益。

该同盟会章程的第二条为"若报社在与同盟会成员进行广告交易的过程中发生了不妥当的交易行为，则同盟会成员不能以直接或间接的方式为该报社募集广告"。即表现出对报社一致对抗的强势态度，若报社与同盟会成员交易中无视行业秩序，则同盟会其他成员也将一致拒绝与该报社进行广告交易。事实上，1902年1月26日的《大阪朝日新闻》上即以同盟会名义刊登了断绝与《新大和》、《奈良新闻》、《大和新闻》进行广告交易的公示。可以看出该同盟会当时对于地方报社和中小型报社采取的强硬态度。

1916年，由大阪实力强大的广告业者组成的"水曜会"，和上述同盟会一样，也是在高木的主导下成立的。水曜会的纲领性文件

第八章　高木贞卫与万年社

《水曜会备忘》有如下条文：

　　四　若本联盟以外的业者比联盟成员取得更低折扣，则应对该报社提出中止广告业务的申请。
　　五　对于没有正当理由拖欠广告费用的广告主，应与其他同业者相互通知并拒绝与该公司进行业务往来，而对于报社则提出中止业务申请。

如第五项所示，可知水曜会对于广告主和报社有非常严格的要求，但其实这份文件的主要着眼点其实是第四条所述的对于中小型广告代理业者的排斥。也就是说谋求广告业者在与广告主和报社交易中的优势最大化才是其核心，带有某种垄断色彩。当然水曜会的确是以维护行业秩序为目的结成的行业组织。但是另一方面，也不能忽视这种联盟的目的是追求高收益。实际上，水曜会的加盟企业与大阪各大报社都签订了"仅限于加盟成员企业"的特别契约。

在万年社，发生过两次员工想要自立门户的事件。第一次发生在1907年，京都分公司负责人带领数名员工集体辞职成立中外广告株式会社。第二次发生在1920年，总公司的7名员工集体辞职成立了共同广告社。当然相关员工立刻都被解雇，这作为公司的管理也是无可厚非的。但高木本人对于这些自立门户的员工所采取的态度，与其说是冷静，不如说是冷酷。第一次员工自立门户时，同盟会章程第五条"若发现同盟会成员的雇员私自缔结广告合约，应拒绝与其签订合约并立即通知其公司"得以适用。根据高木本人的回忆，中外广告株式会社虽然曾与大阪两大报社有过一段时间的交易关系，但是因为内部分裂，一年左右该公司就倒闭了。

第一次自立门户事件发生后，仅有同盟会成员拒绝与自立门户的公司进行交易，在第二次自立门户事件发生时，相关报社也被要求与该自立门户的公司断绝交易。根据《万年社四十年史要》记载，1920年3月18日，"万年社招待了水曜会，大阪各报业的广告部部长到堂岛滨通鱼岩召开会议。当日万年社社长也出席会议。在该会议上，对于万年社员工联合提交辞呈并同时创建共同广告社一事，定性为扰乱行业秩序的不道德行为。在会议上，各报社决议取缔与该公司的一部分交易"。前面所提到的《水曜会备忘》中也有类似的记载："代理业者相互之间应该维护道义，维护共同利益。"而这一条文适用于惩罚共同广告社。对于一个新成立的广告公司来说，与广告代理业者断绝关系还有机会继续生存，但与报社的交易也被中止就只能倒闭了。结果，共同广告社也在一年后宣告解散。

这两次从万年社独立出来自立门户的尝试，都被万年社和高木在广告行业的威势所扼杀。

5. 在薪酬、股份分配方面给予员工优厚条件

高木将万年社看做自己和员工们的共同利益所在，从1894年开始就已经向员工公开公司的结算情况，并将利润的1/10分配给员工。万年社在正式成为股份公司以前都将员工当做公司的"二掌柜"，所谓的"二掌柜"并不是一般的学徒身份，而是以雇用契约为基础的正式员工。

例如，1893年由高木和员工共同协议并画押的雇用合同中，有这样的条款："解雇员工和员工辞职均需提前一个月告知对方。但是，若员工实际情况不允许则不予追究。"（万年社资料）从当时的行业惯例来看，这是非常为员工着想的合同。并且在双方意见一致的前提下签订合同，这一点也是现代而合理的。在1923年万年社的公司纲领中，也有这项条文。如前所述，万年社对员工薪酬实施固定工资制度，在业界来说薪酬水平较高。另外从1901年开始万年社对有意愿在夜校进修的员工给予学费补助，还在公司内聘请讲师开办夜校，而且还给薪酬较低的员工发放通货膨胀补贴。

公司已经为员工提供了相当优厚的待遇，但仍发生了两次员工自立门户事件，这似乎给高木带来了很大的打击。于是，在第二次自立门户事件发生后不久，万年社进行股份制公司改组时，高木将公司的一半股份分配给员工，并且之后还持续向工龄长的员工发放"功劳股份"。发放给员工利率很高的股息红利，会随股票的价格而

第八章　高木贞卫与万年社

产生变化。万年社员工的持股比率比大阪两大报社还要高很多。大正时期，公司的良好收益一直持续，员工分到的股息红利高达 20% 至 25%，即便是昭和初的恐慌时期，万年社每季度向员工支付的红利也达到 10%。

高木将股份分给公司员工，一方面员工会因成为股东而感到受尊重，另一方面这也有利于提高公司业绩。如图表 8-1 所示，公司规模扩大和员工数量的增长是成正比例关系的。万年社京都、东京的分公司员工也在年年增长。

高木贞卫之所以能成为业界领袖，和万年社的经营规模扩大以及经营基础扎实有很大关系。他作为一个领导者所具备的果断的判断力和行动力，与他提高业界道德水平以及对社会的广告启蒙相辅相成，成为他成功的重要原因。高木对利润进行贪婪的追求，与稍后将会提到的其信仰基督教的宗教背景，特别是新教教义是有所关联的。

根据交易中的利益关系，时不时抓住地方报社、业界的其他公司、小广告主的弱点并加以利用，谋求万年社的利益最大化，高木直到晚年也贯彻这种经营方针。同时，他还对员工奖罚分明，对员工自立门户予以严惩。归根结底，这种行为的出发点是对员工和业界的关爱，最终获得员工和业界的理解，确立了万年社的经营基石。

第三节　高木的教会活动与广告代理业

1. 高木的基督教信仰

很难找到高木贞卫的笑脸肖像。不仅如此，他的肖像好像都流露着苦涩的表情。凝视这些肖像的时候，我们能够感觉到这与他创办万年社前发生的一件事是有所关联的。

1857 年，高木贞卫作为身份高贵的德岛藩士的长子出生。就像当时很多武士门第的后代一样，他卷入明治维新的时代激流之中，经历过香烟商人、基层官员、报社职员等多种职业，但都没能成功。

直到从1879年开始的三年时间，他任职于《大阪日报》、《大东日报》，经历过杂务、会计、编辑、印刷等报社内各种工作体验以后，才拥有了后来成为一名广告代理业者的必备素质。

在他脱离报业后不久，1883年开始的两年时间内，不到30岁的高木在大阪株式交易所担任副总经理兼首席书记的职位时，因涉嫌刑事案件而受到惩处。对于这件事情，他在回忆时一句带过："1884年12月在大阪株式交易所发生了不光彩的事件，我受到了法律制裁，后来受赦免恢复了公民权。"事件详情在所有资料中都找不到记载，他受到赦免而恢复公民权的具体时间也不得而知。

从1884年到1890年这段时间是高木贞卫履历上的空白时期，我们也没能获得相关资料从而知晓他到底是怎么度过这段时间的。其他暂且不说，这次事件之所以引起笔者注意，是因为以这次事件为契机，高木认识了大阪教会的牧师宫川经辉，他是熊本组合（基督教团体名）的教会领袖，颇有影响力。而高木本人也在1892年受洗成为基督教徒，正是信教影响了他以后的事业、生活和对广告行业职业道德的规定。也有说法认为，高木在狱中接触到了宫川牧师的布教小册子，开始对基督教感兴趣。

万年社创业之初所规定的业务条款中有这么一条："高木周日休假，林、川口则每月选四天休假即可。"这与高木周日去教堂礼拜有关。高木肖像中表现出来的苦涩表情和锐利眼光，与交易所事件和信教不无关系。信教对万年社的经营和广告活动等方方面面都产生了影响。

《高木贞卫翁传》的作者虽在书中没有提及交易所事件和信教的关联性，但在书中指出："（信教）对于高木来说不仅仅是一场精神上的革命，还彻底影响了高木后来长达五十年的事业和生活，使他的行为表现出特色。可以说，万年社的经营方针很大程度上反映了基督教对他的影响。简而言之，没有高木本人的精神也就没有万年社。而如果没有基督教的信仰，高木也就不复存在。"

万年社是一家带有浓烈基督教色彩的公司。公司中基督徒人数之多，甚至会让人误以为整个公司都信仰基督教。公司的教徒之中，

第八章　高木贞卫与万年社

也有为迎合高木而信教的人。公司内也有人蔑称这些为迎合社长而信教的人为"万年教徒",也就是万年社的基督教徒。高木虽然并没有强迫公司职员信教,但几乎每月都会请牧师在总公司和分公司举办基督教讲演会,而出席这些讲演会是全公司职员的义务。圣诞宴会、新年宴会通常在大阪教堂举办。而僧侣和神官几乎都不可能与万年社有任何关系。

如前所述,举办讲演会虽说是为了提高员工的教养和道德水平,另一方面,培养员工的逐利意识的意图也隐含其中。

2. 新教教义与经营活动

高木信教对于万年社的意义,与其说是在万年社内传播基督教思想,还不如说是将新教徒的信条贯彻到万年社以及职工的日常工作中。根据马克斯·韦伯的分析,无论人是被基督拯救得到永恒的生命,还是不得救而陷于永远的死亡,都是神所决定的。新教徒作为神的道具努力在各自的世俗职位上打拼,他们必须凭借客观的事实来证明自己能不能够被基督拯救。这种新教式的伦理被利用,成为培养资本主义的精神源泉。

在当时的广告代理业界,通过隐秘手法暗中篡改数据,损害广告主利益的行为非常普遍。但高木从1914年1月开始,职员必须严格地进行正确计算,确保广告主的利益,致力于获取广告主的信任。"诚实就是最后的胜利者"是高木在明治末期训示中的一句话,他相信诚实行为才能提高万年社的最终利益。

本书前面已经指出万年社贪婪地追求商业利益,在广告交易时也依仗优势地位进行讨价还价。在与地方性的小报纸和小型广告主交易的时候则强势地追求利益最大化。但是,万年社不允许在交易过程中的不法行为,高木尽其所能避免任何有可能招致广告主不信任的商业行为的发生。

高木的新教教义的精髓在于对商业活动中时间的重视和合理、有组织性地分配职员工作任务。也许高木受到新教教义中反复强调的"时间就是金钱"的说教影响,他极其重视时间。在万年社,迟到会立即减薪。

3. 引入科学管理法

高木自创业时就在契约书上明确记入了这样的工作分工:"林和川口自由收集广告,高木负责文书的来往、核对账单和收费等工作。"

随着外勤人员的增多,高木在每个人负责的区域和广告商的分配上也煞费苦心。1895年,高木要求:"把市内的老客户分为东西南北四部分,确定出勤的区域。"1928年,高木要求:"废除旧式散漫的推销方法,改为科学的方法","提高外勤人员的工作效率以改善效果"。

为了将这些要求具体化,高木于1928年4月1日正式制定了一份文件。文件记载:"提高外勤人员广告收集效率,应共同明确责任,把老客户按照职业种类分为六种,从今天开始,充分考虑外勤人员性格和经验,并适合地分配出勤。"

也就是将外勤人员的负责领域进行分类,不仅能避免重复,更重要的是用心分配,找出在各种性格和经验上与外勤人员相符的老客户。同时,将增加的客户分为六种,每类客户都有相应的工作人员与之联系。

劳动的组织性、分工的合理性不仅针对营业人员,高木也经常强调专职工作的改进。万年社的特色之一是对账本的精细管理。从创业开始就把钱款的收支和财产的增减加以整理记入账簿,1899年开始改为卡片式的银行簿记账方式。下面这一部分详细说明了该方法的要领:

保证金:从某代购商获得的作为担保物的财产,不管是现金还是有价证券都当做保证金接受。若是有价证券应当用转账方式支出有价证券。

地方报社:根据报社不同类别来划分借贷。按照报社原簿进行细致划分。

第八章 高木贞卫与万年社

公司费用：包括职员工资、代购人佣金、通信费、证券印刷、各种税务、公司广告费、备品、差旅费、互赠、交涉、纸笔墨、各种杂费等，其细分见公司费用明细薄。

万年社所藏资料显示，高木几乎每年都会努力进行事务改革，这些资料包括《有关业务处理顺序的会议记录》（1903）、《业务改革的有关说明》（1913）、《业务改革说明梗概》（1919）、《有关公司职员用语调查报告书》（1913）等。

在干部业务改进协议会上确定了由高木主导的资金使用合理化、组织化的方向，在公司职员休息室内也准备了意见用纸。"如果关于事务方面有意见，不管在公司内处于什么位置，任何人无须顾虑都要提出。"为了提高普通职员的积极性和工作效率，这种提案制度以及始终谋求公司整体合理化的做法值得关注。高木还经常提出公司费用节约方案等。

这种科学的管理方法在当时的日本广告业界是开创性的。原电通公司总经理吉田秀雄回顾1928年自己进入公司时说："大阪的万年社施行最新式的代理经营体系，随后成为日本广告代理业的模范，在关西有稳固的地盘。"高木贞卫于明治末期留洋归来，模仿欧美业界，在事务工作上采用了科学管理办法。当然不能忽略的是，他的新教主义思想也是让他采用这种制度的要因。

4．公文主义、契约主义的实践

万年社资料的"多"与"全"令人震惊。万年社从创业初期开始与广告商、报社、其他的代理店之间的每一次大的交易都会制作契约书和备忘录，并且都长久保存。

高木回忆道："过去，《大阪每日新闻》本山社长来我们公司的时候，我把这个仓库介绍给他。'像这样把账簿整理保存起来，即便是我有什么不测，这些账簿都处理得很好，您完全可以放心。'我这么笑着告诉他。"契约主义、文书制作主义、文书保存主义可以说是高木的彻底合理主义、目标达成主义理念的体现。这一做法加固了万年社的根基，提高了万年社的信用。

　　契约强调严守期限和履行违约责任。他自己既是这些契约的提倡者又是带头示范者。大阪教会的有关人员在高木的追悼会上这样说：

> 我屡屡听到有意见说您过于严格乃至冷酷如冰。举一两个例子，上下班时间要求十分严格，对违反规则坚持实行严惩。每次听到对您的不满和责难，又不得不暗自敬佩您敏锐的头脑和作为企业家的特殊才能。……您对几百名公司职员，严格区分公私关系，既有在公务上不让一步的严厉，又有在私人关系上慈父般的温情。您熟悉全体职员的家庭事务，关怀属下家中的吉凶祸福之事，为生病的职员亲自奔走寻找医药。万年社就像一个大家庭。先生事无巨细、严谨认真以及在细节上尽心尽力的精神，在我国实业界实为罕见，是基督教精神的体现。

　　高木对职员的冷酷和关怀前面就有所论述。这种严格追求利润的做法不仅是为了扩大自己的利益，同时与基督教的救赎精神不无关系：扩大全体职工的整体利益是高木的信念。

5. 个人所得捐助教会活动

　　万年社利润的增长和给教会的资助费的增长相挂钩。高木的工资和分红随着万年社经营规模的扩大而相应增加，其中大部分收入都被捐给日本组合基督教会作为运营资金，他在该教会长期做专职理事。可以说，大阪教会的资金基本都来源于高木。他把自己定位为一名教友，一名捐资人，他慷慨地资助传教活动前线的牧师，特别支持年轻牧师的活动。其中一位名叫清水安三的人，战前在北京创立崇祯学院，战后在日本创立樱美林学院。他回想崇祯学院创立时说：

> 大阪的高木贞卫先生资助了我十年。他是日本最初的广告

第八章　高木贞卫与万年社

商,是英国式优雅的绅士。他不是狂热的基督徒,是一名极其平和的信教者,三四十年不改变自己的信仰。他的信仰既不冷却,又不升温。他不吝惜金钱,为了公众大方地拿出自己的积蓄。他资助了我十年。"满洲国"时期他每月给我六十日元,我来北京后每月给我一百,开办崇祯学院时每年给我两千。

除此之外,崇祯学院的土地购买费用为7500日元,都是高木资助的。虽然教会的其他有关人员多次前来拜访学院,但高木一次也未去过。高木去世后,清水只要去大阪一定会去给高木扫墓。

万年社从实业活动中所得的利益大部分都捐给教会。与此相比,在万年社的职员中,也确实有不满的声音,认为员工所得工资太少。高木在要求员工公私分明之前,首先自己要做到公私分明,给教会的援助金都出自自己的腰包。他捐出的钱越多,证明他从万年社得到的钱也越多。挣钱是他"修养的道场"。正是将自己的收入所得与给教会的资金援助相联系,他才会感到幸福。一直到晚年他都高举着"前进"的标语不断地开拓经营活动。

就像"前进"(Reaching Forth)这个圣经里的词语象征的那样,在他留下的记录和发言中与基督教相关的词汇频频出现。但是和政治有关的词汇近乎没有。与政治保持一定距离,永不满足地合理地追求利润,从这一点来看高木是一位典型的大阪经营商。特别是从交易上来看酷似《大阪每日新闻》社长本山彦一的经营态度。和本山一样,高木抱有一种反映大阪经营风格的政治观:政治立场不偏不倚,公正透明,只是在必要的场合才和政治发生联系。

东京的代理业者兼营通信行业,借势政治层开展广告业务。与此相对,万年社熟悉的只是经济圈。与政界保持联系虽然会带来巨额利润,但同时也伴随着高风险。而且时时有传言说东京的广告业者滥用兼营通信行业的职权威胁广告赞助商,以获取高额利润。高木作为一名新教徒视广告业为天职,作为专营人员一直坚守着通过展开合理的、有组织的经营活动提高利润的经营理念。在他看来,东京的代理业界性质恶劣,有时不干不净。

6. 贯彻经济合理主义

韦伯将靠政治上的权利和不合理投资为生的经营态度称之为"冒险商人的资本主义",并将其与建立在严密计算基础之上的、以取得合理化经济成果为目标的资本主义精神严格区分开来。东京的广告业者在战前的经营态度一直属于"冒险商人的资本主义"范畴。

把广告费通过无担保形式过户到自己名下,为追求业务金额的扩大到处奔走,这种行为无论如何都不是一种合理的经营。高木特别回避不合理的投机行为。为回避特权,需要有合理的、有计划的以及冷静的经营理念。这种理念在远离政治、容易贯彻经济合理主义思想的大阪经营土壤中很容易得以培育。在此前提下,高木身上体现出来的新教主义思想充分反映了万年社的经营理念,为创造实际利润提供了保障。

万年社的发展得益于以下三点:(1)大阪经济规模的扩大和大阪广告商出稿量的增加;(2)大阪两大报"不偏不倚"的发展和报纸进军全国市场;(3)高木作为经营者具有的资质、手腕和伦理感。更值得注意的是他新教徒式的伦理感:在经营目标的设定和达成上不懈努力、公司内部各种各样的规定和制度、期限内严格履行交易和契约、不分公私的节俭和禁欲主义、作为代理业者的天职感、将巨额收入捐给教会等等。

万年社在日本广告业界达到顶峰之时迎来了自己成立四十周年纪念,高木的自传《广告界的今昔》也在这一年出版(1930)。他在十年后,也就是 1940 年的秋天去世。日本广告业界从他晚年起进入了转折期。东京经济界开始崛起,东京广告商出稿量显著增加,万年社常年植根大阪,对东京的广告主十分陌生,开始出现这样那样的问题。受战时经济管制的影响,政治和经济的联系空前加强。万年社一贯与政治和官方保持距离,此时陷入经营不利的境地。另外,就在高木去世之前,理应作为后继者的干部们接二连三地去世。和高木长年共同行动、充分吸取了新教主义精神的干部的去世,对晚年的高木是个不小的打击。他在去东京途中倒下。同年 10 月 22

日，在儿子高木贞二和护士的精心照料下，带着对新教的虔诚，高木贞卫长眠，享年 84 岁。

本章参考文献

乔木贞卫：《广告业的今昔》，万年社，1930 年。

西川正治郎编：《万年社四十年史要》，万年社，1930 年。

《高木贞卫翁传》，万年社，1950 年。

内川芳实编：《日本广告发展史》上卷，电通，1967 年。

津金泽聪广、山本武利等：《近代日本的报纸广告和经营》，朝日新闻社，1970 年。

第九章　濑木博尚与博报堂

第一节　创办博报堂之前的濑木博尚

濑木博尚创办博报堂是在 1895 年 10 月 6 日，那年他 42 岁，正值"厄年"①。高木 32 岁创办了万年社，电通的光永星郎 36 岁创办广告代理机构，与此相比，濑木的创业在年龄上晚了一些。三人的共通之处是都出生于幕府末期，都经受了明治维新动荡期的影响，在创业之前都有各自不同的人生经历。而且三人都在创业后专心经营广告代理业，终其一生，为广告代理业界的发展做出了贡献。濑木作为博报堂的社长一直工作到 1939 年 1 月 22 日去世，享年 87 岁。

濑木博尚于 1852 年 10 月 6 日出生于富山，祖上是藩士（江户时代对武士的称谓），少年时期学习剑术和汉学，明治维新时期参加官军，参加了对越后长冈的幕府军队的战斗。明治维新之后濑木成为官吏，由富山市书记推荐就任富山市小区的区长，那年他 33 岁。他在富山市正值仕途光明之际，由于承担责任被迫辞去区长职务。明治 20 年代初，他前往东京。东京既是他无限憧憬的文明开化的中心，同时又是政治斗争的漩涡。他在体验了牛奶配送工作的艰辛之后，怀着对政治的热情接近自由党系实力政治家星亨，获得了星亨的器重。星亨把在自由民权时期创办的《自由灯》改名为《觉醒报》发行。1887 年由于保安条例的实施，该报不得不退出东京，并被卖给了《大阪朝日新闻》的村山龙平。1893 年，《觉醒报》第一

---

① 厄年，是苦难、灾难、疾病容易降临的年龄。在日本，男性的厄年为 25 岁、42 岁、61 岁；女性的厄年为 19 岁、33 岁、37 岁。其中，男性的 42 岁和女性的 33 岁为"大厄"，被认为是遭遇灾难几率极高的年龄。

第九章 濑木博尚与博报堂

批创办者的余党再次创办《觉醒报》。在原《觉醒报》末期和新《觉醒报》创刊期间,濑木一直在自由党系报纸工作,曾因反政府言论招来祸事,还进了监狱。

著名记者、新闻史学者宫武外骨（1867—1955）是濑木的挚友,他创办的《顿智协会杂志》刊发大量讽刺画和讽刺文章,被认为扰乱治安,宫武外骨（图9-1）因此被关进监狱。根据他的《狱中随笔》（东大明治报纸杂志文库所藏）记载,1894年7月,濑木博尚期满出狱,濑木出狱的保证人就是宫武外骨。而且据高木健夫的《宫武外骨》[①]记载,宫武外骨的监狱生活从1889年10月至1892年11月,濑木也大概在这段时期进入监狱。二人在狱中何时相识,目前无从得知,但可以确定濑木和外骨就是在狱中成为好友的。

图9-1 宫武外骨

电通的光永星郎也是自由党系过激派壮士,曾在保安条例要求下被逐出东京。当时的青壮年大多受到自由民权思想影响,进行反对藩阀的政治斗争和言论活动,所以监狱经历对濑木来说并不是不光彩的事情。能够有机会认识很多像外骨一样具有反叛精神的人,对濑木来说也是一次成长的契机。入狱之前和出狱之后的较短时间内,濑木都曾任报社职员。这种经历对他随后作为代理业者的人生积累了宝贵的经验。其实,万年社的高木和电通的光永在创业前都以记者或营业人员的身份在报社工作过。当时最大的广告媒体就是报纸。他们在报社期间学习到报纸经营的架构,特别是学习到报纸广告的相关知识,这有助于他们成为一名成功的广告代理业者。

---

① 《日本》杂志1965年10月号。

第二节　从杂志广告代理出发

为纪念濑木一周年忌辰出版的《濑木博尚追忆记》中，收录了植原路郎写的论文《从濑木博尚看出版文化史》。植原这篇论文的标题形象说明了濑木和出版广告业的紧密联系，和他通过经营出版广告对"出版文化史"的贡献。濑木一手创办的博报堂以经营出版广告业为中心，逐步取得发展。特别是濑木健在时，博报堂称得上是出版类广告的专业代理商。博报堂的经营额年年提升，但出版广告业务占总经营额的比例从未下降过。

为何博报堂在出版广告领域拥有如此大的优势呢？

濑木创业初期开始代理杂志《教育时论》的广告业务，也就是将各类广告主的广告刊登在这家杂志上。这本杂志由教育时论出版社出版。该出版社主编西村正三郎于1894年从美国回国，在谈话中描述了美国杂志广告的繁荣景象。濑木听后决定做杂志广告代理业，博报堂通过积极斡旋，在教育杂志上刊登广告，开始了自己的业务。但是，《教育时论》、《教育报知》等教育类杂志数量较少，广告媒体价值较低，一个月的经营额最多只有700—800日元。

这时，濑木正好通过朋友结识了博文馆的山本留次，于是开始了博文馆的广告经营业务。甲午战争后，博文馆创办了《太阳》、《少年世界》、《文艺俱乐部》等期刊，正逐步迈向杂志王国的鼎盛期。正是通过博文馆广告代理，博报堂的业务年年增长，为其后的发展打下了坚实的基础。

开始代理博文馆的广告之后，博报堂总部从日本桥迁到神田区末广町，随后的1899年迁到神田区千代田町。神田是当时日本出版业的圣地。博报堂移到千代田町的同时，正式定名为"报纸杂志广告代理业博报堂"。博报堂以博文馆广告经营为契机，进一步代理出版社在报纸上刊登的广告代理业，逐渐增加在报纸方面的代理业务。1896年夏天，新潮社的创业者佐藤义亮将《新声》杂志第2号在报纸上刊登广告的业务委托给博报堂。随后，有影响力的杂志社也都

第九章　濑木博尚与博报堂

通过博报堂在各种报纸上刊登广告。随着在《国民新闻》、《日本》、《都新闻》等东京有影响力的报纸上刊登广告，博文馆在《新爱知》、《伊势》、《东北新闻》等地方报纸上的代理业务也在增加。

第三节　出版广告第一人

在日俄战争结束后不久的 1906 年 12 月，博报堂召开了成立十周年纪念大会，确立了以出版广告代理业为中心的经营定位。第二年，博报堂迁到神田区三河町。当时博报堂十分幸运，和《东京朝日新闻》的业务量猛增。该报纸通过对日俄战争、甲午中日战争的新闻报道，发行量稳步增加，在东京成长为一家一流报纸，拥有广泛的读者，在日俄战争前后赢得了知识分子的信赖。该报纸从 1905 年 1 月开辟头版的整版作为出版广告版面，其绝大部分都是在广告业务负责人梅泽安次郎的关照下，由博报堂代理的。如果没有在出版广告界拥有较高信誉和庞大代理业务量的博报堂的支持，《东京朝日新闻》的头版不可能被出版广告填满。甲午战争后，借助博文馆的迅速发展，博报堂代理业务取得跨越式发展。与此类似，在日俄战争后，《东京朝日新闻》快速成长，博报堂在《东京朝日新闻》的代理量也快速增长，企业实力大增。

博文馆、《东京朝日新闻》的广告代理，是博报堂在出版广告上取得跨越式发展的最大原因。特别是《东京朝日新闻》的头版改为整版广告后，引发全国各报纷纷效仿。各报互相竞争，都希望将头版改为广告栏，于是纷纷寻求博报堂的支持。和治疗梅毒的特效药相比，出版广告更富文化气息，因此编辑将头版改为出版广告专版并无不妥。随着教育的普及，日本知识分子读者阶层不断壮大，他们对出版广告持欢迎态度。博报堂也没必要像其他代理业者那样，为谋求出版广告代理业务四处奔走，走访全国各大报社，而是不必费力即可获得大量广告业务。

当时，日本全国发行量最大的报纸是《大阪朝日新闻》。此报拥有众多的读者，特别是固定读者和高消费能力读者，被广告主公认为是全国最具广告价值的媒体,因此几乎不用多么努力就可在广告交易中处于卖方市场地位。不过到了 1906 年,这家报纸为了增加出版广告,也专门派广告负责人去东京,通过梅泽和濑木博尚交涉。而且《大阪朝日新闻》破例同意将广告单价打 8 折。根据当时《大阪朝日新闻》的资料记载,博报堂的出版广告业务量超过其对手金兰社,占据第一位。连《大阪朝日新闻》都对博报堂采取低姿态,别的报纸(特别是发行量较小的地方报纸)更是对其大幅度降价。

第四节 独特的出版广告交易

博报堂出版广告的强势,一方面依靠与全国各报纸缔结的广泛合作关系,另一方面依靠低价吸引广告主。大正和昭和时期的《大阪朝日新闻》破例只和博报堂缔结了遵循"广告单价递减"的合同,也就是说,如果刊登超出合同规定篇幅的出版广告的话,广告单价随之阶梯递减。

按照这个原则,博报堂给同一报纸提供的出版广告越多,就可以用越低的广告单价完成交易。一直以来,博报堂和众多出版广告主有丰富的合作经验和深厚的信赖关系,因此它可以依靠此原则,给出比其他广告代理公司更低的广告价格。1930 年,从《大阪朝日新闻》的每行广告单价来看,万年社为 1 日元 39 钱,电通为 1 日元 30 钱,但博报堂只有 1 日元 2 钱,价格最低,因此博报堂成为折扣最高的广告代理公司。广告单价递减体系可以保证报社的广告刊登量,又可以让广告代理公司获得较大单价折扣,因而受到报社和广告代理商双方的欢迎。广告媒体除了正规手续费外,还要给博报堂"特别回扣",这一现象已经成为公开的秘密,而且报社越小回扣率越高。

博报堂在出版广告领域的业绩和地位,吸引了大量出版广告主慕名而来寻求合作。和其他行业不同,出版广告主中,支付能力不稳定者更多。因此,如果出版社想跳过广告代理公司而直接与报社交易的话,广告单价很容易被提高很多。而通过博报堂交易比出版

第九章　濑木博尚与博报堂

社直接去交易成本更低，而且可以确保报纸的广告版面。博报堂的支付方式比较灵活，可以通过有价证券支付。出版社会把从出版交易得来的有价证券作为广告费支付给博报堂，濑木认可这种做法。因此，博报堂支付给报社的广告费屡屡出现暂时垫付的情况。博报堂从支付能力较强的出版社不断回收广告费，而对那些陷入经营危机的出版社，也经常会将支付期限推迟，一直到他们恢复为止。从这个意义上说，博报堂是经营基础薄弱的出版社通过出版广告互相救济的机构。换句话说，博报堂是出版业界广告活动的综合窗口。博报堂代表出版业界与报社沟通，同时根据广告单价递减原则，赢得了巨大利益。由于博报堂可以给出版广告主以经济方面的支持，更是赢得了更多广告主的信赖。

濑木于明治30年代前期创办了《运动界》和《帝国少年议会议事录》两本杂志。不久濑木从出版界退出，潜心从事广告代理业，但他对出版的热爱一生不变。因此当出版业开始出现经营危机纷纷破产之时，濑木挺身而出，热心地帮助他们重建，把垫付的广告费以债权形式迅速返还给出版社，这样的行为实属罕见。他的狱中知己宫武外骨也曾面临相似的状况。1899年，宫武外骨经营的《古董协会杂志》破产时，外骨躲到台湾，欠下濑木150日元的巨额广告费。那时濑木念在友情的份上没有向外骨要债。150日元对刚刚创业的博报堂来说是个不小的数字。后来，外骨通过《滑稽新闻》再次起家，日俄战争后返回东京，拜访濑木并且偿还了债务。濑木对其他的广告主也同样采取宽容的态度。神田的出版代理业者、出版机构与神田这个纽带相连，有某种共同体的连带感。濑木对出版社的这种态度也是基于这种连带感，进一步提高了濑木的信用，促进了出版广告主向博报堂汇集。

第五节　"一元书"的竞争与胜出

1910年7月，博报堂接手了博文馆发行的《内外通讯》，并将其改为日刊，把公司名也改为"内外通信社博报堂"。东京的广告代理业者兼营通讯业务者很多,日本电报通信社(电通)把广告作为次要部门经营。兼营的好处是媒体可以用广告费抵消通讯费,因此受到了代理业者、报社的欢迎。博报堂的业务以出版广告为中心,并不太需要通讯部门。因此《内外通讯》的主要内容是小说和文化报道,这种定位恰好与其出版广告的定位相符合。

1914年9月,博报堂新楼建成并乔迁新址。不过,刚建成不久的公司大楼在1922年的大地震中被毁,于是濑木着手修建新的公司办公楼,1930年7月,公司成立三十五周年之际新办公楼启用。其间的1924年,博报堂改为股份有限公司,濑木正式就任"内外通信社博报堂股份有限公司"社长。

从大正末期到昭和初期(1926年前后),日本出版界上演了激烈的"一元书"竞争。点燃导火索的是改造社,在背后支持改造社的,是电通的光永星郎,意在占领博报堂的出版广告根据地。另一方面,博报堂支持春阳堂等各公司进行了一场精彩的广告对抗。不但博报堂的根基未被破坏,反而进一步扩大了博报堂的出版广告市场。当时,博报堂的缔约报纸有244家(包含中国台湾、朝鲜和中国东北),缔约杂志达325家。而且,濑木和出版代理商东京堂合作支持了在"一元书"竞争中败北的北园白秋的艺术(ARS)出版社。对濑木来说,好的出版社必须得到重建,这一信念是通过长时间和出版界交往建立起来的。

第六节　提供资金设立东大明治报纸杂志文库

濑木博尚晚年对社会做出巨大贡献,具代表性的当属1926年拿出15万日元设立明治报纸杂志文库。濑木曾向宫武外骨表达了在创业三十周年之际为社会做点好事的想法。外骨于是建议,设立一个文库专门负责收集、保存、提供阅览明治和大正时期的报纸杂志。濑木喜欢明治时代的文化,对那个时候的报纸和杂志更是喜爱有加,想到博报堂正是通过报纸和杂志发展起来的,便欣然同意。基金由濑木提供,主要由外骨负责购买收藏品,并将这个文库设立在东京

第九章 濑木博尚与博报堂

大学法学部。这样一来,就诞生了现在的东大明治报纸杂志文库(图9-2)。外骨作为文库的专职主任努力搜集藏品,大大充实了文库。这个文库保存了从幕府得来的珍贵报纸和杂志,是研究明治时代的文化不可或缺的文献宝库。为了纪念濑木设立文库的功绩,该文库于1931年制作了一尊濑木博尚的上身像,现在安放在文库接待室内。

图9-2 东大明治报纸杂志文库

濑木于1893年结婚,有9个孩子。夫人支持濑木,在博报堂初期尽内助之功。长子博俊于1941年逝去,次子博信和三子博正继承濑木的家业,为博报堂的发展做出贡献。另外,四条照信、岛田和三郎这两位公司干部也为濑木鞠躬尽瘁。四条为内务经理,岛田是外勤负责人,相互扶持,是濑木的左膀右臂。

濑木为出版文化的发展做出了巨大贡献。富山房社长坂本嘉治马在博报堂四十周年纪念时出版的《报刊广告四十年史》中这样写道:"濑木社长历经艰难困苦,用最朴素和最扎实的做法,渡过了困难时代,取得了令人赞叹的巨大成就。如果没有像他这样的坚忍不拔、沉着勇敢的精神以及胆大心细的高超本领,是很难取得成功的。

尤其让我感触深刻的是，出版业是兴衰变化最为激烈的行业，但濑木却拥有大量的出版界老客户。"这些并非奉承话，而是广告主的真情流露，反映了出版广告主对濑木宽厚态度的感恩。

濑木还是广告业界一名出色的评论家。光永和高木除了公司内的文书以外没有留下其他文献资料。濑木在1909年10月号的《新公论》杂志刊登了一篇题为"从广告业者视角看报纸和杂志"的文章，除此之外还在1931年《综合新闻学讲座》第8卷刊登了题为"广告与新闻学"的论文。他在前者中写道："杂志和报纸的受众阶层不同。阅读杂志的人至少需要一定的读书能力，通常是中流社会以上的家庭，一般购买力较强，其广告也比较有效果。报纸印刷和发行量较大，其读者也包括购买力较低的人。"该文章对读者的购买力进行市场调查，进一步强调应该在"比较人民生活及文化水平"的前提下选择广告媒体。明治末期的广告业界，广告主不会理性考虑广告效果，而是一味粗糙地投放广告。而在这里，濑木已经提出"应该以读者和人民生活文化水平为参考投放广告"的理论，在当时是十分先进的。这一理论在濑木的主导下得以应用，帮助广告主以最低的支出获得最大的广告效果。

本章参考文献

内外通信社编：《报刊广告四十年史》，1935年。
内外通信社博报堂编：《濑木博尚追忆记》，1940年。
濑木博尚编：《广告六十年》，1955年。
宫崎博史：《濑木博尚传》，《电通报》，1968年。
吉野孝雄：《宫武外骨》，1980年。

第十章 光永星郎与电通

第一节 光永常务董事的诞生

电通的前身是日本广告株式会社,诞生于 1901 年 7 月 1 日。那时在各家报纸上刊登的开业广告记录了其主要领导名单:

会长	日向辉武(众议院议员)
专职董事	山崎嘉太郎(山崎帝国堂)
常务董事	光永星郎
董事	大木口哲(大木五脏元制造商)
同上	权藤震二
同上	森谷万次郎
监察员	增田义一(实业之日本)
同上	太田信义(太田胃散)
咨询委员	岩谷松平(烟草岩谷商会)
同上	坂本嘉治马(富山房)
同上	岸田吟香(精錡水)
同上	平尾赞平(平尾赞平商店)

这个公司的创始人是光永星郎,但是在上述领导序列中只是常务董事,排在第三位。会长日向辉武属于政友会,同时经营移民公司,是政治家星亨的嫡系。专职董事山崎嘉太郎是药品制造商山崎帝国堂的经营者。他们之所以排在光永之上,是因为在社会地位和出资额方面都比光永要高,而且这些人在光永创业时曾积极提出建

议。名单上之所以没有社长一职是因为该公司规定不设立社长这一职位。光永正式拥有"社长"头衔是在多年以后的 1923 年。更引人注目的是这份名单上有很多当时代表性的制药、化妆品、出版、烟草等广告主的名字。这些大广告主之所以担任日本广告株式会社的工作人员，是光永在山崎的建议下实现的。经光永多次争取，他们终于答应成为出资者。从某种意义上说，这个公司是由广告主组成的。

第二节　以设立通信社为目标

创业初期，光永几乎没有自己的资金，他设立广告代理公司时已经 36 岁了。光永于 1866 年出生于熊本县八代郡野津村。家里是冠有"光永"一姓的名门，但他年少时家境没落，父亲又不顾家，光永和母亲一起靠卖豆腐艰难度日。1880 年，他离开熊本县进入德富苏峰的父亲经营的合作私塾，但比起学问他更热衷政治活动。受当时风起云涌的自由民权运动影响，他巡游九州各地拜会政客，想要走政治家的道路。他深感在九州活动的局限性，于 1885 年前往东京。他进入了培养军官的士官学校预备校，但由于没钱买鞋冻伤了脚，从此离不开拐杖。此后他放弃了从军的念头。1887 年他再次立志成为政治家，参加街头演说呼吁言论自由、更改条约，后被视为自由党过激派人物，受保安条例制裁被逐出东京。他逃到横须贺停留之后，再次进京，最终获得机会在英语学校里进行较为系统的学习。

光永最初和新闻业接触是在 1890 年。他进入朝日新闻社发行的《大阪公论》报社，此报停刊后，他改行做《大阪朝日新闻》的九州通讯员。但是由于政治愿望太过强烈，作为记者没法控制情绪，光永又以贵族院议员政治顾问的身份再次前往东京，以院外政治人士的身份得以自由出入自由党俱乐部。那个时候他和自由党实力派政治家星亨拉上关系。巧合的是，同一时期博报堂的创业者濑木博尚也曾获得星亨的关照。光永和濑木因星亨经营的报纸《觉醒报》

第十章 光永星郎与电通

而产生了联系。光永在星亨的推荐下担任《觉醒报》和《福冈日日新闻》的特派员，积极报道日俄战争。这一经历让他深感通信机构的必要性。由于没有快速高效的通信渠道，重要的新闻信息因不能及时送达而过时作废，十分可惜。他还隐约意识到，正是由于日本没有代表性的通信机构，才导致了日本外交的失败。但是离设立通信社时机的成熟，还需时日。甲午战争结束后，他作为从军记者远赴台湾，由于《觉醒报》停刊他离开记者行业，改做台湾总统府的官员，曾任澎湖岛执行署署长，于1898年辞职回国。随后在自由党要人的关照下担任过北海道基层官员，但并未站稳脚跟，落寞地回到家乡。但故乡也没能待下去，为了摆脱一贫如洗的状况，他于1900年首次带着妻子前往东京。随后把在台湾时积攒的300日元作为筹备金，开始具体考虑通信业的经营构想。

但是他拜访的很多人都告诉他，经营通信业十分艰难，劝他放弃计划。他们认为，正如帝国通信社（帝通）那样，如果不成为政党的机关通信社，很难经营下去。他们一致认为光永构想的那种不从属于任何政党的"不偏不倚"的通信社难以存续。他又和在故乡经营小报社的弟弟真三商量，真三也同意上述人们的意见。不过真三认为，地方报纸更需要的不是通讯服务，而是广告服务。随后光永在拜访山崎时，山崎建议先从广告代理业做起。山崎还说，用低廉的手续费正大光明地进行广告交易，这样肯定会获得广告主和报社的欢迎。在当时的广告业界，势力大的代理业者串通投标，人为地提高广告单价和回扣，存在很多不良现象。如果克服这种弊端，展开更加公开公正的广告活动，这样的广告代理机构会受到广告主和广告媒体的一致好评，获取利润不难，兼营通信业也是可以考虑的。

第三节　从创业之始附设通信社

就这样，日本广告株式会社得以创立。从起点来看，光永想坐稳社长的位置几乎是不可能的。他几乎身无分文，仅勉强得以创业，其成功的原因在于天生的魄力和忍耐力。若干年后，当他回顾创业之初时这样说道："就像难产，并且是非常困难的难产。真的不是自然诞生的，而是把母亲的肚子切开取出的一样。"(《八火传》)甲午战争之后，日本社会陷入严重的经济不景气，在这种环境下创业也足够让人匪夷所思了。创业时机不合适造成的后遗症在公司成立后相当长一段时间内一直存在，但光永凭借其强硬的作风，逐渐开拓出了属于自己的广告市场。

图 10-1　电通创业初期的光永星郎（右）和权藤震二

曾经是政治青年的光永一度把他的梦想寄托在通信社的经营上。他在创业的时候没有忘记同时设立电报通信社和剪报通信社，并把两社的经营交给了上述领导名单中出现的权藤震二（图 10-1）。两家通信社的规模都很小，只能承担一些简单琐碎的业务，却表现了光永对梦想的坚持。1906 年 10 月，日本电报通信社独立出来，第二年的 8 月，同日本广告株式会社合并，成立了注册资金为 26 万日元的兼营企业——日本电报通信社（电通）。这个时候，光永出任专务董事，实际行使社长职能。他已经不需要受董事限制，可以自由支配公司运营。也就是说，他在创业之后 6 年的时间内巩固了广告代理业的基础，还成功创建了梦寐以求的兼营通讯业的广告公司。

《新闻总览》的创刊标志着电通在业界地位的确立。这份年鉴于 1905 年以《成功的恩师》为名开始发行，之后更名为《新闻名鉴》，

第十章 光永星郎与电通

1910年最终更名为《新闻总览》。此后，《新闻总览》每年都会发行，不光刊登全国的报社机构组成、干部姓名、历史，还有广告公司的数量、广告行业的动向等信息，资料详细，内容丰富，而且客观可信，没有太多自我宣传的内容。这份年鉴在电通创立不久就创刊发行，说明电通的发展之稳健。尽管没有资料显示发行这份年鉴是光永的主意，但如果没有他的决断就肯定没有这份年鉴的诞生。每年，光永都要仔细研读年鉴收录的广告统计，看到广告行业的增长率便欣喜不已。

第四节　广告和通讯双管齐下

　　进入大正时期后，电通得到了迅速发展。图表10-1显示了广告、通讯及其他所有部门总收入的变化，明治末期还发展缓慢的电通在大正初期飞速成长，实现了腾飞。仅凭广告代理业务，电通就已夺得业界的第一把交椅。随着电通的发展，光永在业界的地位也不断上升。1913年，新闻协会成立，这是电通斡旋成立的广告代理业界团体，光永成为该协会第一任理事长，并一直担任此职务直至1943年协会解散。该协会广泛关注降低报纸纸张成本、撤销广告代理业者营业税、修订报业法、降低电话电报服务价格、取消报纸纸张及纸浆关税等诸多问题，并致力于寻求解决之道。在协会的各项事务上，光永都鞠躬尽瘁，尽心行使理事长的职责。不可否认，无论是参与协会的活动还是发行年鉴，说到底都是电通的自我宣传手段。但在协会事务方面，光永和电通不局限于为自身谋求利益，所以获得新闻业界、广告主的支持，甚至作为竞争对手的广告代理商们，也对协会工作给予支持。另一方面，电通已经成为业界公认的龙头老大，大家愿意追随。对曾是政治青年的光永来说，理事长的职位也算是一种补偿。

　　是什么力量支撑电通飞速发展？最重要的原因就是广告和通讯的兼营。在创业之初，为了尊重董事长的意见，光永没有在通讯业投入很大力量。自从1907年兼营体制确立之后，光永开始全力扩充

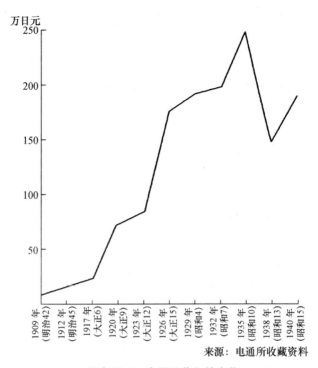

图表 10-1　电通总收入的变化
来源：电通所收藏资料

通讯部门的力量。电通在明治末期同《福冈日日新闻》签订了通讯合同，当时的帝国通信社正如日中天，电通的通讯部门所占的市场份额还很低。同《福冈日日新闻》的通讯合同成为电通进军全国报业市场的突破口。特别是电通不采用繁琐的秘密电报，而是使用简易明了的通讯方式，受到报社欢迎。日俄战争时期，地方报纸开始了提高报道效率的速报体制改革，电通的简易通讯方式受到这些报纸的青睐。与此同时，电通还大力发展国内外的采访体系，在国内主要城市设立记者站，并安排通讯人员。光永任命外甥上田硕三为通讯部门的主管。他没有辜负光永的期待，为通讯部门的现代化做出了巨大贡献。特别是1918年访美时，上田同美国的UP通信社签订新闻合同。此前，日本的海外通讯主要来源于路透社，至此，电通、UP联盟成功打破路透社的垄断。

第十章 光永星郎与电通

在当时的广告代理业界,兼营通讯业的现象并不鲜见,但能对广告和通讯给予同等重视,双管齐下的公司却几乎没有。比如,帝国通信社的广告部门比较弱小,弘报堂和博报堂的通讯部门是其软肋。但是电通在光永的新闻理念的支撑下,通讯部门在广告部门面前毫不甘示弱,奋起直追。广告部门的收益被投入到通讯部门的发展上。从广告公司起家的积累在这个时候发挥了重要作用。通讯部门的成长又促进了广告业务的增长。这从后来成为电通股东的《福冈日日新闻》的例子就可知道:通讯费用和广告费用相抵的经营方式大受地方报纸欢迎。即使通讯部门一直处于亏损状态,广告部门的收益也可以对此进行弥补,并将剩余资金用于公司整体发展,电通的成功证明了兼营模式的优势。

第五节 历经重重考验,开始专营广告

对于经营者光永来说,电通的发展并不是一帆风顺的。1914年,日本发生了著名的"西门子事件"。所谓西门子事件,就是德国西门子公司对日本海军高官的贿赂事件。事件被披露后,引发日本政坛大地震,首相山本权兵卫携全体内阁大臣集体辞职。在电通,时任常务董事、一直掌管通讯部门的权藤震二也因西门子事件被迫辞职。他虽然没有直接参与对西门子公司驻日人员的恐吓事件,但由于不能完全排除嫌疑而引咎辞职。他是光永的得力干将,他的离开给光永带来重大打击。这次事件也使人们对电通,尤其是通讯部门的信任一时间大打折扣。

第二次挫折是第一次世界大战刚刚结束时发生的夺权活动。在台湾颇有势力的后藤新平(曾任台湾总督府民政长官)幕后妄图使电通成为台湾在东京的情报机构,并从电通的一些要人手中得到股份。这件事被光永事先察觉而得以解决。但是这件事也暴露出电通的内部斗争。资产审查中发现大量即将到期却难以回收的不良资产,致使电通不能分红,导致大家对董事长光永产生不满。

一战结束后,日本经济的高速增长使电通取得了空前的业绩

（图表10-1）。赤字成为过去，分红又得以恢复。光永也更加注意体察董事和经理们的意见。广告活动随着日本经济的发展而繁荣起来，业务种类愈发多样。即使是电通最薄弱的出版广告也通过对改造社"一元书"广告的支持取得一定的发展。通讯部门一方面向战场和国际会议派驻特派员，一方面为广播提供新闻报道，还发行了《经济周报》，这些举措提高了合作伙伴对其的信任感。在1923年发生的关东大地震中，加贺镇的电通分局被大火烧毁，但人们对于电通的信任并没有因此而消失。光永慨叹道，这次损失是"一生中最严重的大灾难"，另一方面也更加激起了他重建分局的意愿。他慷慨陈词，激励员工，取得了业绩不降反升的成功。

进入昭和年间之后，电通依然保持良好的发展势头。电通的通讯部门的劲敌帝国通信社于1928年破产。但没想到"半路杀出个程咬金"，1926年诞生的新闻连合社（连合），成为电通新的劲敌。该社的前身是1913年在外务省支持下成立的国际通信社，在岩永裕吉的财力支持和古野伊之助的主导下，代替帝国通信社成为电通的通讯部门主要的竞争对手。该公司由主要依靠全国性报纸和地方知名报纸的通讯资金以及外务省的补助勉强得以维持经营，其广告部门非常薄弱，账面上一直处于亏损状态。因此光永断定它会重蹈帝国通信社的覆辙，没有将其放在眼里。

但是新闻连合社的领导们向政府要人游说，提出建立国家通信社的设想，猛烈发动了力图使"电通"和"连合"合并的活动。当时的日本，法西斯主义开始抬头，计划经济的苗头也开始萌生，合并的设想得到了统治阶层的认可和支持。首先，1932年迫于关东军的压力，电通和连合的"满洲"分局合并，成立了"国立满洲通信社"。以此为开端，连合连同政府和军部频频向电通施加压力，企图一举实现两社的合并。但是光永对于这个设想断然反对。一方面，他要保证言论的自由，反对对民众的压迫；另一方面他拿出数据指责处于亏损状态的连合同经营状况良好的电通的平等合并本身就是不合理的。光永的话句句在理，无可辩驳，即使当权者也不能强行令两社合并。

第十章　光永星郎与电通

但是当权者还是抓住了光永的弱点。光永本来是个满怀政治抱负的热血青年，对政治有着本能的热情。1933年，政府向他抛出了担任贵族院议员的诱人条件。新闻界中被天皇选定的议员只有德富苏峰、村山龙平、本山彦一这三人。在通讯—广告界，光永是第一位成为贵族院议员的，他把这作为巨大的荣耀而感恩戴德，被合并推进派的伎俩蒙蔽了眼睛，答应了合并条件。合并之事公布后，遭到了与电通签订合同的《福冈日日新闻》等地方报纸的强烈反对。他们认为合并是中央报纸为了进军地方市场而采取的行动。成为众矢之的的光永虽然向政府提出取消合并，但因已在合并合同上签字而无力回天了。反对合并的地方报纸在得知光永签订的秘密合同之后，反对活动也逐渐偃旗息鼓了。就这样，电通的通讯部门被划入了新公司同盟通信社，而电通则变成了专营广告的公司。

电通与新闻连合社合并的时候，光永71岁。对于他辛辛苦苦培育出的通讯部门却不得不忍痛舍弃这件事，在同通讯部门的员工惜别的演说中，他坦言"真心难以割舍"。通讯部门当时处于亏损状态，但它的经营却支持着广告代理活动发展，为电通整体的高收益做出了巨大贡献。最为重要的是，光永始终亲临通讯部门第一线，通讯部门对他来说代表人生的价值和骄傲。通讯部门受迫于极权的压力、连合的阴谋、自己成名的欲望而被迫分离出去，没有比这更令人神伤的了。

光永在合并的第二天就开始走访广告界和报社的老客户们，期望他们以后继续支持专营广告业的电通，又显现出了一如既往的干劲。但是，虽然外表看不出来，他内心深处却充满创业以来长久积存的紧张感，以及仅靠广告代理业难以满足的失落感。而且上了年纪之后，精力也大不如以前。因此，1940年他将社长的位置让给弟弟光永真三，自己退居顾问之职。同盟通信社掌握着电通一半股权，光永特别在意古野社长的股东行使权，不过电通在广告代理方面并没有什么可担心的。究其原因，是因为电通把处于赤字状态的通讯部门剥离出去后，经营变得更加安定。实际上，他卸任社长的时候，虽然正值战时计划经济，但总收入仍比以前有所增长（图表10-4）。

光永星郎在太平洋战争期间靠打猎度过余生,在战争末期的 1945 年 2 月 20 日与世长辞,享年 80 岁。

本章参考文献

中根荣编:《电通社史》,1938 年。

编辑委员会编:《八火传》,1950 年。

刊行会编:《电通通信史》,1976 年。

内川芳美编:《日本广告发展史》上卷,1976 年。

第十一章 "一元书"热潮中的广告代理商

第一节 出版广告的核心:博报堂

1926年10月,改造社出版了63卷的《现代日本文学全集》,每册售价一日元,并开始了大规模的广告宣传,成为"一元书"热潮的导火索。在此之前,书的价格较高。改造社推出"一元书"的目的就是薄利多销。在当时,大学毕业生刚工作时的月工资大致为50日元,一日元大致相当于月工资的2%,当时一本书的价格降到一日元,已被认为相当廉价。在这里简要归纳一下1926年至1930年"一元书"繁盛期间广告代理业者在出版广告市场中的发展状况。

表11-1是"一元书"繁盛之初,出版广告巨头们的广告业务代理关系一览表。博报堂的地位是一目了然的,几乎与所有的出版社都有合作关系,没有同博报堂进行业务往来的只有丸善一家。电通也同相当数量的广告主有业务合作,但是数量上与博报堂相差甚远。如前所述,博报堂与《大阪朝日新闻》和《东京朝日新闻》有深度合作,并且能拿到极低的广告报价,还能保障广告主的广告版面,确保了其在出版广告业界的优势地位。

表 11-1 大正末期出版广告主的业务合作代理商一览表

	博报堂	电通	万年社	京华社	正路喜社	帝通	弘报社	弘业社	金兰社	正报堂	诚报社	告天社
艺术出版社	○	○	○									
大日本图书	○											
岩波书店	○											
有斐阁	○	○	○	○		○			○	○	○	
博文馆	○		○	○			○					
春秋社	○						○					
三省堂	○											
东京堂书店	○	○										
大镫阁	○	○	○									
富山房	○	○										
东洋经济新报社	○		○									○
小学馆	○											
妇女界社	○	○										
主妇之友社	○	○										
改造社	○											
大日本雄辩会讲谈社	○	○	○		○	○		○				
日本评论社	○											
中央公论社	○	○										
实业之日本社	○	○										
文艺春秋社	○											
研究社	○											
新潮社	○											
诚文堂	○	○			○							
丸善		○			○							

来源：新闻之新闻社编：《广告主名鉴》1926 年 12 月号
○代表存在合作关系

第十一章 "一元书"热潮中的广告代理商

第二节 电通的改革

1923年大地震造成经济不景气，出版广告领域受其影响较小，此时电通开始涉足这个领域。听到改造社提出出版计划后，电通的光永社长不仅预见到这次企划的成功，还断定这是电通进军出版广告界的大好机会。不仅将之前的借款问题暂时搁置，甚至还承诺对项目结束之前长时间内所需的出版广告费进行无担保垫付。总之，他认定这是一举打破博报堂垄断地位的难得机会，积极支持改造社推行出版广告活动。凭借一元书的巨大成功，改造社一举进入了广告主的第一梯队。（表11-2）博报堂也曾跻身于此，但是由于光永成功的运作，电通支持的改造社业绩一年比一年好，而博报堂却一落千丈。"一元书"热潮结束的1931年，《新闻之日本》披露了其中的详情：

  改造社在地方报纸和全国性报纸的广告业务，大都给了电通，同博报堂继续合作的就只剩下《时事新报》和《国民新闻》两份报纸。而《国民新闻》又在几个月前因为某些原因停刊，博报堂陷入了只有《时事新报》一家合作商的窘境。然而改造社希望借着此次日本大文学全集以及之后的伟人全集等项目使《国民新闻》复刊，电通的木下在改造社和国民新闻社之间进行协调，逐渐使其广告业务又走上正轨。与此同时，借着此次机会时事新报社也敏锐发觉可以向电通靠拢。博报堂密切关注这一动向，一方面一如既往地对时事和国民两社实行高压政策，另一方面又通过各种手段对改造社进行游说。同时，电通也不甘示弱，表达了决不让步的决心，果断接受挑战。……另一方面，虽然下了志在必得的决心，电通的木下对博报堂不愿意做出任何让步，但是对于迫于山形压力拼尽全力支撑、难以挣脱纠缠的改造社却非常同情。更何况电通已经拿到了改造社这家在书籍广告界屈指可数的大公司九成的业务，再纠缠于最后的一两家公司，还因此使得改造社为难实在没有必要。因此，木下回到电通，在获得公司最高负责人的同意后，向改造社的山本负责人表达歉意，表示由于之前的争斗使得改造社陷入为难的境地，非常过意不去，在没有办法的情况下决定主动让步。①

从上述记载可见，电通的中央内勤课课长木下源一郎和博报堂社长女婿、负责营销业务的山形章就改造社广告订单进行了激烈竞争。随后，通过"一元书"广告项目的成功，电通趁势拿下了改造社几乎所有的广告业务。除了改造社，电通还多有建树。比如在1929年，"之前一直同博报堂合作的文艺春秋社与其解除了合约，转而选择电通作为新的合作伙伴。从5月开始文艺春秋社发行的《文艺春秋》和《电影时代》一并交由电通运营"②。同年最畅销的杂志《西部战线无异常》（中央公论社）也在电通社长光永的争取下成为

表11-2　1928年度十大广告主

排名	广告主	广告费（万日元）
1	讲谈社	124
2	丸见屋	85
3	森下仁丹	74
4	改造社	59
5	武田长兵卫	48
6	寿屋	42
7	有田制药	37
8	近藤利兵卫	32
8	桃谷顺天馆	32
10	日本 Ford	30
10	平凡社	30
10	实业之日本	30
10	博文馆	30

资料来源：《广告界》杂志1929年8月号

① 《新闻之日本》1931年3月7日。
② 《新闻之日本》1929年5月9日。

第十一章 "一元书"热潮中的广告代理商

电通的客户。在此之前,中央公论社的所有广告都交由博报堂来代理。自此之后,电通和中央公论社的关系愈发密切并一直延续至今。1930年,电通又同妇女杂志界的大户妇女界社加强了业务来往,使其广告业务对象由原来的15家报纸激增至50家。

此次为电通与妇女界社搭建合作关系的功臣,是曾经担任博报堂营业部部长的出版广告科主任横田地。电通营业部(部长为光永真三)包括中央内勤科、中央外勤科、地方内勤科、地方外勤科四个部门。1928年,电通在营业部增设出版外勤科。这充分显示了电通希望扩大出版广告市场份额的意愿。横田地是出版外勤科新成立的时候,因其从博报堂时代开始在书籍广告界朋友众多、人脉广泛而被电通邀请过来,而他也把拿到妇女界社的订单作为自己进入公司后最重要的工作。其他的营业部成员也都抱着扩大出版广告市场占有额的强烈愿望做出了令人瞩目的成绩,比如地方外勤科的新见东海拿到了东方书院发行的48卷《口译大藏经》在十二三家地方报纸的广告代理业务。社长光永以身作则,亲自上阵拿下《西部战线无异常》,更能看出电通对出版广告业务的重视。

第三节 电通的廉价攻势

电通在那个时候以大幅降低广告单价作为经营手段。1929年电通拿到中央公论社所有广告业务的背后,就是其廉价攻势起了作用。之前,中央公论社(广告主)的广告委托给博报堂代理。博报堂代理的两三家东京报纸的广告价格下调后,中央公论社认为博报堂应该适当下调其广告价格,博报堂却表示要下调广告价格是不可能的,双方就这个问题进行了数次交涉。到了9月上旬,博报堂断然发出了不可能降价的声明。这个时候电通介入进来,东奔西走,最终接受了降价有关的所有事宜。电通一直掌握着所有地方报纸的广告业务,这次一手包揽了中央公论社的出版广告。①

---

① 《新闻之日本》1929年9月19日。

广告的社会史

这种以降低广告价格来争夺广告业务的手段在之后也得到应用。讲谈社致力于降低广告价格,甚至为了降低在地方报纸投放广告的价格,让多家广告代理商进行投标。如表11-2所示,虽然讲谈社在十大广告主列表中位居第一,刊登了大量广告,但其广告单价却几乎是最低的。1930年,电通拿到讲谈社一款营养液的广告代理权,其极低的价格在业界产生了很大轰动。电通在广告业务交易中采用不考虑预算的低价政策,使得它成功得到了讲谈社和中央公论社这两家广告巨头的青睐,在出版广告领域显示出了挤压博报堂的强势姿态。另一方面,大的出版广告主们也利用代理商之间的竞争,迫使它们竞相降价,从而以更低的价格刊登广告。这也使空前规模的广告战成为可能,是引发"一元书"热潮的一个因素。

此外,电通的廉价攻势还有它作为一家兼营通讯业的代理商的特殊理由。"之所以以极低的价格拿下讲谈社营养液"广告,还有试图清算通讯费的考虑。电通在这五六年间被地方报纸拖欠的通讯费达到了三四十万甚至是四五十万日元,若是同一家公司,通讯费和广告业务费应该相互抵消。因此,如果经济状况恶化,为了对地方报纸拖欠的通讯费进行债务清算,吃亏进行资金回收也值得。只要能拿到广告订单,无论价格多低都在所不惜,尽可能多地抵消债务。当时,经济不景气造成的发行情况欠佳和广告收入减少,导致不少地方报纸陷入经营困境,而拖欠电通高额的通讯费。为了尽可能多地回收通讯拖欠资金,电通以近似于倾销的低价格拿下了讲谈社的大量广告订单。电通在通讯方面单方面给予地方报纸照顾,凭借这种优势地位,其在地方报纸可以低价刊登广告。同时,地方报纸为了保证报纸的品位,也愿意刊登出版广告。因此,地方报纸上刊登的大幅广告的价格低得越来越离谱。此外,电通为了吸引更多出版广告主,还积极展开款待、接待工作。1930年6月,电通邀请27位广告主和9位报社人员到温泉胜地箱根,豪华招待让这些人极为满意。①

---

① 《新闻之日本》1930年6月10日。

第十一章 "一元书"热潮中的广告代理商

电通进军出版广告代理行业的努力最终取得成效。1930年春,电通策划了"地方报纸书籍联合广告",吸引了大量地方报纸。从北海道的《小樽新闻》到殖民地台湾的《台湾日日新报》等15家地方报纸参加。同年秋,横田地主任拟定的联合广告方案,将地方报纸分成了由10家报社和15家报社组成的两个小组,选中何种广告媒体全凭广告主们自由决定。这是一种广告主、外联人员、报社三方面都能得到巧妙满足的方式,独具匠心。

第四节 博报堂迎战

就这样,电通在"一元书"热潮中取得了拓展出版广告市场的巨大胜利,但是并没有彻底动摇博报堂的中心地位。(图11-1)出版业界龙头老大讲谈社的广告业务是各广告代理公司争取的对象,在电通木下源一郎任职期间,争取了讲谈社的不少份额,但业务量只是与正路喜社和万年社并驾齐驱而已。博报堂掌握着东京、大阪各地知名报纸的广告代理业务,在大广告主讲谈社的广告代理份额中,

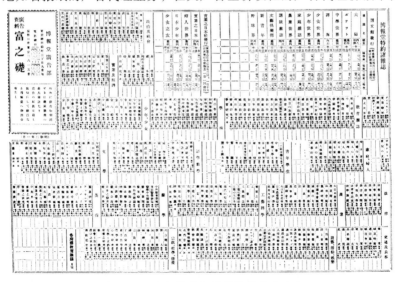

图11-1 昭和初期博报堂的缔约杂志众多
(东京大学明治报纸杂志文库)

博报堂占据半壁江山。讲谈社这种大广告主的所有业务，无论是哪一家广告代理公司都难以垄断，占据一大半份额的博报堂基础的确依然稳固。表11-3是"一元书"热潮顶峰时期各广告代理公司的合作广告主一览表。博报堂痛失中央公论社、文艺春秋社、岩波书店等大客户，电通也没有争取到三省堂、新潮社、日本评论社等大广告主。还有很多出版社没有在此表中列出，其中只与博报堂一家有广告代理业务的居多。

表11-3 昭和初期的出版广告主的业务合作代理商一览表

	博报堂	电通	万年社	京华社	正路喜社	万岁社	弘报社	弘业社	金兰社
艺术出版社	○					○			
大日本图书	○								
岩波书店		○			○				
有斐阁	○	○	○	○			○		○
博文馆	○	○	○				○		
春秋社	○								
三省堂	○								
东京堂书店	○								
大镫阁	○	○	○						
富山房	○	○							
东洋经济新报社	○	○							
小学馆	○								
妇女界社	○					○			
主妇之友社	○	○							
改造社	○	○							
大日本雄辩会讲谈社	○	○	○			○		○	
日本评论社	○								
中央公论社		○							
实业之日本社	○							○	
文艺春秋社		○							
研究社	○		○						
新潮社	○								
诚文堂	○	○						○	
丸善		○				○			

来源：新闻之新闻社所编：《广告主名鉴》昭和五年版（1930年5月刊）
○代表存在合作关系

第十一章 "一元书"热潮中的广告代理商

被电通围追堵截的博报堂并没有束手就擒,与电通展开了争夺大战。1931年,在前一年刚刚被电通夺走的妇女界社又被博报堂夺了回来。

电通由于横田地的加入,从博报堂手中夺取了多年的合作伙伴《妇女界》。妇女界社离开了多年的合作伙伴博报堂,转而把业务交给电通。但是在这次双方的激烈交锋后,妇女界在《东京朝日新闻》等大报的广告业务于11月开始又回归博报堂。顺便提一下,妇女界杂志上刊登的广告都是博报堂的业务。从长年来妇女界社与博报堂的特殊关系来看,前一年同电通的业务来往只是对博报堂短时间的牵制之策。这次竞争博报堂一开始就处于有利地位。①

博报堂在对抗电通对出版广告市场蚕食的同时,还决定要进军"一般商品广告市场"。这样博报堂就开始由一个专营出版广告的公司向综合型代理商转变。总之,正是得益于"一元书"热潮,博报堂才得以保全它在广告代理业界第二的位置。而"一元书"热潮却是竞争对手电通发起的,其中关系耐人寻味。

第五节 因"一元书"沸腾的代理业界

出版广告市场随着"一元书"广告的出现得到了极大的发展。根据每年发行《新闻总览》的电通的报业广告统计数据,出版广告业在"一元书"繁盛期顶点的1928年,成为仅次于药品的第二大广告行业。(图表11-1)这也是二战前出版广告量的顶点。与1925年"一元书"刚刚开始出现时相比,1928年出版广告量增长了65%,"一元书"热潮消退的1931年,也还是比1925年多出23%。虽然电通在飞速发展的出版广告市场中多少分得了一杯羹,但是博报堂的

---

① 《新闻之日本》1931年10月22日。

出版广告营业额出现了大幅增长，在出版广告业的地位也更加稳固。正是由于有这个固若金汤的基础，博报堂才敢于果断向其他广告行业进军。

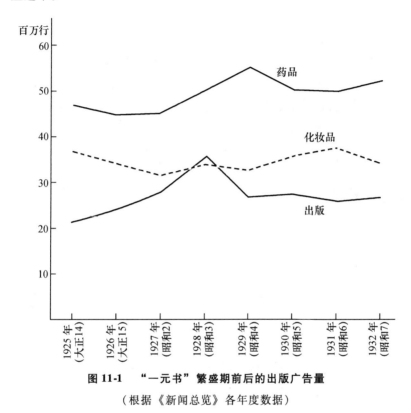

图 11-1 "一元书"繁盛期前后的出版广告量

（根据《新闻总览》各年度数据）

"一元书"的繁盛推动了广告活动的生机勃发。这时广告宣传的手段不限于 POP（店内陈设）、DM 广告，还包括化妆乐队广告、飞机散发传单等，新旧媒体的广告形式得到深入挖掘。报纸的整版广告、双版广告得到了广泛应用。通过这些举措充分挖掘出潜在的读者群体，广告主的出版物实现了空前的销售量，用事实证明了报纸广告的有效性。报纸广告得到有效运用，书籍销量达到三四十万册也并非不可能。就广告效果来说，"一元书"热潮是一次很宝贵的尝试。

第十一章 "一元书"热潮中的广告代理商

此外,在此次"一元书"热潮中起到幕后推手作用的是广告代理商,他们的作用不可忽视。如前所述,代理商们的价格竞争刺激出版社不断推出大量广告。就像电通援助改造社一样,广告代理商们通过延收广告费、暂时垫付广告费、接受票据支付等各种手段支持出版社的广告活动。特别是博报堂,在"一元书"繁盛期开始之前就为出版社的广告活动提供资金支持,在繁盛期到来之后又灵活运用特别交易程序,对出版广告主和广告媒体给予支持。春阳堂职员岛源四郎在《一元书全集时期》[①]一文中回忆,春阳堂缺乏"一元书"广告宣传的资金,"跟博报堂濑木社长聊天的时候,他主动说,我借钱给你吧"。因此,一些中小出版社在广告支出没有着落的情况下,仍能长期坚持"一元书"的发行。

第六节 "一元书"热潮消退对业界的打击

但是"一元书"热潮很快就消退了。1929年,人们开始对于千篇一律的"一元书"感到厌烦。从当年后半年开始,退书现象有所增加;到了1930年,这种现象变得更为普遍,甚至对出版社的经营造成不良影响。当时的世界性大恐慌也波及日本,给"一元书"热潮浇了冷水。"一元书"的出版计划长期占用大量资金,"一元书"热潮消退对较晚进入"一元书"市场的出版社造成致命打击,一些出版社面临的经营危机和破产问题成了一个社会问题,在报纸上被炒得沸沸扬扬。

据1931年2月3日的《新闻兴信所报》记载,在"一元书"泛滥的年代,曾经雄霸一方的平凡社夸下海口要战胜经济低迷,发行了《泰西文化全集》、《世界全集》、《书道全集》、《菊地宽全集》等巨著,但随着"一元书"走向衰弱,平凡社背负广告宣传的沉重负担,《世界猎奇全集》面临被禁止发行的困境,最终不得已宣布停业。过分扩张的出版活动造成巨额广告支出,随着"一元书"热潮

---

① 《日本古书通信》1984年8月号。

的消退，危及出版社的经营。

热潮的消退对于广告代理商来说也是沉重的打击。在出版社中，改造社的经营状况较好，它把电通垫付的近百万广告费用连带利息一并归还。① 但类似的情况少之又少。发行"一元书"的出版商中，在1929年下半年传出有十几家出版社陷入资不抵债的状况②，广告代理商的资金回收率比上一年减少了三成以上。业界报纸这样记载："特别是刚刚进行过业务拓展的代理商，资金回收更加困难。也有实力较弱的代理商提出延期支付报社广告费，但是基本上都没有得到肯定的回复，使得代理商难上加难。"③ 其实在1929年，受打击的主要还只是中小代理商，到了1930年，代理商中的大公司也受到了影响："东京、大阪以及地方的知名报纸比上一年同期每月的收入减少，主要是由于书籍广告的减少，连博报堂也无可奈何。"1931—1932年间，同博报堂、电通等代理业巨头进行业务往来的出版社也倒闭了不少，平凡社就是其中一例。电通下工夫支持的新兴出版社——日本国民社也倒闭了，拖欠的两万日元最终由电通代为支付，真是雪上加霜。④ 战后，电通社长吉田秀雄在回忆当时状况的时候也提到，有大量资金未能收回。

在改造社这种大获成功的例子中，由于为其垫付了广告费，代理商手里掌握着超过其价值的抵押物。但是在"一元书"热潮顶点时，出版广告业务较少的大阪代理商万年社在发行的《广告年鉴》（1929）中回顾了上一年出版广告界的发展，冷静地指出："广告主们有必要站在公平的立场，与代理商们进行深入沟通并获得帮助。即使是百发百中的手枪，对着暗处乱射一气的话，一百发当中能命中十发还是一发不中，都很难说。对于最近火爆的全集出版广告，我不禁深深地担忧。"这番话一语中的。在被代理商们煽动起来的"一元书"热潮中，不仅获利的出版商很少，广告代理商们大多也都

---

① 《电通66年》，第134页。
② 《新闻之新闻》1929年11月29日。
③ 《新闻之新闻》1929年7月20日。
④ 《新闻之新闻》1932年5月30日。

第十一章 "一元书"热潮中的广告代理商

蒙受损失。出版计划本身就隐藏巨大风险，因经济基础薄弱无力支付广告费而倒闭的出版社不在少数。

当时的电通编辑部部长中根荣回忆说：

> 赚得盆满钵盈的广告也有，赔得一塌糊涂的广告也有。这是广告主、报社以及中间代理商一起摸索而自然产生的结果。一言以蔽之，广告变幻多端，是个充满投机行为的行业。
>
> 看了一些广告代理商正在做的业务，着实令人心惊胆战。没有任何担保和抵押，就敢不断接手一页一千、两千甚至是三千日元的大广告，没有一点担心。前不久一元书竖版正热的时候，发行商毫不犹豫地刊登整版广告，有些代理商就大胆接下单子，仔细回想的话真是铤而走险，有多少代理商因此而血本无归。有些代理商连对方的资质等情况都没有掌握，就接手好几千的广告单子，预付款也不收取，担保也没有，真可以谓之勇敢，出现破产现象也是理所当然了。①

这里提到的"某些代理商"当然不只是博报堂一家，也包括电通在内的众多广告代理业者。风险极大的出版广告业务，增加了代理商们经营的不稳定性。

第七节　知名代理商的影响力扩大

一方面，声势浩大的广告宣传感性地煽动起读者对于出版物的需求，使出版市场快速膨胀。但另一方面，整个出版界的出版活动也由稳妥向投机倾斜，粗制滥造、策划雷同的出版物使读者的不信任感大为提升。另外，销量好的时候就增加发行量，行情变差就减少，有些出版社事先不通知预约读者就随便更改出版计划，更是损害了出版社的声誉。特别是因经营危机或倒闭导致的出版发行的中

---

① 中根荣：《新闻三十年》，双雅房，1936 年，第 260—261 页。

止,给读者留下了极坏的印象。

异常激烈的广告市场争夺大战带来广告代理商的盛宴——"一元书"热潮对出版界和代理业界都产生了巨大影响,成为这两个行业推进垄断化的导火索。在出版界,成功度过"一元书"热潮的出版社,在之后的时代成为出版界的主角。广告代理业界亦是如此。表 11-1 中出现的知名业者帝国通信社(帝通)于 1929 年倒闭,没有在表 11-3 中出现。表 11-4 显示的是 1941 年 5 月到 1942 年 4 月一年间排在前十名的代理商的营业额,这是战前唯一的一份相关统计数据。在大城市占有 30%—40% 份额的电通,在全国占有 1/3 的份额,以压倒性优势位居首位。博报堂的地盘仅在东京,但在全国还是占据第二位,远远领先排在第三位的万年社。万年社以大阪为地盘,出版业务比较薄弱,旭广告、金水堂等代理商在"一元书"热潮期的出版广告市场调整过程中逐渐没落。从表 11-1 和表 11-3 就可以看出,与电通和博报堂进行业务合作的出版社数量在增加,而同中小代理商特别是关西代理商合作的出版社却很少。从代理业界来看,广告代理业与出版广告主的主要合作也是在博报堂和电通的主

表 11-4　广告代理商营业额排行榜(1941—1942 年)

排名	广告代理公司	营业额(日元)	市场份额(%)
1	日本电报通信社	22879037	33.2
2	博报堂	6506243	9.4
3	万年社	3724356	5.4
4	正路喜社	2644124	3.8
5	旭广告	2494394	3.6
6	告天社	1915671	2.8
7	新兴社	1871201	2.7
8	金水社	1430955	2.1
9	弘报社	1379803	2.0
10	京华社	1292399	1.9

营业额是由各代理商在日本新闻大会上提供的数据(1941 年 5 月到 1942 年 4 月)

资料来源:朝日新闻大阪本社广告局

第十一章 "一元书"热潮中的广告代理商

导下进行的。"日本杂志协会杂志周"活动从1933年9月开始每年举办一届。从第一届开始,每年"博报堂在9月7日、8日、14日、15日这四天免费提供悬挂在全市所有电车上的宣传广告","日本电报通信社则免费为全国298家报社制作宣传广告模板并帮其派发"①。

随着战争的临近,出版活动和代理活动也开始停滞下来。"一元书"热潮期是战前出版广告代理活动最为活跃的时期。战后,两个行业再度繁荣起来,甚至超过了"一元书"时期。而在"一元书"时期萌生的广告代理商支持和主导出版活动的现象也越来越普遍,并一直延续至今。

---

① 日本杂志协会编:《日本杂志协会史大正·昭和前期》,1968年,第225页。

第十二章　文明开化期民众的生活意识与广告

第一节　免费的寻物·招领广告

由于明治初期的报纸很多都免费登载寻物、招领、寻人等广告，所以读者很容易就能成为广告主。另外，当时报纸版面少、报道数量也少，报纸广告本身也是读者获取信息的来源。1876 年 11 月 21 日《读卖新闻》的读者来信栏中，登载了这样一封失主的感谢信：

> 本月 16 日的广告栏中登出了浅草小岛町野口君拾到一把蝙蝠伞的信息，我便尽快找到野口君并领回了那把伞，谨在此向好心的野口君和报纸的好意深表感谢！
>
> 小川町猿乐町赤川

1876 年 10 月 31 日的《东京日日新闻》中，登载了一封银表拾到者感叹不见失主来领、报纸广告栏关注度太低的来信：

> 我于 19 日在贵社的报纸上登载了一份招领广告，认为失主会很快来寻。但是已经过了数日，到今天为止仍未见到失主，我的广告完全没起到作用，不禁令人感叹。后来得知，我的朋友中很少有人买贵社的报纸，所以没人知道我拾到银表之事。这才明白阅读报纸广告等部分的读者实在太少了。

不管寻物、招领等广告的效果如何，毕竟拉近了报纸及报纸广告与读者之间的距离，对于报纸广告在其意识中确定位置起到了巨

第十二章 文明开化期民众的生活意识与广告

大作用。

早期的《读卖新闻》广告栏是与报纸正文分开印刷的。1875年12月20日的该报刊登了读者来信指出:"价格高一点没有关系,希望把纸张增大一点,把报道和广告排版在一张西洋纸之中。"这是一份希望把广告栏与正文合并到一起以方便阅读的读者来信,不久该愿望就实现了。

当时,不少广告没有标明相关物品的价格信息。学校、私塾以及出版类广告数量最多,其后依次是房产、药品等。这些具有一定新闻性的广告,如果没有产品价格信息的话,其利用价值将会减半。所以不管是"大报"还是"小报",其读者都希望报纸广告能注明产品价格。1878年1月31日的《朝野新闻》登载了题为"告广告者"的读者来信:

> 世上有报纸流通实属至善之事。其首要能观政令知法度,社会报道能劝善惩恶,评论能窥方家之论。除上述好处之外,还有许多可为之事。余欲表的,乃行情栏中诸事广告。拾到走失之狗者奖金5日元或10日元,拾到手表者奖金20日元或30日元。这些可谓是不劳而获。另外,有何需求可登载署名申请,有意者或可免费赠予。廉价之酒、上好之茶,有种种此类繁杂之广告。
>
> 由于此等皆为人之需求广告,余更有得陇望蜀之愿。余所愿者,明白广告之中药剂与卖家之间新定之价格。旁边广告虽有标出价格者,然多数并未标明。当世之风俗下书生欲寻一住处,与其在骏河台及番町处漫无目的找寻,查找报纸广告可谓捷径。然即使寻到认为大小等合适者,因未标价格,茫然劳足去寻亦是徒增麻烦。由于人之资产有巨大差别,欲三百元可买下者,往观后发现需五百元,遂无法购得。如报纸上附上价格,就不会有此种双方要求有差距之事。余以为药剂、书籍也应标明价值。以后如能每次都标明价格,卖家无须每次都登出广告。买家亦无须徒劳之举。不知诸君意下如何。

"大报"的知识分子读者也不只是看书籍广告，对房产广告也有需求。同样，小报的读者对书籍广告也有需求。下面是《读卖新闻》1876年7月11日的投稿，可以了解到"小报"读者对书籍广告的需求：

> 由于我们都是贫穷学生，看到费用低廉的学校，或者招募公费学生的通知，以及新书的销售广告等就非常开心。但是在广告中看到书籍名字却没有标明价格，即使对其感兴趣也会因为不清楚价格而非常为难。书商们，在打出销售广告的时候，请标明书籍的价格，因为我们是学生。

第二节 广告语言与民众生活

除此之外，让关心广告栏的一般读者感到为难的是，广告文稿中有不少晦涩难懂的地方。不少读者对此提出意见：

> 近期在药品及卖房等的广告文稿中有一些旧汉字，让像我这样没有学问的文盲完全看不懂（贵社刊出的卖药广告之类）的地方有很多。所谓广告，应该是向广阔的社会宣传自己的产品。因此希望能让任何人都容易读懂，即使用平假名也可以。①

由于当时的公共教育尚不发达，普通民众的素质（读写能力）还很低下，所以有很多人都难以理解汉字式的广告文稿（图12-1），这些广告中满篇汉字，很少有日语假名，一般百姓难以明白其中含义。但是可以确定的是，整个社会对报纸广告的关心普遍提高，刊登过广告的商品知名度普遍提高，报纸发行量也得到了提升。批评药品广告的舆论一度沸沸扬扬，不过这恰好说明广告的关注度之高

---

① 《读卖新闻》1877年12月13日。

第十二章 文明开化期民众的生活意识与广告

和效果之大。有的普通民众也对药品广告提出批评:

> 我在前几天天气变冷时专程跑到银座周边去买药,一心想给病人喝。从猿乐町一路打听,对有的店家非常傲慢地说"没有药"的回答很吃惊。完全不明白为什么在报纸广告中大肆宣传的药会没有。既然没有药,为什么又要打出什么特卖的广告呢?①

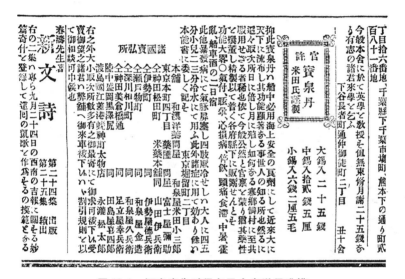

图 12-1 汉字广告对很多民众来说很难懂

虽然是对药品广告的批评,但从中可以看出,看到报纸广告后去买药的习惯和行为在城市读者中已经形成了。只是药剂以外的其他夸大广告和欺诈广告似乎很少,还没有看到投诉受骗情况的读者来信。宫武外骨叙述道:"明治初期的报纸上,商品广告的种类并不多,绝无类似以诈取钱财为目的的虚假广告。然而随着报纸的逐渐兴盛,专骗穷人的德胜馆、骗取授课费的授产馆等纷纷出现。而到

---

① 《读卖新闻》1878 年 4 月 9 日。

了 1897 年以后,'肺病患者的福音'的欺诈药剂广告、'谁都能挣到 1 万元的存款'的欺诈广告等频繁出现。"①

对于当时的读者而言,最让其感到新鲜的是,广告栏乘着文明开化之风每天都以新的面孔带来新的信息。由于啤酒、咖啡、西点、牙刷(图 12-2)、肥皂等大多都是从西欧进口的产品,对读者来说都是陌生的东西,所以它们的广告中详细附上了让人感到亲切的商品说明和图解。

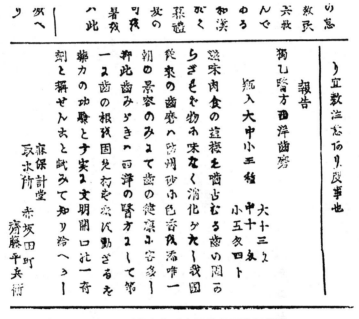

图 12-2　牙膏广告对商品进行了详细说明

另外,公司、银行的开业广告及股票广告,因地址不明而无法投递的邮件及电报等邮政广告,也是文明开化期的代表性广告。这些广告对于读者,特别是地方读者而言,都能够引发其好奇心,同时普及某些方面的知识。在读者的生活意识中,当时报纸广告的信息无疑是作为一种新鲜的文明开化时代的气息而被接受的。也可以

---

① 《公私月报》31 号,1933 年 3 月。

第十二章 文明开化期民众的生活意识与广告

说，正是这种对新鲜事物的好奇心，让广告成为影响民众生活意识的重要媒体。但是，这种新鲜感的背后，是民众的商品知识很匮乏。"有人把提神的宝丹当作性药服用，让老婆大失所望；也有人把精锜水（眼药水）喝掉而大叫肚子疼。"① 这种让人啼笑皆非的闹剧在以报纸读者为中心的民众生活中暴露了出来。这也是招致福泽等人批判药品广告的原因。

---

① 《近事评论》，共同社，1877 年 12 月 8 日。

第十三章　明治后期民众的社会意识与广告

第一节　民众生活意识与广告

1. 虚假广告的真相

到了明治后期，报纸广告的发展十分迅速，但另一方面，文明开化时期不曾有的虚假广告也显著增多。报纸上登载的与广告相关的读者来信中，最多的就是对欺诈广告和夸大广告，也就是对虚假广告的批判。下面是几个例子：

> 我是一名学生，想买一块手表都不容易。在上月四日的报纸广告中看到大阪 Watch 商会的手表广告后很高兴，就下了订单，等收到货后大跌眼镜：几乎跟玩具完全一样，是一个世纪以前的日晷。我一肚子火，重新查看那条广告才发现其中添加了很小的"太阳"二字。原来是太阳表！等到太阳西沉就难辨时间了。现在后悔为时已晚。大阪的鸟人还真是会骗钱啊。①

> 看到神田区猿乐町一丁目二番地石元丝线编织所经常在贵报上打出招募家中副业妇女的广告，就交付了 3 日元的授课费和 2 日元的保证金，却没见到收据，也不给回信，这是怎么回事呢。②

另外，1902 年的《报知新闻》上登载了要求取消欺诈广告的读

---

① 《东京日日新闻》1901 年 10 月 5 日的读者来信，署名：贫书生。
② 《东京日日新闻》1907 年 6 月 22 日的读者来信，署名：山形县糊涂人。

第十三章 明治后期民众的社会意识与广告

者来信:"东京的诈骗犯利用报纸卷走了质朴农民的邮券。请取缔该广告。"①

在当时的欺诈广告中,以上引第一封读者来信指出的钟表、照相机等通讯销售广告和第二封读者来信指出的副业或职业介绍类广告居多。在商品流通机构还不发达的当时,民众很难有对广告的商品进行实际甄别的机会。特别是第三封读者来信所言,农民对报纸广告更是毫无分辨能力。当时,报纸读者从高收入的经营阶层向收入、教育水平低的阶层扩展,同时也逐渐延伸到了农村。也就是说,这个时期容易受害的人口要比文明开化期多出很多。这就是让欺诈广告乘虚而入的一个重要原因。另一方面,公共职业介绍机构的不完备和庞大失业人群的存在,是职业介绍欺诈广告横行的社会背景。

仍然有不少读者来信指责药品广告的虚假性。比如,1900年的《读卖新闻》登载了这样的读者来信:"世上还真有实在令人讨厌的东西,那就是浅草公园的照相馆的恶意强劝和报纸上某药剂的欺诈广告。"②《中外商业》的读者来信也控诉:"都说制药利润是成本的九倍,我看药品广告也把疗效写成实际情况的九倍以上。"③

夸大广告中仍以药品广告居多。在医疗机构不发达、医疗费用偏高的当时,民众对医学思想与信息的缺乏、不科学的药剂知识、单纯的迷信等所导致的消费意识低下,也成为夸大广告得以横行的重要原因。不管怎样,药品广告和民众的关系可以用"广告有效药无效"④ 这一狂句来概括。

当时的社会风气,特别是人们对商品或广告的信息、知识、认识的不足等,使欺诈广告乘虚而入。而地方的受害者之所以比城市的多,是因为"都市人果然是和社会上的事情并不疏远,所以被广告欺骗的人很少。与之相反的是,对地方的人而言,其亲身见闻有

---

① 《报知新闻》1901年5月16日。
② 《读卖新闻》1900年11月20日。
③ 《中外商业》1913年3月9日。
④ 1903年10月号《新小说》登载的以"广告"为题的狂句读者来信入选作之一。

限,也不通晓社会上的事情"①。1899年5月号的《六合杂志》记载:"这个月在购买杂志书籍等问题上,地方有很多人被其广告所欺骗。"地方朴素的普通民众,在面对用花言巧语掩盖其狡猾买卖经的广告时,很容易上当受骗,成为受害者。

2. 报社的广告态度受批判

虽然虚假广告的主犯是广告主,但为其登载的广告媒体也脱不了干系。对于这一点,一位读者指出:"不只是地方的报纸,很多大城市的报纸也依赖于欺诈广告。或招募从业人员,或传授神奇法术,有不少欺诈性广告。报社赚取了广告费,但被误导的民众实属可怜。在这里控诉报社依赖广告的行为,希望引起所有报纸的注意。"②

这位读者来信对报社进行了严厉的批判,认为因容易得到广告收入而持欢迎姿态的报社也是欺诈广告横行的共犯。专家在报纸上提供公正且科学的广告信息,对广告提出批评的话,读者特别是地方读者就能够据此对广告内容及广告商品予以辨别,同时提高合理的消费者意识。从这种期待出发,出现了以下内容的读者来信:"能不能和新刊批评一样,通过广告批评对广告也进行逐一评论呢。地方经常发生被广告骗得很惨的事情。"③

但是如前所述,当时的报社对广告创收过于热心,面对广告主就显得很软弱。虽然没有文明开化时期那样露骨,但报纸上吹捧广告主的报道依然有很多。就有读者批判说:"《日本》报纸上经常有不少让人看着不舒服的对药剂、卷烟、食品、化妆品等的吹捧报道。"④ 正因为如此,尽管读者希望清除、拒绝虚假广告及吹捧性报道,登载广告批评,却难以实现。当时有影响力的报纸《万朝报》就这样叙述道:

---

① 《时事新报》1902年9月21日的社论《欺诈广告》。
② 《日本》1899年3月14日。
③ 《国民新闻》1899年9月25日。
④ 1903年8月号《日本青年》中来自新泻县读者的来信。《日本青年》杂志是报纸《日本》的读者组织日本青年会的机关杂志。

第十三章　明治后期民众的社会意识与广告

　　本报再三发文揭发利用报纸杂志的广告欺骗地方人的卑劣手段，向读者发出警告。但是这些诈骗犯变换手段和商品，出没于东京和大阪之间，很多情况下都能使其巧妙诈术得逞。这使得记者们忙得手不离笔。然而最近此辈的气焰很盛，放纵一日便危害一日。记者们不得已又开始对其口诛笔伐。①

　　就像这样，部分报纸开始在社论中讨论欺诈广告，或者时常在社会版面上登载欺诈广告事件，提醒读者注意。然而，大多数报纸还欠缺这种作为广告媒体的社会责任感，没有认真展开广告净化行动的自觉性。《万朝报》虽然在其创刊后不久的1893年12月25日就发出了清除夸大广告的宣言，但是否能够严格执行仍令人怀疑。据《公私月报》第31号（1933年3月）报道，宫武外骨在1897年左右对欺诈广告的横行十分愤慨，多次到大阪的报社去要求其停止登载。但报社却百般推诿说："每天都要面对那么多的广告文稿申请，对其逐一进行审查是困难的。"宫武外骨接着要求只是禁止那些导致出现受害情况的广告时，报社回答说："必须进行调查才能判定是否受害，如果真是欺诈的话，警察应该予以逮捕，到时候我们再进行报道就可以了。"当时，宫武外骨在大阪发行《滑稽新闻》，展开了激烈攻击药品夸大广告的运动，批判登载夸大广告的报社。② 到了明治末期，一方面广告取缔行为被强化，另一方面报社的广告净化、自我约束的行动终于得到重视。

3. 民众对广告的关注度

　　虚假广告的受害情况接连发生，也从一个侧面表明，当时的民众相当关注广告，受广告影响很大。也就是说，广告开始渗透到读者的生活行为和生活意识之中。下面的读者来信体现了1899年民众较为普遍的广告观："各报纸每天登载的广告确实很多。其中虽然有

---

① 《万朝报》1903年3月30日。
② 山本武利：《作为广告人的宫武外骨》，《广告》1984年7—8月号。

不少是名副其实的，但仍然有相当多的广告是通过豪言壮语或花言巧语欺瞒世人的。"① 然而，浜田四郎在《实用广告方法》中说道："虚假广告多少还是应该允许其存在的，认为一切广告都是虚假的看法本身就是错误的。"②

读者从广告中区分出虚假的和公正的广告，并且从公正的广告中摄取、吸收有关生活革新的信息，这种意识在慢慢提高。读者对广告的信息传播功能抱有期待。那么，到底有多少读者会读报纸广告呢？明治末期的《实业日本》刊登了《一般读者对报纸广告的感想态度》一文，公布了读者的广告关注度调查结果，主要结果如下。③ 从这个调查结果可见，当时看报纸广告的读者比例是相当高的。

有意识地从一开始就看广告者	41 人（14%）
从不看广告者	28 人（10%）
简要浏览广告者	106 人（36%）
偶尔看新奇的广告图案者	125 人（40%）

4. 为商人提供经济信息

另外，在对广告持有明确的目的意识的读者中，以商人阶层居多。下面这份 1903 年的读者来信，就是和歌山县一商人的投稿："小生是多年都无法和《读卖新闻》割舍开来的一名读者，最近的报道都津津有味地拜读，特别是广告栏。对于像贵社这样有信用的新报纸的广告，广告主自不必说，多少也让我们这样的地方商人受益。特此表示感谢。"④

由此可见，一些商人从广告栏中获取商业信息。地方商人读者

---

① 《读卖新闻》1899 年 4 月 14 日。
② 浜田四郎：《实用广告方法》，1902 年，第 197 页。
③ 栗原白岭：《广告文稿字的大小如何展现其功效的优劣》，《实业日本》1909 年 12 月 15 日号。
④ 《读卖新闻》1903 年 9 月 25 日。

第十三章 明治后期民众的社会意识与广告

很关注和自己的生意及经营相关的商品广告。不仅是地方商人读者，一般的商人阶层也是广告栏的热心读者。当时的广告评论者指出："广告对商业而言的必要性，在于它得到了一般商人的认可。广告技巧的进步很快，报纸杂志的订阅者先看广告和行情版面，接着打开第二页，尤其是身处实业社会的人，不先读广告的话甚至都会感到不好意思。"① 可以推测，也有在利用广告信息的过程中留心广告的效用，而变成广告主的商人。

对于商业活动范围大的一部分工商业读者来说，商船广告也成为其必不可少的信息。在有很多具有经济实力的工商业读者的《时事》中，商船广告的数量对其他报纸有压倒性的优势，其原因就在于此。"大阪商船会社的轮船广告也广泛地登载在东京的诸多报纸上。这样就会让我们商人旅客觉得很方便。"②

5. 书籍广告与读者

书籍读者主要是以新刊行书籍的广告为窗口，接触广告栏的。1906年的《图书月报》中有这样一段话："大多数人不都是通过广告知道新书籍的突然刊行，把其装入大脑以备需要时购买吗？从书籍的角度来说，多数的书，尤其是大众普及型书籍，不都是以这种方式被购买的吗？"③

据此可知，新刊行书籍广告向读者传递了新书的内容及定价等相关信息，对他们购买书籍的动机产生了很大的影响。实际上，知识分子读者居多的《万朝报》和《东京朝日新闻》就有很多书籍广告。

6. "注意假货"

为说明这一时期民众的广告接触问题，在这里介绍当时几条有

---

① 土屋长吉：《商店经理（上）》，《实业日本》1903年12月1日号。
② 《东京朝日新闻》1899年3月23日。
③ 和田万吉：《期待图书周报的发行》，《图书月报》1906年10月号。

代表性的读者来信。

> 最近听了医生的劝告，知道喝葡萄酒有利于滋养。就想通过报纸广告详细了解一下。发现每个广告都标出注意假货的字样，真的让我分不清楚到底哪个是真的，真是让我不知所措。①

尽管"注意假货"这个词早在明治初期就开始使用了②，在明治后期也常出现在著名商品的广告之中。但这位病人读者由于看到任何商品的广告中都标明"注意假货"，就无法从广告中得到正确信息了。随着广告利用的活跃，也出现了期待在广告中标明商品的详细信息的声音：

> 为什么最近报纸的广告中不管什么东西都没有价格表呢？要是标出价格表，商品就被看成是便宜货吗？希望尽快标出来吧。③

对于以广告的商品信息为指南而进行消费的读者而言，没有登载价格表的广告几乎没有利用价值。这种在文明开化时期就出现的期待和愿望，随着报纸读者的扩展及其消费能力的提高而不断增强。

> 希望报纸把同一种类商品的广告集中放在一处。④

这位写信者和之前的写信者一样站在消费者的立场上，希望报社对广告栏进行规整，以便有效利用。明治 20 年代初的《读卖新闻》和明治后期的《时事新报》每天都登载"广告目录"栏，以求读者能方便地利用广告。

---

① 《读卖新闻》1898 年 8 月 7 日。
② 《日本新闻广告史》，日本电报通信社，1940 年，第 310—314 页。
③ 《东京朝日新闻》1900 年 4 月 12 日。
④ 《读卖新闻》1898 年 11 月 11 日。

第十三章　明治后期民众的社会意识与广告

工业革命的发展和社会结构的变动，使得各阶层的生活意识和生活方式一起变得多样化。各阶层对广告的信息传递功能的认识和期待都有了提高，相反，对报纸广告的批判和期待也增强了。"随着社会的逐渐进步，报纸订阅者在增多，报纸的种类也在增加，人们对报纸广告的普通观念也进步了。一开始认为广告主轻率、浅薄，对之报以冷笑的态度，但渐渐把广告看成是好东西、十分有用的东西，这种思想在广告主和订阅者中都产生了。"[①]

第二节　伦理意识与广告

1. 对低俗广告的批判

作为提高广告效果的一种努力，从明治初期开始，广告就经常使用刺激消费者原始本能的色情手法。这种手法不只在报纸广告中，也在杂志广告及招牌、宣传画等方面被采用。"最近的世道变得很色情。看一下杂志或书籍，会发现连卷首图或包装纸广告上都一直是女人画像。"[②] 这个说法接近于实际情况。这种广告严重扰乱了普通读者特别是传统知识分子读者的伦理意识，也有读者对色情类广告提出批评：

> 贵报纸以高尚的文学、优美的绘画及其文学性为特色是很好的。可是在看广告栏的时候，发现一页大小或者三段长的药品广告，读一下发现其文字真是不堪入目。先不管其他各报如何，只希望贵报能对此充分注意。[③]

这封读者来信批判了报纸上的低俗性广告文稿。煽情社会报道居多的报纸也就算了，希望以"文学报纸"、"美术报纸"而出名的

[①]　笠原正树：《最新广告术》，1909 年，第 19 页。
[②]　《报知新闻》1899 年 2 月 7 日。
[③]　《读卖新闻》1901 年 7 月 12 日。

《读卖新闻》的广告栏应该清除低俗广告。

想要参加展览会、照片展，得到国际奖项的当局者们，请注意一下最近的广告画。请看那幅深山中的大阳瀑布的广告画。那不就是一幅赤身裸体的男女公然在里面混浴的图画吗？①

这是批判招牌上的猥亵插图的读者来信。1895 年第四次国内劝业博览会上，黑田清辉的《朝妆》被展出，这是日本最初的西洋式裸体画。从艺术性、伦理性角度，报纸对其是否应该被展出展开了激烈的争论。这封读者来信说的就是这件事情。

2. 低俗广告取缔不力

低俗广告中的文稿及插图经常受到当时"良知派"的严厉攻击，而且还出现了希望内务省或警视厅予以严厉取缔的读者来信："最近各报纸中都打出了名为快乐秘密、谋杀女人等的书籍出版广告，其猥亵内容肯定是有伤风化。内务省是不是应该坚决禁止其发行呢？"②

这封读者来信的时间是 1899 年，那时的杂志中也出现了类似报道："内务省在和司法省协商之后，针对报纸杂志中有关色情的报道将执行报纸条例，情节严重者将予以取缔。因而，广告栏也同样应该引以为戒。"③ 对此，滨田四郎在其《实用广告法》中指出："对怀疑其伤风败俗的广告，可以动用警察权禁止其发布。希望注意在全国流行的伤风败俗的广告并取缔之。"④

和之前的虚假广告一样，很多报社对低俗广告几乎不管不问。但是，顾虑舆论动向的《报知新闻》在 1908 年 9 月 19 日发出"拒绝不道德广告"的宣言，宣布清除"有败坏风俗之虞者"、"被认为是欺诈广告者"的广告。日本政府于 1911 年制定了《广告物取

---

① 《读卖新闻》1902 年 7 月 25 日。
② 《读卖新闻》1899 年 1 月 25 日。
③ 《中央公论》1899 年 3 月号。
④ 滨田四郎：《实用广告法》，1902 年，第 200 页。

第十三章 明治后期民众的社会意识与广告

缔法》,其主要目的是为了保存美景和维护公序良俗而取缔那些户外广告和街头移动广告,报纸的低俗广告并不是其主要治理对象。而对妨碍交通、玷污公序良俗的乐队广告、宣传队等街头移动广告的批判也随着交通道德意识的提高而增多。

根据《东京日日新闻》1885 年 3 月 14 日的报道,警视厅修正了妓院、妓院中介、娼妓的取缔规定,"禁止以介绍嫖娼为目的的各种广告"。但是,到甲午战争为止,对于妓院等营业广告仍处于"禁而不止"的状态(图 13-1)。日俄战争前后,警视厅开始对其进行严厉取缔,广告媒体也开始了清除行动。

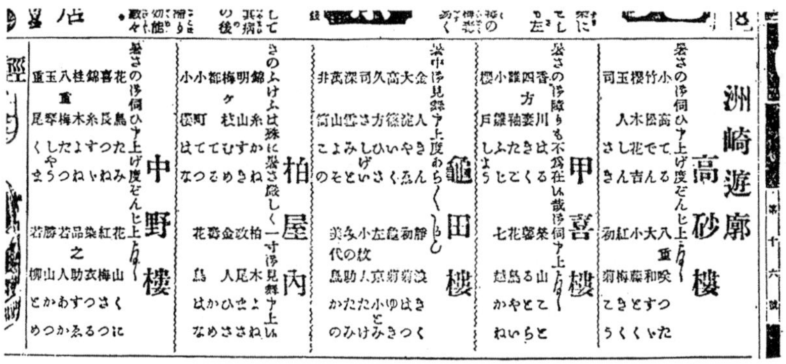

图 13-1 1895 年 8 月 15 日的《都新闻》广告栏的妓院广告,注明了妓女的姓名。

第三节 美感与广告

1. 广告设计的改良

大正初期,日本著名记者松崎天民(1878—1934)在回顾明治后期的广告界时指出:"说到现代广告,几乎全都可以在'视觉'中找到。至少在今天的城市中可以观察到广告界在这 20 年中的一大变化。"① 他

---

① 沃尔特·D.斯科特著,佐佐木十九译:《广告心理学》,1915 年,松崎天民序文,第 17—18 页。

进一步指出:"不单是'外观'体裁发生了变化,广告的文稿、设计方面也有了显著的进步。"① 明治后期广告设计上的变化确实是令人瞩目的。在报纸广告领域,也出现了彩色印刷和照片设计,在广告美术史上具有划时代的意义。

比起广告主及广告代理店,报社更加积极地推动广告设计的改良,积极开发、应用把文稿和插图有机结合的设计方式,使用种种吸引读者的新技术、新方法。1901年前后,东京的报纸《二六新报》及《报知新闻》开始在广告设计上取得很大进步。特别是《二六新报》"在每个周日的报纸上登载的广告中选出设计最优秀的,并且在纸面的左侧登载了一幅当选广告的缩图,使其成为参考样本"②。各报纸的主要目的是利用崭新的设计来吸引读者的注意力,提高对有限的广告空间的需求,增加收入。"《大阪每日新闻》等还特别设立了设计部等部门,向广告商提供便利。"③ 1904年,《大阪朝日新闻》开始登载创意奖励广告。"设计的审查由村山社长亲自担当,排除广告主的新旧业务关系等一切私情的影响,极为严肃公正地确定结果,以三个月为一个期限,为当选者颁发金色招牌和金表,并且在报纸第一面登载当选广告。"④

比起东京的代理店,大阪的代理店对于广告设计的改良更为热心。万年社以一手操办《大阪朝日新闻》的设计奖励广告为契机,在1904年2月新设置了广告设计部门。⑤ 广告主,如三井及白木屋等大型百货店都对广告设计的改良表现积极。

报纸广告设计的革新,带来了很好的广告效果,"贵社设计部的广告又率先展出了新创意。制作广告的人眼光非常锐利。一下子就吸引了像我这样不看广告的男人"⑥。《报知新闻》在1901年8月3

---

① 沃尔特·D.斯科特著,佐佐木十九译:《广告心理学》,1915年,松崎天民序文,第20页。
② 《二六新报》1902年11月30日。
③ 《东京实业新闻》1901年6月1日。
④ 高木贞卫:《广告界的昨与今》,1930年,第101页。
⑤ 西川正治郎编:《万年社四十年史要》,1930年,第72页。
⑥ 《报知新闻》1901年9月17日的读者来信。

第十三章　明治后期民众的社会意识与广告

日新设置了广告设计部门。① 也就是说，通过广告设计的美观改良，对广告不关心的读者也被广告所吸引，而且广告革新也提升了读者的审美意识。

2. 让人愉悦的广告

除提供信息的功能之外，广告还要具有愉悦功能。比起广告内容本身，很多读者更加关心广告设计。报纸广告设计的革新使得消费者的审美意识逐渐得到了提高。

读者审美意识的提高及其多样化促使广告设计得到进一步的提升，广告设计的发展反过来让读者的审美意识有了质的提高。也就是说，广告设计和民众审美意识之间有着很深的关系，相互影响。整个社会对广告设计的关注也逐渐高涨。有着"美术报纸"别名的《读卖新闻》的评论栏也在1902年出现了标题为"设计时代的到来"的评论：

> 看一下新年刊行的报纸杂志及其他各种出版物的话，会发现颇多地加入了去年以来开始流行的、一般被称为新艺术式的做法。用崭新的设计能够轻易吸引读者对图案的注意，毫无疑问，我们很快将看到新设计会更加流行开来，也会看到世人会渐渐留意那些经过精美设计的作品。②

明治末期的广告评论者指出："由于读者一般来说是讨厌广告的，所以首先需要在吸引读者并让其阅读广告方面下工夫。而要吸引读者，就必须用那些打破平庸的崭新设计、有创意的设计替换没有创意的设计。"③ 基于读者审美意识的广告观的发展，直接促成广告设计学科和研究的崛起。

---

① 《日本新闻广告史》，第1063页。
② 《读卖新闻》1902年1月14日。
③ 笠原正树：《最新广告术》，1909年，第18页。

3. 对户外广告的批判

另一方面，出现了很多对户外广告的批评："岸堤下的大广告招牌，不是名人设计还很可笑地天天挂在那里遮着天。这种广告完全不懂得美是何物。"① 这种观点认为一些招牌破坏了城市的美观，破坏了自然风景。"今天看到了东海道铁道沿线的样子。各处山水名胜古迹都布满了庸俗的广告招牌。"② 两封读者来信都是立足于美景意识，向其他读者呼吁广告不应破坏美景和景致。

这种对户外广告的批判是基于美景意识的，这种批判不仅出现在读者来信中，在报纸及杂志的评论中也频频出现。例如，1902年，幸德秋水在其广告评论中列举了广告的三个弊端，其中之一就是破坏自然之美。"对于美的热爱是人类极为高尚的品质，而天然美景正是培养这种高尚品质的尤为重要的东西。特别是作为近代文明的弊端，世上人人都追求物质利益的时候，用美术心灵的涵养来纠正这一弊端就显得十分迫切。但是，最近的广告到处树立极其恶俗的招牌，残酷地破坏了天然美景。"③ 幸德指出其余两个广告的弊端是"败道德破风俗"和"社会财富和劳动的浪费"。1907年的《万朝报》以"没意义的广告"为标题发表评论，对户外广告提出批评："此等广告尽是极其煞风景的东西，严重地损害了街市及田野的美观，破坏了风景。"④

可见，在报纸的读者来信及评论、杂志论文中，都出现了类似的观点，认为户外广告破坏美观。在这种批判的背后，民众的审美意识已经得到很好的体现。在基于美观意识的户外广告批判之中，催生了基于交通道德意识的街头移动广告批判。总之，希望大家注

---

① 《读卖新闻》1902年4月6日。
② 《日本》1899年8月2日。
③ 《劳动世界》1902年12月13日，《社会主义与商业广告》，《幸德秋水全集》第4卷，1966年。
④ 松宫三郎：《从老铺走向发达》（从明治到大正〈二〉），《报纸与广告》1951年2月号。

第十三章 明治后期民众的社会意识与广告

意的是，立足于美观意识的广告观在明治后期已经出现。

当然，和"被看到"相比，广告"被读到"的功能更为强大。因此，广告主依然在广告文稿的改良方面付出了超过插图改良的努力。1911年三越的广告，"强调'日本的流行自三越开始'，'今日帝剧，明日三越'这句有名的口号就是根据该广告文稿而诞生的。"[①]

前面已经论述了报纸广告在读者的生活意识形成中的作用，其信息传递功能在一部分读者的社会活动中已经成为不可或缺的存在。但是在日俄战争以后，有的读者从广告中窥探社会发展，甚至从文学性角度看广告，视角逐渐多元化。

> 看报纸或杂志并品味其内容是一件很愉快的事，而看广告也是一件让人入迷的有趣之事。我实际上就是一个爱看广告文稿的读者。特别是在电车内看各种广告文稿时，能很清楚地理解明治的文坛是过渡时代的说法。[②]

对这类读者而言，广告的价值已远远不只是提供商品信息，更多的是在其鉴赏价值。在鉴赏广告这一点上，广告创作者的广告观和乐意看广告设计的读者的广告观是共通的。也就是说，广告作为一种符号从商品信息中独立出来，开始有独特的文化价值。

第四节 天皇观和广告

1. 对利用天皇行为的批判

明治后期，以1890年发布的教育敕语[③]颁布为契机，狭隘的天

---

① 《新公论》1906年3月号的读者来信。
② 《日本》1899年3月28日的读者来信。
③ 日本政府颁布的十二条教育方针，天皇崇拜得到强调，1890—1948年期间对日本影响深远。

皇制意识形态开始向民众中渗透。天皇是各种价值的最高权威者，同时也逐步成为日本名气最大的名人。在这一过程中，拥有最强大的佛光效果和最高知名度的天皇，其对商品的权威认定和扩大商品知名度方面的作用，被某些广告发现并利用。

> 最近在京都大阪一带出现的印有"军人肥皂"的宣传招牌上，胆敢画有酷似陛下肖像的军人装束半身像。有的招牌就倒挂在店门口。我们早就对此感到很不可思议，但警察没有责问，行人也习以为常。他们销售的商品上只写着"大阪饭田谨制"，地址信息一概没有标明。请尽快对其进行严肃处理。①

《日本》读者以"一大不敬罪"为题投稿指出，明治后期，以天皇为首的皇室肖像画被用于广告设计，"天皇御览"、"贡品"等字眼成为了文稿热词，被广泛用于商品的宣传和广告之中。读者来信以"不敬"、"无法无天"的罪名攻击利用天皇的商人，要求官府对其进行严厉取缔。

《大阪朝日新闻》的读者来信指出："火车票打折的广告中胆敢极其大不敬地画有仁德天皇的圣像。"② 这是对1899年年9月7日该报刊登的广告的批判，该铁道会社的广告（图13-2）中插入了酷似仁德天皇的插图。

1912年7月30日，日本明治天皇病死，乃木希典作为"重臣"为其守灵，并于天皇殡葬之日，与妻子双双自杀以追随明治天皇而去，被军国主义者利用，奉之为日本"军神"。据记载，乃木也经常在广告中被利用："最近停车场等地方贴出乃木上将等人的画像来做广告的行为很无聊。"③ 又有读者来信指出，乃木府邸中安放的长椅用大字写有"兜町股票经纪人玉冢荣治郎寄赠"字样，伤害了敬慕

---

① 《大阪朝日新闻》1899年9月12日的读者来信。
② 《大阪朝日新闻》1899年9月12日。
③ 《报知新闻》1913年12月10日。

第十三章 明治后期民众的社会意识与广告

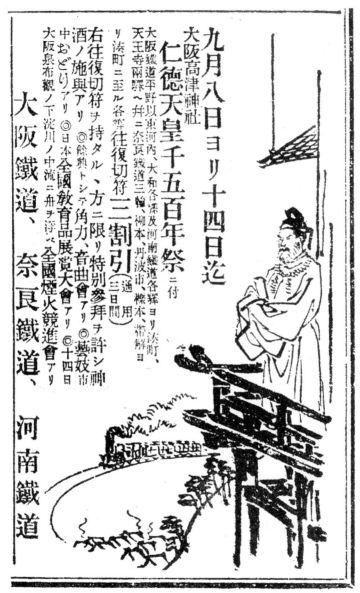

图 13-2　1899 年 9 月 7 日《大阪朝日新闻》刊登的火车票打折广告，右侧男子被认为酷似仁德天皇。

将军的市民之心。① 甚至还出现了批判广告利用名人肖像的读者来信,如明治30年代前半期有读者来信指出:"最近,商人为了能投人们之所好而很讲究新奇的设计之事令人钦佩。但是随意利用过去的名人这一点非常不好,这是对过去的杰出人物的一种无礼行为。"②

2. 豁达的天皇观

虽说天皇或类似人物在广告中被广泛地利用,不只是明治30年代初期,即使到了明治末期,天皇制意识形态还处于渗透期,读者来信所希望看到的排他性行为,还没有获得大多数民众的声援。事实上,尽管明治末期"太田胃散"在广告中使用了乃木希典,不仅没有受到来自右翼的抗议,还对提高销售额做出了贡献。③ 而在酷似仁德天皇的插图问题上,很多人认为这与天皇毫无关系。《大阪朝日新闻》的另外一位读者争辩说该广告的插图是某位律师的肖像。④ 甚至还有"一丁点事情就称之为不敬的假忠臣很多,很让人为难。大阪铁道不用在那种事情上退缩"⑤。铁道会社很快就停止使用广告中酷似仁德天皇的肖像画。铁道会社方面应该是想通过仁德天皇祭来吸引铁道乘客,所以有意识地制作了带有仁德天皇形象的广告。但是忍受不了在读者来信栏中成为热门话题,被称作是不敬,所以很快退缩。

只要看一下这一系列围绕天皇的议论,就能清楚天皇观仍处在相对豁达的阶段。例如,1909年,以京都府的征兵壮丁为对象的调查也表明了这样的现状:"旧式普通小学毕业者一般都知道教育敕语的存在及其神圣性,但是对应该遵守的内容理解空洞,只知道是天皇陛下的话语或者在学校的仪式上捧读的东西。"⑥ 所以读者方面对

---

① 《都新闻》1914年4月3日。
② 《读卖新闻》1901年6月29日。
③ 太田胃散编:《太田胃散百年的回想》,1979年,第77—78页。
④ 《大阪朝日新闻》1899年9月9日。
⑤ 《大阪朝日新闻》1899年9月12日。
⑥ 京都府内务部学务科编:《京都府管辖内征兵壮丁教育程度调查报告》,1911年,第8页。

第十三章　明治后期民众的社会意识与广告

天皇问题也不太敏感，不会看到利用天皇的广告就马上反应强烈。政府方面也没有对这类广告进行严厉的取缔。

明治初期以来，尽管内务省或宫内省等经常发出布告或通知，要求限制或禁止在广告及商标中使用天皇的肖像或家徽，禁止在广告中使用"钦点订购"、"贡品"等有关皇室的字眼，但这些内容并没有从广告界消失。原因是政府认为，利用天皇形象的广告对天皇制意识形态向民众中渗透将发挥正面作用，而不是负面作用。政府真正开始取缔带有天皇要素的广告，是在1930年以后了。根据《日刊新闻与信所报》1930年11月10日的报道："（一）在此之前，天皇御览、皇族御览、巡幸、侍从差遣、皇族出行等所御赐文字只要属实，登载在报纸杂志及其他物品上就是允许的。但今后，天皇御览、皇族御览的字眼在没有得到宫内省许可的情况下不允许使用，巡幸、皇族出行、侍从差遣等字眼也不允许在广告等地方出现。（二）贡品、采购品或御赐的订购、贡品等表明事实的，只要无关皇族的尊严，全部很具体地标明年月日的广告在这之前是被允许的，第三者在广告等里面使用这些文字时，更应该很明确地标出贡品等名称。"

由于对利用天皇的广告的批判在明治后期就已出现了，可以预料，不只是报纸内容，甚至连广告内容在此之后都会因为读者及官府的狭隘天皇观而发生歪曲。

第五节　社会主义广告观

1904年日俄战争爆发时，日本报纸的广告栏也和其他版面一样，充满着极其浓厚的战争色彩。"总的来说，最近的广告栏里都是和战争有关的广告。就是在报纸广告中，篇幅最大的都是征俄战报、日俄战争实记、战争画报之类的东西，其他的广告只能很小气地缩在一个角落里。"[①]

---

① 《实业日本》1904年7月15日。

也就是说随着日俄开战,报道战况、讨论战局的杂志及书籍的广告在报纸广告栏中急剧增加。就连社会主义性质的周刊《平民新闻》也不例外。例如,在其1904年2月14日的广告版面中,博文馆的《日俄战争实记》及江见水荫的《战争小说》的广告,把西川光二郎的《卡尔·马克思》的广告挤到了一个角落里。但在其第二周2月21日的报纸上登载了下面两条读者来信:"看到广告栏中正面反映战争的日俄战争实记及战争小说的大幅广告,很让我感到愕然震惊。我是和贵社人员做相同职业的人。请解释说明一下。""这是何等的痴狂状态啊。一边满报纸写停战的报道,一边在第8版广告里刊登挑拨人们好战心的书籍广告。而这两个广告偏偏登在第8版的上方。唉!你们平民新闻真是伪善者啊。"

　　这些很明显是停战论者的稿件。读者来信的想法是,主张停战论的报纸就是在广告栏中也不能登载好战性或赞美战争的广告,包括广告栏在内整个报纸必须统一口径,展开日俄停战,或者反对战争的活动。从读者和报纸两个层面看,《平民新闻》更靠近《万朝报》、《每日新闻》、《二六新闻》(特别是前两家报纸)的风格。因此,其读者层以《万朝报》、《二六新闻》系列的社会主义者和《每日新闻》系谱的基督教徒这两个知识分子阶层为中心。停战论者中的非社会主义者,喜欢阅读唯一倡导停战论的报纸《平民新闻》。特别是对主张停战论的基督教徒而言,即便是广告,如果含有好战性内容的话,也会让他们感到是停战论或停战论报纸亵渎了他们的信仰。正因为这种纯粹性的信仰,他们在看到好战性出版物的广告时,会感到"愕然",把《平民新闻》的信息提供者看成是"伪善者"。

　　《平民新闻》读者中的社会主义者是怎样看待《平民新闻》的广告内容的呢?停战论者不一定就是社会主义者,而社会主义者则是停战论者、反战论者。因此,他们和刚才引用的被认为是基督教徒的读者持有同样的广告观。还有,他们也对基督教徒们没留意的大资本家的商品广告展开了批判。"希望在《平民新闻》上进行登载调整的是布店、香烟店、钟表店、药店的广告。特别是商事会社的核算报告。""只是有一件让人觉得奇怪的事,……就是在广告栏中

第十三章　明治后期民众的社会意识与广告

看到了三井、白木等招揽中层以上顾客的商品广告……，真希望都能得到调整。"①

就像读者来信指出的那样，在登载这两份读者来信之前的广告栏中有布店（三井、白木店）、香烟店（岩谷商会、千叶商点）、钟表店（天赏堂）、药店（太田胃散、LION 牙膏）等的广告，还有日本精糖株式会社和东京棉纺织株式会社这两家公司的结算报告的广告。社会主义者的想法是，《平民新闻》不应该从这些大公司手中获取广告收入，也不应该对它们开放广告栏。从这些读者来信中可以看到社会主义广告观的萌芽。

那么，对于这样的读者来信，幸德秋水或堺利彦等《平民新闻》经营方是怎样回答的呢？对于社会主义者的读者，他们在 1904 年 1 月 10 日同一天的纸上说道："有害的广告是应该坚决不予登载，但是由于在如今的报纸业务中，广告成了一大收入来源，所以即便是无益的广告，也不得不刊登。"并且还认为百货店及商事会社等无法立刻清除有害的制度，"并不一定就说招揽中层以上顾客的商品广告就是不好的"。而对于停战论者的批判，他们也在 1904 年 2 月 21 日同一天的报纸上说道，由于不管是资本主义还是社会主义都不应该禁止"言论出版的自由"，"就像很多主战论的报纸杂志广告栏中登载《平民新闻》的广告那样，即使《平民新闻》的广告栏中也登载关于战争的出版物，也不能说是坏事伪善。"最后还要求读者有宽容心，"现在希望多少能打开胸襟"②。

作为社会主义者，幸德秋水在《万朝报》任记者的时候，提出"广告的原因是竞争，那竞争的原因又是什么呢？是资本和土地的私有"③。这种最为系统的社会主义广告论认为，作为社会主义者应该可以充分理解停战论者。但是和周刊、日刊时代一样，平民社的财政极其困难。1904 年 8 月份的会计报告中，收入是 65 万日元，支出

---

① 《平民新闻》1904 年 1 月 10 日的读者来信。
② 《平民新闻》1904 年 1 月 10 日。
③ 《劳动世界》中的上述论文。

是 61 万日元。其中，广告收入是 16000 日元，广告费支出是 43000 日元。① 尽管有 4 万日元的盈利，可这是平民社经营状态最好时期的收支状况。即使为了维持全部收支上的一点点盈利，广告的维持甚至增加也是不可缺少的。

当然，也有读者认为应扩大广告量和广告收入，对《平民新闻》的尴尬立场表示理解。"《平民新闻》的广告栏显得很孤单，无论如何都会觉得很可怜。"② 这位读者希望增加通过广告收入来稳定《平民新闻》的经营基础。类似立场的读者来信只有这一份，读者了解了报社困难的经营状态，才渐渐有了这样的同情。

在普通杂志中也出现了不同意见，他们认为批判《平民新闻》的停战论者太过狭隘，主张《平民新闻》完全可以大量刊登战争方面的广告。"在《平民新闻》的广告栏中有日俄战争实记及战争小说等的广告，有吃惊者或叫喊伪善者的停战论者。概括说来，虽说是停战论者，今天我国这种抱有狭隘意见的人好像有很多。"并且还说："《平民新闻》的主张太具有破坏性，太过于消极，不值得高兴。"③ 这种观点一并批判了《平民新闻》的停战论。既不是停战论者也不是社会主义者的许多普通知识分子读者，在和这位杂志读者一样批判《平民新闻》的停战论的同时，用资本主义的理论和常识看待非停战论者的广告批判，蔑视其批判是非现实性的"小愤慨"、"小不平"。

可以说，当时还处于形成期的社会主义意识形态只是被极少数的知识分子阶层信仰。因此，社会主义者与停战论者一样，比起理论及实践，更容易重视伦理、道德问题，社会主义媒体及其广告登载也是如此。

---

① 《平民新闻》1904 年 9 月 11 日。
② 《平民新闻》1907 年 3 月 9 日。
③ 《文库》1904 年 3 月 15 日。

第十三章　明治后期民众的社会意识与广告

第六节　明治后期在日本历史中的历史地位

1. 广告是社会的反映

甲午战争后到日俄战争前这段时期，日本出现了一位颇有影响的社会学家、民俗学家山形东根。[①] 他在《六合杂志》、《中央公论》等杂志上对蓄妾问题、废娼问题、矿毒问题、都市问题等进行实证分析。他在1899年发表的论文《药品广告与民俗》中提出："概括各种广告来看，它已成为一种社会现象，可以用它来尝试社会学上的观察，探究一部分民众的心理。"围绕这一新的假说，他对药品广告展开了实证性分析，认为当时报纸广告中最为显著的特点是："药品广告现象成为一种社会现象。如果用社会学方法来观察的话，能够容易地看到民俗心理。尽管世人只是轻视药品广告，我们可以据此尝试社会学的观察，就应该能发现其颓废的现象。"也就是说，他把"广告现象"看做社会现象的反映。就像能被他的敏锐雷达所捕捉住那样，以药品为中心的广告在明治后期作为一种独立的现象而被挖掘出来。他的着眼点是广告中的药品、化妆品被中下层阶级广泛购买这一点。他指出：

> 如今广告中最常见的就是药品和化妆品了。交付高额的广告费，经常刊登广告的供药商、卖药者生意兴隆，主要是表明其销量对广告的依赖，还表明需用药剂的人多，并且表明报纸的发行面很广。不刊登广告的话就卖不出去，这就是药品。所以它需要大量的广告。需要药品的人大多数是中下阶层。报纸药品广告的有效，是因为报纸发行量的提升。看吧，以《每日新闻》、《读卖新闻》、《朝日新闻》为首，各报每天都能够登载三四种药品广告。至于化妆品，虽说更多是以花柳社会的女人

[①] 本名布川孙市（1870—1944），日本社会心理学、社会调查的开拓者。

为对象的东西，上、中、下各阶层的女子也都可以用。这些女子有很多能看报纸获取信息，可见有很多女子是识字的。而佛教杂志上为什么有许多药品广告？我们通过对其广告文稿的探究，发现这是因为，寺院比较穷困，很多住持的副业就是向施主信徒兜售药剂。试着看一下诸多佛教杂志，就会发现每一份都登载了药品广告。僧侣被叫做是药剂和尚，这实在是最合适不过了。而登载药品广告的大多不是大报纸，而更多的是通俗小报，这种现象说明药品的对象是下层社会、穷人，他们一般不容易欺骗中上层社会。用此分析方法也能了解到，化妆品广告的对象分布还稍微均等一点。

据此可知，山形很清晰地认识到，教育的普及提高了下层社会的读写能力，读写能力的提高扩大了报纸读者的范围，而通过在这些下层读者多的报纸上登载广告，扩大了药剂、化妆品的需求这一社会性过程。

一直到甲午中日战争时期，广告的影响范围还是很有限的。也就是说，中下层社会的人们没有买下广告商品并进行消费的购买力。他们为生存而奔波，没有力量消费。福泽谕吉在文明开化期对药品广告批判时就认为，不是通过广告来扩大中下阶层的药品消费，而是广告的影响力在向上层，至少是中层以上的人们进行渗透。由于明治前期的报纸读者只限于地主、富商这样的上层人士，药品广告主就是想利用报纸打出广告，也不可能直接对中下层社会产生效果。但是到了甲午战争以后，读者层开始向中层以下的社会扩展，作为广告媒体的报纸的广告媒体价值提高了。因此，在广告中广告量最多的药品的销路显著拓宽，达到了形成"广告现象"的程度。

2. 日俄战争后的经济发展与广告

山形东根把在药品广告中看到的"广告现象"看做民俗颓废这一"社会现象"的反映。也就是说，证实了梅毒或淋病等药品广告泛滥的原因在于那些疾病的蔓延及其后两性文化的颓废。在他看来，

第十三章　明治后期民众的社会意识与广告

广告只不过是助长药品消费的一个媒介变量。但是他也承认，没有广告的影响力就不会发生药品的大量消费。

日俄战争之前，人们是把广告作为媒介变量，来唤起对以药剂为首的化妆品、香烟、出版物等商品的需求。但是，虽说这些商品是在中下层社会中被大量消费，但要成为日本经济发展的推动力，其力量还显得很不足。作为经济结构核心的纤维、纺织业及各种家庭工业产品，没有在广告市场上大量出现，广告就不可能和资本主义之间产生正式的关系。但是到了日俄战争以后，由于以轻工业为中心的资本主义的确立和国民收入的提高，进入资本主义经济系统的消费者阶层也扩大到了中层。不仅仅是扩大到了报纸、杂志的中层读者及地方读者，而且伴随着铁道等运输交通业的发展，通过广告唤起的风俗、流行现象从大都市扩展到地方的速度也得到了提升。就这样，人们的消费欲望在社会各阶层及地域上都得到了提升。从和服洋装、内衣、和服袜，到饮料食品、啤酒、肥皂等，生产这些商品的各种企业开始大量刊登广告。药品广告则反映出，从家庭作坊生产的中药转向机械制造工业生产的新药的现实。《大英百科全书》大幅广告的成功及各报纸头版的出版广告也促进了出版广告规模的扩大。

在日俄战争后有显著变化的，不只是厂商方面广告的扩大，与大量生产相对应，担负起大量销售的百货商店的广告也多了起来。以三越为代表的百货商店展开了"高额消费"从上层阶级扩展到中层阶级这一过程的广告活动，以及促成以洋货为中心的商品流行风，即以促进"有计划的奢侈"为目的的销售战略。以百货商店广告为中心的广告文稿在提示着新的消费生活梦想，也就是面向未来的消费演变过程中，首次向中层阶级以下的人们宣告文明开化的时代、消费革命的时代已经到来。厂商和百货商店两方面都能够提供解放中层人们的节俭精神的魅力商品。他们的收入在一点一点地提高，被上层社会所垄断的文明开化的生活方式也渐渐进入了他们的生活。

在山形东根所进行的药品广告分析中，甲午中日战争后，中层民众可以买到的大部分广告商品主要局限于药品、化妆品这类东西。

1903年,福岛县一位富农首次买到了帽子、衬衫等洋货。① 日俄战争前后,象征文明开化的洋货开始通过广告被广泛接受。特别是从明治末期到第一世界大战期间(1910年前后),以百货商店为主角的各企业很关心广告,并且以读者阶层及购买力为参照,积极展开了合理、有效的广告活动。也就是说,资本主义越是发展,"广告是必不可缺的"认识越容易渗透到企业中去。同时,一部分有识之士也认识到,为了避免和克服经济不景气,广告也是很重要的。

与此相对应的是,广告媒体及广告代理店也开始有意识地展开多样化的广告媒体及广告版面的供给活动,与广告相关的企业的规模也在扩大。特别是第一次世界大战后,报社的广告收入就像《大阪朝日新闻》那样得到了快速提升,广告代理店的营业额也同样得以增加。报社和广告代理店一起合作,通过增加版面、扩大地方报纸版面来提高广告量的同时,谋求通过创意奖励广告、企划广告等活动来充实广告内涵。有能力的广告代理店开始聘用广告文稿及专业插图人员,努力为广告主提供专业服务,广告设计水平得到了进一步提高。另外,也出现了像万年社这样把业务名称由"广告办理业务"换成"广告代理业务",站在广告主的角度寻找广告代理业务新出路。这种广告媒体、广告代理店的活动也对"广告现象"向中层社会扩展做出了贡献。

3. 广告的"消费唤起"效应

正好是在山形的论文发表10年后的1909年,日本著名广告理论家石川天崖的《东京学》出版。该书从各个角度对广告成功的真正原因进行了冷静的分析。其第10章是"广告术",其中有下面的论述:

> 在营业上广告术是很重要的。但是在此之上必须做的是要厘清这种广告的原理:强烈地引起人的注意,在引起注意的同

---

① 涩泽敬三编:《明治文化史》第14卷,1955年,第532页。

第十三章　明治后期民众的社会意识与广告

时热情地唤起他们的购买欲望。比起"让他看"来,更重要的是必须让他看后知道这个东西是他最需要之物,同时决定买下它。这绝不是凭借广告文稿或形式就能做到的。三越百货商店把货架装饰得华丽漂亮,就是为了首先让人对眼前的东西感兴趣,能唤起人们对各种物品的需求欲望。假如经常面对相同物品的话,人的眼睛和心灵都已经习惯了,不会觉得是很稀奇的东西。由于人通常喜欢追逐新鲜的事物,广告就有必要顺应这种希望,让人对眼前的东西感兴趣,认为它是新奇事物。总之,或者用一件物品让他留下深刻的印象,或者反复强调其中一点让他留下印象,或者让他觉得眼前的东西很新鲜,或者赶流行新潮,或者倾诉同情……必须让他根据商品的特性做出选择。不然的话,广告的效力就会显得极其薄弱。①

从中可见,和山形把"广告现象"看做"社会现象的反映"相比,石川试图说明通过广告来唤起"欲望"的必要性。二人都敏锐地把握了当时的社会现象,其著作出版相隔10年,这10年间还爆发了日俄战争。在这10年中,广告开始从山形所说的媒介变量变化为石川所说的独立变量。到了日俄战争后,广告确定了其作为能够引发"依赖效果"的独立主体位置。那时,企业的广告活动也很自然地把着力点放在了唤起作为消费者身份地位象征的"高额消费"上面。

消费者对广告的反应也变得相当敏感。消费者对于广告传递信息功能的关心、认识在提高,广告信息在消费者的生活中被更多地吸收。特别是在甲午中日战争后亮相的信息广告栏成为读者与广告之间关系亲密化的一个契机。日俄战争后人们对广告设计审美的反应,也表明消费者与广告的亲密程度在提高。广告渗透到生活意识及生活行为的证据,就是对夸大广告、欺诈广告的批判在迅速增多。另外,开始从天皇观及社会主义这种意识形态方面来讨论广告一事,

---

① 石川天崖:《东京学》,《明治文化资料丛书》第11卷,1960年,第438页。

也表明不仅是普通民众，广告也开始引起了知识分子的关注。

在明治后期特别是日俄战争以后，广告渗透到民众之中，首次作为生活中不可缺少的东西而确定了其位置。而到了第一次世界大战以后，广告的关注度更高，根据早稻田大学广告研究会在1921年以早大商科学生及一般民众为对象进行的调查，在报纸各版面中，广告栏仅次于社会版名列第二位，比小说版面的受关注度排名还高。① 人们积极地接触到了在新旧各种广告媒体中流行的标志、象征，广告设计提高了人们的审美意识，也出现了广告文稿成为流行语的情况。但是，即使到了大正末期（1926年前后），这种"广告现象"也只是出现在中层以上的社会中，劳动者及农民等底层的人们，仍然过着和广告信息近乎绝缘的生活。由于他们中间没有很多报纸读者，进入昭和时代（1926年—）后，口口相传的信息传递方式在农村社会仍占据主流，比报纸宣传画更普遍。根据东京市社会局编的《妇女生活之道》（1925），在职业妇女中，通过看报纸广告找到工作的比例为16.6%，排在通过"熟人及亲戚介绍"的74.0%之后。根据大阪市社会部在1927年进行的调查，关于和服、洋布等店员的招募方法是："店员或者熟人的介绍"为56%，店面广告为16%，与之相对，报纸广告仅占10%。② 所以在明治后期（1910年前后），位居社会底层的大众还远未成为消费推动者，大众消费还远未达到带动经济发展的高度，大众消费社会还远远没有形成。

如前所述，在资本主义刚刚确立的明治后期，被纳入资本主义生产方式中的广告活动首次开始活跃起来，出现了反映资本主义生活方式及社会意识多样化的广告观。与"富裕社会"或者大众消费社会的现代日本相比，明治后期所出现的只不过是萌芽性的东西。但是，仅从资本主义发展阶段看，在明治后期已经形成了现在民众社会意识及社会行为与广告之间关系的诸多原型。

---

① 早稻田大学广告研究会编：《统计式广告研究》，1923年，第11页。
② 参照大阪市编：《本市中布店店员的生活与劳动》，1928年，第73页。

第十四章　读者的广告接触与广告观

第一节　《大阪朝日新闻》读者的广告接触

1. 欺诈、夸大广告事件频发

明治后期的《大阪朝日新闻》和其他报纸一样，设有明信片读者来信栏。由于该读者来信栏被社会各阶层的读者利用，甚至被称为"平民式大文坛"。① 1898—1999 年是《大阪朝日新闻》最为活跃，发行量也较大的时期。这一时期的读者是如何看待和利用报纸广告的呢？在这里将利用《大阪朝日新闻》的明信片读者来信对该问题进行分析。

> 我几次给书店下订单购买《博文馆图书杂志总目录》都没有送来。这样总是浪费邮资。广告也不值得信赖。②

当时，由于地方还没有出版流通机构，特别是书店。不少读者都是通过报纸广告知道新的书籍、杂志的出版信息，通过邮局下订单的。因此，作为读者决定是否购买的重要参考资料，书籍或杂志的目录是不可或缺的。因而上述读者看到展示目录的广告后寄出订金，但是却未收到目录。博文馆作为当时最大的一流出版社，也刊登了很多不负责任的广告。更让读者加深对出版广告不信任感的，还有大篇幅的出版预约广告。有读者看到广告后给出版商寄去订金，

---

① 《中央公论》1999 年 5 月号。
② 《大阪朝日新闻》1899 年 1 月 17 日。

但实际上出版社却并未刊发所订之书。

> 预约的出版商收了订金却一直未出版，这种情况比比皆是。就连原定于前年12月出版的经济杂志社的国史大系①也是到现在才出版。这些有信誉的出版社尚且如此，何况其他。真是令人叹息。②

预约出版的推迟刊行及刊行中止等问题进一步加剧了知识分子读者对出版广告乃至全部广告的不信任感。

当时的报纸中有不少学校广告。该广告的主体是私立学校的招生广告。"我看到大阪某私立学校的大幅广告，觉得很不错。就去大阪看其校舍，却发现是间小小的租房而放弃了。为何广告和实物之间有如此巨大的差距呢？"③ 支付了学费和住宿费，到大阪的学校入学的学生对欺诈广告感到愤懑也是理所当然的。

也有控诉被职业介绍所欺骗的受害者。不负责任的事业状态和职业介绍机构的缺失导致欺诈广告的频繁发生。这些批判欺诈、夸大广告的读者来信的背后，是很多哭着入睡的受害者，他们仇恨登载不负责任广告的报纸。虽然不清楚这些广告是不是都在《大阪朝日新闻》上登载过，但可以确定的是，当时的报纸对于广告内容几乎不加核实就登载了。这种广告增加了读者对报纸广告乃至整个报纸的不信任感。不仅如此，以《大阪朝日新闻》为首的各家报纸对于清除此类广告的反应是极其消极的。

2. 对可信广告信息的期待

在其他方面，也有导致读者不满的广告。山寨品牌的商品很多，使读者很难从广告中得到正确的商品信息。这方面的代表性广告就

---

① 全17册《国史大系》从1897年开始刊行，到1901年完成。这位读者应该是对刊行的延迟表示不满。
② 《大阪朝日新闻》1899年2月4日。
③ 《大阪朝日新闻》1899年2月17日。

第十四章 读者的广告接触与广告观

是"正宗"牌清酒的广告(图14-1)。有读者反映:"樱正宗和菊正宗都是名牌清酒,但是却出现了很多赝品导致正宗也不值得信赖。现在都把正宗看做低劣酒商标了。这样的话不如停用正宗的商标。"①1898年11月20日的《大阪朝日新闻》中也有读者来信抱怨说:"瓶装正宗的赝品实在是多,正宗终于成了劣质酒的代名词。不仅给真正的正宗造成危害,也给酒客添了麻烦。"据说控诉"注意赝品"的传单及品牌纷争从江户时代开始就有很多。②

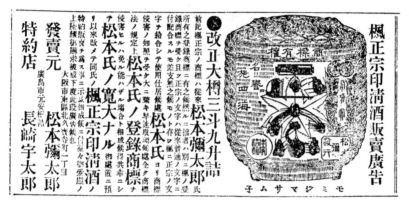

图14-1　1899年12月2日《大阪朝日新闻》刊登的"正宗"牌清酒广告

如前所述,饮料、食品广告中,清酒是很重要的一部分。而清酒中最引人注目的就是这个"正宗"牌。一部分读者愤恨仿效品牌的"正宗"广告,增加了对酒类广告乃至报纸广告的不信任感。所以民众对广告的期盼是,在表达正确内容的同时,提供与其他商品区分开来的信息。总之,当时的读者期盼广告信息的正确性和可靠性。对于出版广告及铁路广告的期盼更是如此。有读者来信说:"我大体询问了一下阪鹤铁路会社的人员,告诉我火车时间广告的'七七七'含义是七点七十七分。不知道这样的时间用钟表该如何表现出来?"③ 这位读者期望铁路广告把时刻表正确地表达出来,以便大

---

① 《大阪朝日新闻》1899年12月31日。
② 参见增田太次郎:《传单画宣传风俗史》,1981年,第202页。
③ 《大阪朝日新闻》1998年11月6日。

家看懂。还有读者期望广告必须登载必要信息，以方便读者："很多银行会社的广告中都没有标明店面的所在地，这给读者造成不便。"①

在工商阶层中有很多读者把广告看做商业活动不可欠缺的信息来源。对他们而言，出版广告、股票募集广告及信息广告（传递股票信息的广告）与报纸经济栏同等重要。所以他们期待这些广告数据的准确性和易读性，以便于利用。随着报纸发行量的增加，接触、利用报纸广告的读者也不断增加。尽管如此，报社方面仍把增加广告收入置于首位，基本上没把广告的正确性纳入日程。

3. 对猥亵广告的批判

和医院广告一样，当时的药剂广告中有很多性病、女性问题相关的广告。有读者指出："女性一般都是偷偷地关注流产丸的广告，把它放在广告栏中太光明正大了吧？"② 在这封读者来信所指出的要隐晦一些之前，很多广告的表现形式都过于直接，在吸引读者注意力方面下了很多工夫。给读者以刺激性的猥亵广告因相关性病的药剂、医院广告而引人关注。但是，从伦理道德角度对女性广告所进行的批判，在其他各报中都非常多，但却很少能在《大阪朝日新闻》的读者来信栏中看到。读者来信栏中伦理性的广告观并不是很明显。

> 东京生司院的广告中大书特书专治男女生殖器疾病，其中列出了膀胱结石、尿道狭窄、膀胱粘膜炎等病状名称。这也属于生殖器系统吗？③

这份读者来信是对医院广告中过多的夸大之词的批判，或者说是讽刺。不管怎样，有关性病的药剂及医院广告依靠猥亵、夸张的内容吸引了大量读者的眼球。只是当时这种广告还很少采用大正时

---

① 《大阪朝日新闻》1899年12月14日。
② 《大阪朝日新闻》1899年4月10日。
③ 《大阪朝日新闻》1899年4月17日。

第十四章 读者的广告接触与广告观

期以后引人关注的花哨插图或照片，多是通过文字表现的。

烟草从业者在 1900 年前后的《大阪朝日新闻》行业类别中成为最大的广告主。"某会社的烟卷进行大减价，被其虚言所欺骗买来试吸，发现香味粗恶而不能吸。价廉但品质差的烟不会让爱好吸烟者高兴的。"① 很多读者都是通过广告了解经常品牌商品，进而购买的。就是说，广告在刺激消费者的购买行为方面起到了很大作用，所以社会对广告的需求只增不减。报社方面也仍然没有意识到作为广告媒体所肩负的社会责任。

第二节 大阪与东京的读者、记者的广告观之差异

1. 读者对广告的批判

因欺诈广告、夸大广告而蒙受损失的读者的声音，在明治 30 年代初期的《大阪朝日新闻》读者来信栏中有很多。报社方面虽然登载了这些深刻的控诉，但是始终没有拿出具体行动，防止读者受害面扩大。在之后的读者来信栏中也能零散地看到读者的控诉。

> 近年来奸商出没，在重要的报纸上打出不明行业类别的广告，在家里招工，随口说赚钱并做成广告等，有贪恋此种来路不正的钱财的家伙。实在令人愤慨之至。而很多无业者妄信了他们的甜言广告而遭受欺骗。小生也是听信了此类广告才……②

这位署名"失败者"的读者背后，应该有很多没有控诉的受害者、失败者。也有读者没有把责任归咎到广告上，"如果是被广告欺骗的话就想着是遇见了诈骗犯"③，这样的读者来信得到了很多同感、赞成之声。读者对广告的不信任感是在增强，而不是在减弱。

---

① 《大阪朝日新闻》1899 年 2 月 18 日。
② 《大阪朝日新闻》1901 年 7 月 19 日。
③ 《报知新闻》1902 年 3 月 26 日。

和《东京朝日新闻》相比,《大阪朝日新闻》对于广告伦理问题的应对是极其消极的。关于这个问题,到现在也没有发现在日俄战争到第一次世界大战期间是否出台了一些规定。报纸的职业介绍广告出现的严重欺诈问题,曾在其社会版面中登载过,那不过是警察行业为了引起读者兴趣而做的报道,很难感受到"请注意欺诈广告"警告的意图。在其报道中偶尔出现"如果报纸中经常出现欺诈广告的话,应该引起世人注意"这样的内容。①

《东京朝日新闻》的做法还算差强人意。1901年7月10日设置信息栏时的社告中写道:"希望在朝日新闻信息栏中以匿名方式登载广告者,我们将通知其留下当事人的住址姓名。虽说是匿名广告,但不登载败坏风俗或者妨碍治安的广告。"这是以当时的新闻条例第十九条为基础进行的规定:"对于被确认为是妨碍治安或败坏风俗的报纸,内务大臣可以禁止其发行或者令其停办。"早在1885年的《朝日新闻》社内资料"广告业务概略"中也充分考虑到了新闻条例。从当时开始一直到第二次世界大战日本战败,能看到广告和报道的管理一样,适用新闻条例及新闻法。1899年3月号的《中央公论》提到:"内务省在和司法省协商之后,这次针对报纸杂志中有伤风化的报道将执行新闻条例,情节严重者将予以取缔。因而广告栏也同样应该引以为戒。"高田源清在其《广告法论》(1936)中解释说,新闻方面的法令也适用于报纸广告。

总之,被政府认为有问题的广告,往往是败坏风俗的广告。在报纸广告的伦理问题上,与虚假广告同样重要的是猥亵广告。而和败坏风俗有关的也是这类猥亵广告。虽说"报纸杂志的广告面中十之八九被流产丸、子宫袋、怀孕药、美颜水、枕草纸(春宫图)"所占据的说法有点极端,但可以说最容易吸引读者注意的就是这种广告。如同前面所举的事例,女性问题、性病的药剂及医院的广告之中,那些露骨的表现很是显眼。另外,通过微妙的委婉说法而引起

---

① 《大阪朝日新闻》1906年12月4日,社会版面中题为"报纸广告的欺骗"的报道中的一部分。

第十四章 读者的广告接触与广告观

读者联想的广告也很多。并且这类广告在具有威胁性的同时还常常具有夸张性。当然不只是在东京,大阪及其他地方的报纸中都登载了很多猥亵广告。这种广告在经常占据行业类别第一位的药剂广告中,也是极其显眼的。

2.《报知新闻》的宣言和《东京朝日新闻》的反应

日俄战争以后,不只是读者,政府方面也加强了对夸大广告及猥亵广告的批判。就在这个时候,《报知新闻》在 1908 年 9 月 19 日的社论中推出了著名的宣言——"精选广告,报知新闻拒绝不道德广告"。宣言中通告了要清除的广告包括:

一、有败坏风俗之虞者;
二、被认定为欺诈广告者。

这是一份由报社方面向读者、广告主发出的宣言,拒绝登载败坏风俗及欺骗性质的广告。可以说这是在广告伦理问题上来自报社方面的首个自律性宣言。

《报知新闻》作为信息栏的开创者,其向导信息也被评价为是最充实的。正因如此,容易引起问题的职业介绍或广告销售的信息向导也会比其他报纸多得多。该报纸就收到了大量要求取缔欺诈广告的读者来信。宣言归宣言,报社的实际举动并不多。只是和《大阪朝日新闻》一样,《报知新闻》也就是登载这些读者来信,在社会版中报道欺诈广告案例而已。

不过,这个宣言确实具有划时代意义。1908 年 10 月 5 日的《风俗画报》就对《报知新闻》的这一宣言给予高度评价,认为这"不仅从该报纸的品格,从社会风气上看都是值得庆贺之事"。《东京朝日新闻》在第二天的短评栏中给出了敏锐的评价:"这是一件了不起的事情。其他报社也应该继续赞成此种美学,防患跋扈的奸商。我社准备立即照此施行。只是败坏风俗之事还容易判别,而欺诈广告则很难一眼就能识别出来。严格来说的话,大多数广告都有夸张,有些还是和无根据、虚伪有相当远的距离的。"①

《东京朝日新闻》已经宣布自身将施行相同的规定。《东京朝日新闻》必须对《报知新闻》的宣言做出迅速反应，是因为迫于读者恳切的心声。还有其他读者来信这样说道："取缔不可信肥料广告很重要，也请严格取缔不可信药剂。花一点点钱在广告上就能随意宣传其产品，即使遭到一次惩罚也没关系，只要赚到钱就足矣。希望借助政府或热心人士之手对各药剂广告做一份分析并公布出来。"②

3. 取缔不良广告的开始

这样的读者来信代表了舆论的声音。日俄战争后，政府之所以将目光投向欺诈、夸大广告，是因为它们已发展成社会问题。数年来，公然在政府的眼皮底下打出金表的欺诈广告的关西广告主"因为当局政策的变化而终于被捕"③，这件事情发生在1907年。另外，依据1908年10月1日实施的刑法而制定的《警察犯处罚令》第二条第六款规定了以下内容：

> 第二条　触犯下边各款中的任何一条者，处以三十天以内的拘留或二十日元的罚款。
> 　　六、利用报纸、杂志及其他方法打出夸张或者虚假广告，谋取非正当利益者。

根据此项规定，警察在没有受害者控诉的情况下也能取缔夸大广告。从这一时期开始，报社方面也不能无视警察的取缔行为，不得不制定舆论对策、读者对策等，开始较为积极地进行自律。

《大阪朝日新闻》没有针对这一问题的相关资料。而前面提到的《东京朝日新闻》继续在短评栏中发表意见：

---

① 《东京朝日新闻》1908年9月20日的短评栏《钢笔》的一部分。
② 《东京朝日新闻》1907年4月18日。
③ 《平民新闻》1907年12月20日的报道《广告接触的欺诈》中的一部分。

第十四章　读者的广告接触与广告观

  各报社还须谨慎。有人担心广告文稿被混同于社会报道。还有报纸一经打出广告就忘记它是广告,读者便以为它是社会报道而给了它和社会报道一样的信任。如果报纸的社会报道和广告容易被读者搞混的话,应在广告下方注明"广告"字样,这就是报纸编辑的义务。报纸不单是以盈利为目的的事业,有时候也需要兼顾社会责任。

各家报纸都登载了易被混同于报道的广告。虽然说清除这种广告本身就是广告伦理问题上的一个重大课题,但这比清除欺诈广告、猥亵广告要困难得多。
  1911年4月7日公布的《广告物取缔法》,是针对户外广告的四条法令,规定政府可清除有碍美观、破坏秩序的户外广告设施。它作为首个广告取缔法规而引人关注。对于报纸广告的取缔,虽然有新闻法及各府县条例可以遵循,但其真正行动是以《广告物取缔法》的制定为契机的。据1912年5月24日《东京朝日新闻》的消息称,警视厅依据上述《警察犯处罚令》第二条第六款的规定,对药剂广告的夸张说辞及可能会败坏风俗之广告真正开展了取缔行动。成为取缔对象的是药剂广告中的肺病、花柳病、痔疮、风湿病、痤疮、催发剂、腋臭等的药品广告。因为其广告文稿中使用了"全治"或"根治"之类的字眼,而花柳病广告使用了常见的不雅文字。在制定取缔法时,警视厅对共计200名的药剂生产者发出了警告。但是,被拘留、罚款的广告主并不很多,而且政府还没有真正认真地追究报社等媒体方面的法律责任。

4.《大阪朝日新闻》对伦理、政治问题的迟钝反应

  就这样,夸大广告及欺诈广告的横行使得一般民众阶层的受害者不断增加,成为一种社会问题。虽然出现了《报知新闻》宣言等自律现象,但也只能算是呼声。政府方面也还没有采取措施展开取缔广告的行动,类似出台《广告物取缔法》、《新闻法》、《警察犯处罚令》等的行为还显得很不够。进入大正时期以后,虽说报社方面

根据政府要求制定了一些规定，摆明了姿态，但实际上并未采取大规模实际行动来清除这种广告。《大阪朝日新闻》的读者来信就控诉看到大阪轨道电车的往返票价折扣广告后去了奈良，结果却被收取全价。① 《都新闻》的读者叙述药剂广告通过文章、插图、照片等描述悲惨患者的病状而让人感到不快和恐怖。②

当时的报社开始将广告栏视为重要的财源予以重视，企图用其广告收入和从读者那里得到的卖报收入来对抗政府、政党、财界等对其言论、报道活动的干涉、压力。以甲午战争、日俄战争等事件为契机，报社需要大宗的设备投资资金及发行费用，因此在面对经营危机时为了稳定经营而给予广告更高的重视。"当今这个世道，只要干报社的话，广告就是 necessary evil。"③ 也就是说，当时持这种"必要恶"想法的编辑人员在增加。虽然广告多少都会导致受害者出现，但为了增加广告收入而不得已为之的想法支配着经营人员，编辑人员也是了解这一点的。例如在日俄战争后的股票募集广告热潮时，《大阪朝日新闻》的社论只能以批判一流企业家的形式追问股票募集广告的夸张性。与之形成对比的是，虚假广告的受害者仍在增加。

虽然《大阪朝日新闻》对政治、社会问题并不敏感，但对经济问题却能迅速地做出反应。清除触犯刑法的欺诈广告及猥亵广告也触及了他们的神经，很多报社推出自主规定。但是其他方面的广告仍然放任自流。在政治广告方面，《大阪朝日新闻》采取了比《东京朝日新闻》更为谨慎的态度，尤其是妨碍治安或扰乱安定秩序等这一类容易被政府处分的政治广告。例如，1917 年 4 月 18 日的《东京朝日新闻》因登载了社会主义者堺利彦的众议院候补选举广告而受到禁止发行的处分。《大阪朝日新闻》之所以对这种反体制的政治广告采取清除措施，并不是担心被政府或者读者

---

① 《大阪朝日新闻》1918 年 9 月 24 日。
② 《都新闻》1914 年 4 月 21 日。
③ 1907（明治四十）年 2 月 2 日的日刊《平民新闻》中堺利彦就读者来信中有关社会主义新闻登载商业广告是否与社会主义相矛盾的问题进行回答的一部分。

第十四章　读者的广告接触与广告观

视为偏袒左翼,而是担心因为遭受禁卖处罚而导致收入减少。另一方面,从大正末期到昭和初期(1926年前后),该报社比《东京朝日新闻》更多地登载和右翼有关的政治广告,希望增加收入。即便有读者质疑其偏袒右翼,但《大阪朝日新闻》都不认为有任何不妥。

5.《国民新闻》广告和《东京朝日新闻》

在这一点上,《东京朝日新闻》对有关政治问题、社会问题的广告就很敏锐。1905年9月8日,《东京朝日新闻》头版广告栏的标题中登载了下面的社告:

急告广告者

　　一直以来,我社对广告主的申请都是尽量满足。但自今日起,将会根据广告内容的种类做出判断,有时将无理由地谢绝登载。希望大家注意。

东京朝日新闻社
九月七日

《东京朝日新闻》就是在这个时候展开了反对日俄媾和条约的活动。但是,就在各报纸纷纷展开反对运动的时候,德富苏峰的《国民新闻》却发表了大量拥护政府立场的评论。9月5日,反对媾和的民众挑起日比谷打烧事件时,《国民新闻》曾经遭到袭击、破坏,但它在两天后的9月7日在《东京朝日新闻》上登载了如下广告:

急　告

　　前天5日,本社蒙受暴徒的暴行,对快速前来探望者深表感谢。万幸没有遭受巨大损失,报纸依然照常发行,还请大家放心。但是对于媾和问题,本社的意见自9月1日"媾和成立"

的社论以来始终坚持一贯主张，今后将更加朝着所坚信的方向勇往直前。详细情况将在今后的报纸中予以说明，敬请关注。总之我们会坚持我们的报道。

国民新闻社
九月七日

这个广告是通过帝国通信社向《万朝报》、《报知新闻》、《中央新闻》、《二六新闻》、《日本新闻》等发出登载申请的，但只有《东京朝日新闻》答应登载，其他报社都拒绝刊登。登载这个广告应该是出于广告部门负责人的决定，与此没有多少关联的编辑人员对此很吃惊。编辑向《东京朝日新闻》领导反映，才出现了上述9月7日刊登在最显眼位置的"急告广告者"，表示将对广告内容进行筛查，并有可能无理由拒绝刊登。《东京朝日新闻》在日比谷打烧事件第二天的9月6日告示指出："只要是贯通情理并且在我社报纸篇幅范围内的读者来信都将登载。"从9月6日到9月末，该报连日用大幅版面登载反对媾和条约的读者来信。其中也有不少批判《国民新闻》的读者来信。例如9月6日有读者来信指出："如果没有人购买阅读御用报纸，御用先生也能觉察到道义上胜利与失败的区别了吧。我十分赞成爱国者做出拒买《国民新闻》的决议。"对在反对条约问题上和读者站在同一立场并展开运动的《东京朝日新闻》的编辑而言，对自己报纸登载《国民新闻》的"急告"广告无疑会感到很气愤。"急告广告者"的社告说明《东京朝日新闻》和《国民新闻》的立场针锋相对。该社继续发出了"急告读者"的社告，这个社告向《国民新闻》发出了继续论战的宣言，也暗中呼吁读者支援、参加该论战。《东京朝日新闻》的编辑最为担心的是，因为登载了《国民新闻》的广告，会被读者误认为其会向《国民新闻》的立场倾斜。《东京朝日新闻》以前就经常登载《国民新闻》的营业广告。

《大阪朝日新闻》和《东京朝日新闻》在广告登载方针上有明显的不同，反映了东京、大阪的读者在报纸观念、广告观上的不同。

第十四章　读者的广告接触与广告观

虽然大阪的读者在批判夸大广告、猥亵广告这一点上和东京的读者相一致，但因为其身处工商城市的背景，能够容忍报社不彻底清除这种广告。另一方面，在对政治广告或意见广告的反应上，政治意识比较高的东京读者则比较敏感。正因如此，和《大阪朝日新闻》相比，《东京朝日新闻》的编辑对此类广告的处理，特别是在广告内容与经营方针的整合方面，显得十分敏感。

后 记

本书的作者山本武利教授是日本著名传播学家和历史学家,在日本传播学界、广告学界都有很高的知名度。

山本先生早期研究新闻史,对"明治时期的报纸读者层"进行了深入研究。1972 年,他在东京大学新闻研究所做助手时就出版了《报纸政治广告的历史》一书,揭开了广告研究的序幕。1979 年,他在关西学院工作时,又出版了《近代日本的报纸广告和经营》,奠定了其在日本广告史研究中的地位;1999 年,在一桥大学任教授期间,山本先生出版了《百货店的文化史——日本的消费革命》(世界思想社)。他还曾先后获得"日本出版学会奖"和"日本广告学会奖"。

除广告研究之外,山本先生还广泛涉猎政治传播、军事传播、谍报传播等领域的研究,成为日本集大成式的传播学者。山本先生先后出版《延安报告——美国战时情报局的对日军事工作》(岩波书店,2006 年)、《特务机关的谋略》(吉川弘文馆,1998 年)、《黑色宣传——谋略广播》(岩波书店,2002 年)、《朝日新闻的侵华战争》(文艺春秋,2011 年)等。2001 年,他在早稻田大学成立 20 世纪媒体研究所,致力于传播史的研究;2012 年,他在东京成立 NPO 法人情报研究所,致力于情报史的研究。

日文版《广告的社会史》是山本先生的代表作之一,也是日本广告史研究领域的集大成之作,于 1984 年在日本出版。原书共分六个部分:"资本主义的发展与广告""广告媒体的发展""广告代理业的发展""广告主、广告媒体、广告代理业的发展与广告折扣""民众生活、民众意识与广告""从报纸看意见广告的历史",囊括

后　记

了报纸和广告的诞生过程,尤其详尽考察了从明治维新(1868)到日本战败(1945)期间日本广告的发展历程。原书内容极多,字数超过60万字。在中文版出版过程中,经原作者、出版社、译者协商,最终选择了编译的方式,选取原书的重要精华部分,编排成14个章节,囊括了广告媒体、广告主、广告代理各领域的重要史实和案例。从中既可以看到日本广告业的发展历程,更可以窥探日本消费活动的历史进程。这是山本先生的专著首次在中国出版。

山本先生从教以来,桃李满天下。从上个世纪80年代至2011年退休,山本先生在一桥大学和早稻田大学任教授期间还指导过多名中国留学生,他们目前都活跃在中日著名公司、媒体和学界。现在,山本先生还担任着中国传媒大学广告学院博士生导师,每年都会亲临北京讲课并指导中国博士生的论文。

2011年3月11日,山本先生来北京参加学术研讨会。午后,他刚抵达北京,日本就发生了大地震。在电话中得知东京的家人并无大碍后,他关心的第一件事就是:"我的书架倒了没?书怎么样了?"山本先生曾多次坦言,他一生中最大的财富,就是收集的各类书籍。就在写这篇后记时,译者收到山本先生发来的邮件:"我决定将我毕生收集的媒体、新闻相关书籍捐赠给中国传媒大学广告学院。"

本书能在中国出版,要得益于中国科学院大学诸葛蔚东博士的努力。本书在翻译过程中得到中国社科院刘树良博士、国际关系学院欧阳文俊等人的协助。感谢中国传媒大学广告学院院长黄升民教授的审定和指导。中国传媒大学广告学院何辉教授也提供了宝贵资料。北京大学出版社魏冬峰博士的敬业精神让人受益匪浅。

本书内容丰富,史料翔实,有些表达在中文中未有定译。在翻译过程中难免会有值得商榷甚至谬误之处,恳请广大读者批评指正。

译者

2012年6月18日

于中国传媒大学广告学院